普通高等教育土建学科专业"十一五"规划教材
全国高职高专教育土建类专业教学指导委员会规划推荐教材

客户服务基础

（物业管理与房地产类专业适用）

本教材编审委员会组织编写

何 伟 主编
佟颖春 主审

中国建筑工业出版社

图书在版编目（CIP）数据

客户服务基础/何伟主编．—北京：中国建筑工业出版社，2010.6（2022.4重印）

普通高等教育土建学科专业"十一五"规划教材．全国高职高专教育土建类专业教学指导委员会规划推荐教材．物业管理与房地产类专业适用

ISBN 978-7-112-12162-5

Ⅰ．①客⋯　Ⅱ．①何⋯　Ⅲ．①企业管理：销售管理-商业服务-高等学校：技术学校-教材　Ⅳ．①F274

中国版本图书馆 CIP 数据核字（2010）第 103088 号

本书是根据全国高职高专教育土建类专业教学指导委员会制定的物业管理专业教育标准和培养方案及主干课程教学大纲编写的，是高等职业院校物业管理专业的配套教材。本书主要介绍了客户服务概述、客户消费行为、客户消费心理、客户服务中的公共关系、客户服务中的公关礼仪、客户习俗等。

本书既可作为高职院校物业管理专业的学生用书，也可作为物业管理行业经济与管理人员实际工作的参考用书。

*　*　*

责任编辑：张　晶
责任设计：张　虹
责任校对：陈晶晶

普通高等教育土建学科专业"十一五"规划教材
全国高职高专教育土建类专业教学指导委员会规划推荐教材
客户服务基础
（物业管理与房地产类专业适用）
本教材编审委员会组织编写
何　伟　主编
佟颖春　主审

*

中国建筑工业出版社出版、发行（北京西郊百万庄）
各地新华书店、建筑书店经销
北京红光制版公司制版
北京建筑工业印刷厂印刷

*

开本：787×1092毫米　1/16　印张：12¾　字数：318千字
2010年8月第一版　2022年4月第七次印刷
定价：22.00元
ISBN 978-7-112-12162-5
（19421）

版权所有　翻印必究
如有印装质量问题，可寄本社退换
（邮政编码100037）

本教材编审委员会名单

主　任：吴　泽

副主任：陈锡宝　范文昭　张怡朋

秘　书：袁建新

委　员：(按姓氏笔画排序)

马　江　　王林生　　甘太仕　　刘建军　　刘　宇　　汤万龙

汤　斌　　陈锡宝　　陈茂明　　陈海英　　李永光　　李渠建

李玉宝　　张怡朋　　张国华　　吴　泽　　范文昭　　周志强

胡六星　　郝志群　　倪　荣　　袁建新　　徐佳芳　　徐永泽

徐　田　　夏清东　　黄志洁　　温小明　　滕永健

序 言

全国高职高专教育土建类专业教学指导委员会工程管理类专业指导分委员会（原名高等学校土建学科教学指导委员会高等职业教育专业委员会管理类专业指导小组）是建设部受教育部委托，由建设部聘任和管理的专家机构。其主要工作任务是，研究如何适应建设事业发展的需要设置高等职业教育专业，明确建设类高等职业教育人才的培养标准和规格，构建理论与实践紧密结合的教学内容体系，构筑"校企合作、产学结合"的人才培养模式，为我国建设事业的健康发展提供智力支持。

在建设部人事教育司和全国高职高专教育土建类专业教学指导委员会的领导下，2002年以来，全国高职高专教育土建类专业教学指导委员会工程管理类专业指导分委员会的工作取得了多项成果，编制了工程管理类高职高专教育指导性专业目录；在重点专业的专业定位、人才培养方案、教学内容体系、主干课程内容等方面取得了共识；制定了"工程造价"、"建筑工程管理"、"建筑经济管理"、"物业管理"等专业的教育标准、人才培养方案、主干课程教学大纲；制定了教材编审原则；启动了建设类高等职业教育建筑管理类专业人才培养模式的研究工作。

全国高职高专教育土建类专业教学指导委员会工程管理类专业指导分委员会指导的专业有工程造价、建筑工程管理、建筑经济管理、房地产经营与估价、物业管理及物业设施管理等6个专业。为了满足上述专业的教学需要，我们在调查研究的基础上制定了这些专业的教育标准和培养方案，根据培养方案认真组织了教学与实践经验较丰富的教授和专家编制了主干课程的教学大纲，然后根据教学大纲编审了本套教材。

本套教材是在高等职业教育有关改革精神指导下，以社会需求为导向，以培养实用为主、技能为本的应用型人才为出发点，根据目前各专业毕业生的岗位走向、生源状况等实际情况，由理论知识扎实、实践能力强的双师型教师和专家编写的。因此，本套教材体现了高等职业教育适应性、实用性强的特点，具有内容新、通俗易懂、紧密结合工程实践和工程管理实际、符合高职学生学习规律的特色。我们希望通过这套教材的使用，进一步提高教学质量，更好地为社会培养具有解决工作中实际问题的有用人才打下基础，也为今后推出更多更好的具有高职教育特色的教材探索一条新的路子，使我国的高职教育办得更加规范和有效。

全国高职高专教育土建类专业教学指导委员会
工程管理类专业指导分委员会

前　言

物业管理的客户服务是21世纪物业服务中不可或缺的内容，本教材是全国高职高专教育土建类专业教学指导委员会规划推荐教材，本着"以学生为主体、以就业为导向"的指导思想，本教材对客户服务课程进行了系统分析，从物业管理从业人员的客户服务专业基本知识、物业管理从业人员的客户服务心理素质、物业管理从业人员的客户服务公关意识、物业管理从业人员的客户服务行为规范进行阐述。

本书每章配以相应的思考题，有较高的实用性和针对性，对将要从事物业管理工作的学生有现实指导作用。本书由天津国土资源和房屋职业学院佟颖春副教授主审，其中第一章、第二章由天津现代物业管理公司总经理刘晶编写，第三章、第四章、第五章由天津国土资源和房屋职业学院杜晨编写，第六章、第十二章、第十三章由上海城市管理职业技术学院吉慧君编写，第七章、第八章、第九章、第十章、第十一章由天津国土资源和房屋职业学院何伟编写。本教材在编写过程中得到中国建筑工业出版社的指导和帮助，在此表示衷心感谢。由于编者学术水平有限，书中难免存在错漏与不足之处，恳请有关专家和广大读者批评指正。

目　　录

第一章　客户服务概述 1
- 第一节　物业管理客户 1
- 第二节　常规性服务的内容 3
- 第三节　不同类型客户的服务 6
- 第四节　服务标准考核依据 11
- 第五节　客户关系维护 13
- 【练习与思考】 16
- 【案例分析】 16
- 案例思考 17

第二章　客户消费行为 18
- 第一节　物业管理客户消费项目 18
- 第二节　物业管理客诉 18
- 【练习与思考】 20
- 【案例分析】 20
- 案例思考 21

第三章　客户心理学概述 22
- 第一节　客户心理学的研究对象 22
- 第二节　客户心理学研究方法 23
- 【练习与思考】 25
- 【案例分析】 25
- 案例思考 25

第四章　客户的心理活动过程 26
- 第一节　心理学概述 26
- 第二节　客户的认识活动过程 29
- 第三节　客户的情绪、情感过程 35
- 【练习与思考】 39
- 【案例分析】 39
- 案例思考 39

第五章　客户的个性心理 40
- 第一节　客户的个性倾向性 40
- 第二节　客户的能力 44
- 第三节　客户的气质与性格 46
- 【练习与思考】 49

【案例分析】 ………………………………………………… 49
　　案例思考 ……………………………………………………… 50
第六章　客户消费心理 ……………………………………………… 51
　第一节　消费流行 …………………………………………………… 51
　第二节　消费心理 …………………………………………………… 54
　　【练习与思考】 ………………………………………………… 58
　　【案例分析】 ………………………………………………… 58
第七章　客户服务中的公共关系 ………………………………… 59
　第一节　公关与物业公关 ………………………………………… 59
　第二节　物业管理公共关系构成要素 …………………………… 63
　第三节　物业管理公共关系社会功能 …………………………… 69
　第四节　公共关系组织机构与从业人员 ………………………… 71
　第五节　客户服务的发展 ………………………………………… 78
　　【练习与思考】 ………………………………………………… 82
　　【案例分析】 ………………………………………………… 82
　　案例思考 ……………………………………………………… 83
第八章　客户服务中的公关职能 ………………………………… 84
　第一节　采集信息 …………………………………………………… 84
　第二节　咨询建议 …………………………………………………… 86
　第三节　参与决策 …………………………………………………… 88
　第四节　协调沟通 …………………………………………………… 89
　第五节　教育引导 …………………………………………………… 92
　　【练习与思考】 ………………………………………………… 94
　　【案例分析】 ………………………………………………… 94
　　案例思考 ……………………………………………………… 94
第九章　客户服务中的公关程序 ………………………………… 95
　第一节　公共关系调查 …………………………………………… 95
　第二节　公共关系策划 …………………………………………… 102
　第三节　公共关系实施 …………………………………………… 108
　第四节　公共关系评估 …………………………………………… 111
　　【练习与思考】 ………………………………………………… 114
第十章　客户服务中的公关传播沟通 …………………………… 115
　第一节　传播与公关传播 ………………………………………… 115
　第二节　如何有效利用传播媒介 ………………………………… 120
　第三节　与传播媒介的维系技巧 ………………………………… 122
　第四节　企业形象识别系统 ……………………………………… 123
　　【练习与思考】 ………………………………………………… 127
第十一章　客户服务中的公关专题活动 ………………………… 128
　第一节　联谊活动 …………………………………………………… 128

第二节　庆典活动⋯⋯⋯⋯⋯⋯⋯⋯⋯⋯⋯⋯⋯⋯⋯⋯⋯⋯⋯⋯⋯⋯⋯⋯⋯　129
　　第三节　赞助活动⋯⋯⋯⋯⋯⋯⋯⋯⋯⋯⋯⋯⋯⋯⋯⋯⋯⋯⋯⋯⋯⋯⋯⋯⋯　130
　　第四节　新闻发布会⋯⋯⋯⋯⋯⋯⋯⋯⋯⋯⋯⋯⋯⋯⋯⋯⋯⋯⋯⋯⋯⋯⋯　132
　　第五节　开放参观⋯⋯⋯⋯⋯⋯⋯⋯⋯⋯⋯⋯⋯⋯⋯⋯⋯⋯⋯⋯⋯⋯⋯⋯　135
　　第六节　展览会⋯⋯⋯⋯⋯⋯⋯⋯⋯⋯⋯⋯⋯⋯⋯⋯⋯⋯⋯⋯⋯⋯⋯⋯⋯　136
　　第七节　危机管理⋯⋯⋯⋯⋯⋯⋯⋯⋯⋯⋯⋯⋯⋯⋯⋯⋯⋯⋯⋯⋯⋯⋯⋯　138
　　【练习与思考】⋯⋯⋯⋯⋯⋯⋯⋯⋯⋯⋯⋯⋯⋯⋯⋯⋯⋯⋯⋯⋯⋯⋯⋯⋯　142
　　【案例分析】⋯⋯⋯⋯⋯⋯⋯⋯⋯⋯⋯⋯⋯⋯⋯⋯⋯⋯⋯⋯⋯⋯⋯⋯⋯⋯　142
　　案例思考⋯⋯⋯⋯⋯⋯⋯⋯⋯⋯⋯⋯⋯⋯⋯⋯⋯⋯⋯⋯⋯⋯⋯⋯⋯⋯⋯⋯　143
第十二章　客户服务中的公关礼仪⋯⋯⋯⋯⋯⋯⋯⋯⋯⋯⋯⋯⋯⋯⋯⋯⋯⋯⋯　144
　　第一节　个人礼仪⋯⋯⋯⋯⋯⋯⋯⋯⋯⋯⋯⋯⋯⋯⋯⋯⋯⋯⋯⋯⋯⋯⋯⋯　144
　　第二节　社交礼仪⋯⋯⋯⋯⋯⋯⋯⋯⋯⋯⋯⋯⋯⋯⋯⋯⋯⋯⋯⋯⋯⋯⋯⋯　151
　　第三节　职场礼仪⋯⋯⋯⋯⋯⋯⋯⋯⋯⋯⋯⋯⋯⋯⋯⋯⋯⋯⋯⋯⋯⋯⋯⋯　157
　　第四节　语言艺术⋯⋯⋯⋯⋯⋯⋯⋯⋯⋯⋯⋯⋯⋯⋯⋯⋯⋯⋯⋯⋯⋯⋯⋯　169
　　【练习与思考】⋯⋯⋯⋯⋯⋯⋯⋯⋯⋯⋯⋯⋯⋯⋯⋯⋯⋯⋯⋯⋯⋯⋯⋯⋯　171
　　【案例分析】⋯⋯⋯⋯⋯⋯⋯⋯⋯⋯⋯⋯⋯⋯⋯⋯⋯⋯⋯⋯⋯⋯⋯⋯⋯⋯　172
　　案例思考⋯⋯⋯⋯⋯⋯⋯⋯⋯⋯⋯⋯⋯⋯⋯⋯⋯⋯⋯⋯⋯⋯⋯⋯⋯⋯⋯⋯　173
第十三章　客户习俗⋯⋯⋯⋯⋯⋯⋯⋯⋯⋯⋯⋯⋯⋯⋯⋯⋯⋯⋯⋯⋯⋯⋯⋯⋯　174
　　第一节　民族礼俗⋯⋯⋯⋯⋯⋯⋯⋯⋯⋯⋯⋯⋯⋯⋯⋯⋯⋯⋯⋯⋯⋯⋯⋯　174
　　第二节　宗教礼俗⋯⋯⋯⋯⋯⋯⋯⋯⋯⋯⋯⋯⋯⋯⋯⋯⋯⋯⋯⋯⋯⋯⋯⋯　179
　　第三节　其他国家的礼俗⋯⋯⋯⋯⋯⋯⋯⋯⋯⋯⋯⋯⋯⋯⋯⋯⋯⋯⋯⋯⋯　185
　　【练习与思考】⋯⋯⋯⋯⋯⋯⋯⋯⋯⋯⋯⋯⋯⋯⋯⋯⋯⋯⋯⋯⋯⋯⋯⋯⋯　191
　　【案例分析】⋯⋯⋯⋯⋯⋯⋯⋯⋯⋯⋯⋯⋯⋯⋯⋯⋯⋯⋯⋯⋯⋯⋯⋯⋯⋯　191
参考文献⋯⋯⋯⋯⋯⋯⋯⋯⋯⋯⋯⋯⋯⋯⋯⋯⋯⋯⋯⋯⋯⋯⋯⋯⋯⋯⋯⋯⋯⋯　193

第一章 客户服务概述

【知识要求】

通过本章的学习，了解狭义和广义客户、常规性服务的内容、不同类型客户的服务、服务标准考核依据、物业管理客户服务、内部客户关系维护、外部客户关系维护。充分了解物业管理的客户分类和客户构成，做好客户服务工作。

【技能要求】

通过本章的学习，要求学生运用其基本原理，进行物业管理的客户分类和客户构成分析，明确各类客户的服务需求。

第一节 物业管理客户

人们通常认为，客户是指"产品或服务的最终接受者"，也就是通常意义上所称的消费者。然而，此种定义仅仅是一种狭义的客户概念。

物业管理中的狭义客户包括：业主、准业主和业主大会。

广义的客户概念应该是："一切对企业的生存与发展有影响的组织或个人都可以称作客户"。

物业管理中的广义客户包括：内部客户和外部客户。

一、准业主

从下单买期房开始，直到竣工收房，在这中间很长一段时间，购房者对房子并不拥有真正的权属，他们的身份介于非业主和业主之间，"准业主"或许是对他们最准确的称呼。

二、业主

根据《物业管理条例》（国务院令第379号）中，第二章第六条之规定："房屋的所有权人为业主。"

三、业主大会

根据《物业管理条例》（国务院令第379号）中，第二章第八条之规定："物业管理区域内全体业主组成业主大会。业主大会应当代表和维护物业管理区域内全体业主在物业管理活动中的合法权益。"

四、内部客户

（一）物业服务公司各部门

物业服务公司各部门关系维护主要是指各项目管理中心与公司本部的关系维护。其重要性为：

（1）专业职能部门的建立，能节约单项管理成本的支出，推进项目间的资源共享。

（2）督促项目专业化水平的提高，避免因只注重短期利益而产生的不良后果。

（3）项目管理中心应充分协调、利用企业各职能部门的资源，为项目服务，提高企业整体的服务质量。

（二）物业公司员工

员工关系指在公司内部管理过程中形成的人事关系。其具体对象包括全体职员。员工是企业的内部公众。当前，大部分物业服务公司均属于劳动密集型企业，员工层次参差不齐，文化水平高低不等。因此，建立良好的员工关系，培养组织成员的认同感和归属感，形成向心力和凝聚力，就更为困难与重要。

五、外部客户概念

（一）房地产开发公司

在物业管理服务中，物业公司是通过对房屋及其附属设施的服务与管理，保证业主能正常地居住和使用房屋，并逐步实现保值、升值的最终目标。在这一过程中，与物业企业接触最为频繁、紧密的是房屋的建造者——房地产开发公司（以下简称开发公司），与开发公司关系的维护直接影响业主的满意度、正常管理的实施等诸多问题。

（1）在房屋的设计、开发、销售阶段，物业企业通过早期介入的方式，根据项目管理的经验，为开发公司提供合理的意见和建议，并对施工及设计变更等方面进行监督，提高房屋设计的实用性与合理性，为物业管理的硬件配套设施打下良好的基础。

（2）开发公司各施工单位在维保期内的工作情况、尾款的结算、配套工程的验收、交接及项目的二次施工等，也是物业公司日常的一项重要管理工作。此类问题直接关系到项目今后的日常管理工作及费用支出，应通过开发公司对各施工单位进行统一调控和管理。

（3）在实际管理中，对与房屋质量问题的维修、项目内各类配套设施的到位情况、前期承诺事宜等，是业主重点关注的问题，也是项目中影响物业费收缴率及业主满意度的一个重要因素。对此，物业企业应协调开发公司积极解决，并尽可能地给业主以满意答复，充分利用物业企业的协调功能，提高物业企业和开发公司在业主心中的信誉度和满意度。

（二）专业部门和相关单位

各类专业配套设施，是影响业主居住环境的重要因素。物业公司应根据项目的实际情况及业主的需求，提供给开发公司配套部与专业配套部门，以保证各类配套设施及时到位，满足业主的正常生活需要。

（三）行政主管部门

以天津地区情况为例，根据《天津市物业管理条例》中第六条规定，天津市国土资源和房屋管理局是本市物业管理的行政主管部门，负责全市物业管理活动的监督管理。

区、县房地产管理局是本辖区物业管理的行政主管部门，负责本辖区内物业管理活动的监督管理。

规划、建设、市容、城市管理综合执法、公安、民政、市政、园林、物价等相关部门，按照各自职责负责物业管理区域内相关的行政管理和服务工作。

第七条规定："街道办事处、乡镇人民政府应当明确部门和人员，负责本辖区内业主大会成立和业主委员会换届等项工作的组织、指导，监督业主大会和业主委员会依法履行职责，调解业主、业主委员会与物业服务企业之间的物业管理纠纷，协调物业管理与社区管理、社区服务的关系。"

（四）媒体

媒体关系也称新闻界关系，是公共关系中最敏感、最重要的一部分。这种关系具有明显的两重性：一方面，新闻媒介是组织与公众实现广泛、有效沟通的必经渠道，具有工具性；另一方面，新闻媒介与公众的合一，决定了新闻界关系是一种传播性最强、公共关系操作意义最大的关系。因此，从对外公共关系实务工作和层次来看，新闻界往往被放在首要位置，或被称为对外传播之首。

第二节 常规性服务的内容

一、综合服务

（1）建立物业管理制度和服务质量管理体系，制定较完善的物业管理方案并组织实施。

（2）按规范签订物业管理服务合同，并按照合同约定公布物业管理服务项目、内容及物业管理服务标准。

（3）服务人员统一着装、佩戴标识，语言规范、文明服务。

（4）主要管理人员持有物业管理上岗证，特种作业员工应100%持有政府或专业部门颁发的有效证书上岗。

（5）运用计算机对业主资料、房屋档案、设备档案、收费管理、日常办公等工作进行数字化管理。

（6）建立完善的档案管理制度（包括竣工验收资料、设备档案管理、业主资料、日常管理档案等），各种基础资料、台账报表、图册应健全且保存完好。

（7）设置"服务中心"，公示服务联系电话，24小时有物业管理人员接待住户，处理物业管理服务合同范围内的公共性事务，受理住户的咨询和投诉，有效投诉处理率100%。

（8）提供有偿特约服务和代办服务，公示服务项目及服务标准。

（9）采取入户走访、业主座谈会、电话沟通、问卷调查等形式开展回访工作，回访率85%以上。每年进行一次满意度抽样测评，满意率应达到85%，并对薄弱环节进行改进。

（10）建立、健全财务管理制度，定期公布物业管理服务费收支情况。

（11）建立共用部位设施设备维修基金台账，账目清楚、准确，按规定使用共用部位设施设备维修基金，定期公布维修基金缴存和使用情况。

（12）召集首次业主大会，协助组建业主委员会并配合其工作。

二、特约委托服务

特约委托服务项目可包含但不限于：

（1）住户有偿维修；

（2）代购代送煤气；

（3）代请家教；

（4）代理物业出租；

（5）接送小孩入学、入托；

（6）家庭卫生清洁；

（7）家庭绿化保养；

（8）洗衣服务；

（9）打字、复印、传真服务。
三、房屋设施维护
（1）按有关政策规定和业主公约约定对房屋及配套设施进行管理服务。

（2）小区主出入口设小区房屋、道路平面分布图、宣传栏。小区内各路口、栋、门、户及其他配套设施场地标识齐全、规范、美观。

（3）房屋外观（包括屋面、露台）完好、整洁；公共楼梯间墙面、地面无破损；外墙及公共空间无乱贴、乱涂、乱画、乱悬挂的现象；室外招牌、广告牌、霓虹灯按规定设置，整齐有序。

（4）对违反规划私搭乱建及擅自改变房屋用途现象及时劝告，并报告有关部门依法处理。

（5）阳台封闭规格色调一致。

（6）空调安装位置统一，有条件的组织实施冷凝水集中排放。

（7）房屋装修符合规定，有装修管理服务制度；与业主、装修公司签订装修管理协议，查验装修申请方案及审批记录；对进出小区的装修车辆、装修人员实行出入证管理；对装修现场进行巡视与检查，有日常巡查记录及验收手续；对私拆乱改管线、破坏房屋结构和损害他人利益的现象及时劝告，问题严重的报有关部门处理；督促装修垃圾的及时清运。

四、建筑设备设施的维修养护
（1）维修养护制度健全并在所有工作场所明示，工作标准及岗位责任明确，执行良好；

（2）共用设备设施按照项目配套建设管理责任分工运转正常，维护良好，有设备台账、运行记录、检查记录、保养记录；对设备故障及重大或突发性事件有应急方案和现场处理措施、处理记录。

（3）实行24小时报修值班制度。急修报修半小时内到达现场，预约维修保修按双方约定时间到达现场，回访率90％以上。

（4）水、电、电梯、监控等设备运行人员技能熟练，严格遵守操作规程及保养规范。

（5）道路、停车场平整通畅，交通标识齐全规范。

（6）楼道灯、景观灯等公共照明设备完好率98％以上，按规定时间定时开关。

（7）设备用房整洁、主要设施标识清楚齐全，危及人身安全隐患处有明显标志和防范措施。

（8）雨水井、化粪井每月检查1次，根据需要定期清理疏通，保持通畅，无堵塞外溢。

（9）在接到相关部门停水、停电通知后，按规定时间提前通知用户。

五、环境卫生管理服务
（一）环境卫生管理与服务

环境卫生管理是指物业管理中心通过对项目内室内公共区域（楼梯间、电梯间、楼内各类设施等）、室外公共区域（道路、院落、各类公共设施、建筑小品及景观等）、停车场、垃圾箱（桶）、垃圾房的清理，实现整体环境的整洁。

（二）卫生防疫工作

卫生防疫工作是指物业管理中心通过对项目内垃圾箱、楼梯间、设备间等区域，进行灭蚊、蝇、鼠害及传染病等所采取的投药、消毒等措施，保持整个项目健康的居住环境。

六、绿化及水系的养护内容

（一）花木养护

（1）植物疏密相间、草坪碧绿平坦，无病虫害。绿篱模纹图形清晰、花卉花色鲜艳、常绿植物树形美观、枝干挺拔。乔木树形美观，生长茂盛。

（2）绿篱根据品种定时修剪，及时修剪，修剪后整齐美观，横平竖直，无漏剪及突出枝条。绿篱生长茂盛，萌生枝不得超过水平线10厘米。

（3）花灌木生长旺盛，树冠丰满，及时剪除残花败枝。

（4）树木生长健壮，无枯枝、断枝、病虫害枝条，叶色正常。

（5）草花栽植必须保证3季有花。北方地区从4月25日至11月1日保证有草花供给。

（6）节日期间的鲜花租摆、造型。

（二）草坪养护

（1）草坪无斑秃，覆盖率应达到98%以上。发现病虫害及时打药。

（2）草坪及时修剪，草坪的最大高度应控制在10厘米以下，或15天修剪一次。

（3）草坪内的杂草及杂物应及时清理。

（三）建筑小品的养护

（1）地面构筑物、建筑物外观完好、整洁。

（2）建筑小品构造稳定，无安全隐患。

（3）喷泉、水池面砖完好，无脱落、渗水现象。

（四）水系的管理

（1）水质检测，符合国家湖体水质标准。

（2）控制湖体内生物群落的正常分布，以自然循环方式保持水质良好。

（3）保持水面清洁，无漂浮物、水草、油渍。

（4）对于小面积景观水系，应防止其自然蒸发或变质后对设备造成的损坏，应及时补水或投药。

（5）使用水系设备、设施进行养护。

七、公共秩序管理与服务的内容及标准

（一）公共秩序的维护

公共秩序的维护是指物业管理中心通过24小时秩序维护员巡查，智能安防设施监控等方式，对项目内各类安全隐患、突发事件进行有效的预防和控制，维护项目稳定、有序的公共秩序，为业主提供良好的生活环境。

（二）24小时全范围巡查与监控

（1）根据项目特点及实际情况制定《突发事件紧急处理程序》，能正确、有效地处理发生的各类治安事件。

（2）对项目内外来人员及危险品的进出进行管理与监控。

（3）对项目内安全隐患具有一定预见性，降低治安件的发生率。

（三）消防管理与服务

消防管理是指物业管理中心通过日常消防管理与预防工作，有效地预防、控制火灾的

发生。其主要服务范围如下：
(1) 根据项目特点及实际情况制定《消防预案》，能正确、有效地处理发生的火灾。
(2) 定期对消防器材进行检查更换，保证火灾发生时能正常使用。
(3) 定期进行消防演练，使物业管理中心具备火灾初期的有效控制能力。
(4) 能对小区消防安全隐患、明火施工、易燃易爆物品进行管理，杜绝意外事件的发生。

(四) 车辆管理与服务

车辆管理是指物业管理中心通过对项目内交通秩序、车辆进出、停车泊位等方面的管理，保证项目内正常、畅通的交通秩序，及业主出行的安全。其主要服务范围如下：
(1) 对车辆进行登记、核查，对非本项目车辆进出、停放进行严格的盘查与控制。
(2) 指挥车辆进出及停放，保证道路畅通，无堵塞。
(3) 对停放车辆进行检查、登记。
(4) 做好停车场地的管理工作，为业主提供停车泊位。

第三节 不同类型客户的服务

一、民用住宅项目

住宅小区。城市居民的居住生活聚居地称为居住区。居住区是具有一定的人口和用地规模，以满足居民日常物质和文化生活需要的，为城市干道所分割或自然界限所包围的相对独立的区域。在规划设计中，居住区按居住户数或人口规模分为居住区、居住小区、住宅组团三级，一个完整的居住区由若干小区组成。同样，一个完整的居住小区由若干居住组团组成。每一个级别均需配套建设相应数量和级别的公共服务设施。对达到一定规模、基础设施比较齐全的居住区称为住宅小区（含居住小区、住宅组团）。

(一) 住宅小区的功能

从物业管理的角度来看，住宅小区是一个集居住、服务、经济、社会功能于一体的社会的缩影。

1. 居住功能

这是住宅小区最基础的功能。根据居民的不同需要，提供各种类型的住宅，如多种类型的居住单元、青年公寓、老年公寓等。在居住功能中，最重要的是能够提供人们休息的场地和环境，其次才是如饮食、盥洗、个人卫生、学习、娱乐、交际等功能。

2. 服务功能

住宅小区的服务功能是随着城市规划建设要求、房地产综合开发而来的，即要求小区的公用配套设施和小区的管理应能为居民提供多项目、多层次的服务。包括：教卫系统，如托儿所、幼儿园、小学、中学、医疗门诊、保健站、防疫站等；商业餐饮业系统，如饭店、饮食店、食品店、粮店、百货店、菜场等；文化、体育、娱乐服务系统，如图书馆、游泳池、健身房、电影院、录像室等；其他服务系统，如银行、邮局、煤气站、小五金、家电维修部等。

3. 经济功能

住宅小区的经济功能体现在交换功能和消费功能两方面。交换功能包括物业自身的交换，即开展住宅和其他用房的出售或出租经纪中介服务和小区管理劳务的交换，即业主通过合同的方式将住宅小区的管理委托出去。消费功能指的是随着城市住房制度改革的不断深化，住宅小区中的住宅将不断的商品化，并进行商业化的管理。

4. 社会功能

住宅小区的主体是居民，居民的活动是社会活动，聚集在住宅小区的各种社会实体，如行政治安机关、商业服务业、文化教育、银行等，是以住宅小区为依托，共同为居民服务，发挥各自的功能。这些实体之间、实体与居民之间、居民相互之间组成了住宅小区的社会关系、人际关系，形成了一个社会网络，相互影响和相互制约。

（二）住宅小区物业管理的特点

住宅小区内居住着不同阶层、职业的家庭，不同的生活习惯、爱好、文化程度、道德水准、经济收入水平等决定了他们对居住环境要求和居住行为的差异。这些差异有时会产生各种各样的问题、矛盾和纠纷。这也给住宅小区的物业管理提出了更高的要求。住宅小区是小区内全体居民共同的家园，是大家共同生活的场所，建设和维护一个良好、和谐的居住环境就是全体居民共同的心愿。为减少和妥善处理发生的问题、矛盾和纠纷，有必要在自治自律的基础上对人们的居住行为做出某些限制和约束，制定一个大家共同遵循的居住行为的规范，即管理规约，其核心是任何人的行为不得违反社会公共利益、不得损害他人利益。也就是说，自治自律是相统一的，自治是在自律基础上的自治。每个人在享受一定权利的同时，也应承担相应的义务。

住宅小区物业管理还带有相当的复杂性，主要表现在三个方面。首先，小区的房屋产权的多元化要求管理上的权威性和统一性。不同产权性质的住宅在物业管理上的侧重点不同，如何针对产权的多元化实行统一的物业管理具有一定的复杂性。其次，小区的物业管理在实施过程中要涉及市政各部门、公安、街道办事处等多个部门和单位，如何协调好相互间的关系和利益，明确各自的职责和管理范围，对搞好小区物业管理是至关重要的。最后，物业管理经费筹集的复杂性。不同产权形式下物业管理经费的筹集渠道不同，物业管理服务收费的计算原则不同，收缴方式不同。当前，中国的物业管理主要是在普通住宅小区推行，其住宅小区物业管理经费的筹集既要考虑到物业管理实际运作的成本费用，又要考虑到人民群众经济收入的实际水平。这种费用与支付能力的矛盾构成了现阶段住宅小区物业管理经费筹集的复杂性，带来了比非住宅物业更大的经费筹集困难，需要认真加以研究，制定稳妥可行的收费标准与办法。

二、商业用房

（一）商场物业的类型

1. 按经营方式不同

可分为货柜隔离购物和开放式购物两类。货柜购物即每个层面购物被柜台或铺位分割成销售不同种类商品的小单元，顾客购物时不进入柜台直接挑选，由售货员拿给顾客，这种零售商店一般被称为百货商场（或专营商店）。开放式购物是把零售商品陈列在开放式货架上，顾客可直接挑选，这种零售店被称为超级市场或仓储式购物中心。

2. 按楼宇功能不同

可分为单一经营性商店和综合多功能经营商店。

3. 按商业物业档次不同

可分为普通型和豪华型两种。普通型的商业物业的设施、设备和管理方式都是传统性的，所经营的商品都是大众化商品。豪华型是高档的商业楼宇，其设施、设备齐全、先进，如电视监控、消防系统都由计算机系统控制，先进的管理设施，豪华、高雅的购物环境，是现代的商业楼宇。

(二) 商场物业管理的特点、建筑特点

建筑内部一般用大间隔、大空间设置，使整个层面一览无遗；外观设计讲究宏伟、富丽，有的还有喷泉或小瀑布；装饰上追求典雅、奇特，气氛上力图营造浓烈、激情或温馨，造成感观上的刺激或和谐。据此，在管理上要求创造和维持环境的优美，使顾客在幽雅、轻松的环境中流连忘返，增强购物的信心和欲望。

1. 设施齐全

现代商业设备、设施先进，因而对管理人员的素质要求较高。

2. 客流量大

商场进出人员杂，不受管制，客流量大，易发生意外，安全保卫管理非常重要，有些零售商品易燃易爆，消防安全不得有半点松懈。

(三) 商场物业的管理内容

1. 楼宇及附属设施、设备的养护及维修管理

商业楼宇的日常养护标准高，维修要求严，其内容同办公楼相似，但方式不同。商业楼宇的重点在于各种设施、设备，因为这些都能直接影响经营环境。高档的商业楼宇设施、设备多而复杂，电脑化程度高，如供电、监控、安全管理、消防、给水排水、交通管理等各系统大多互联网络，由计算机控制，所以维护管理至关重要，一些设备如电梯、自动扶梯等易出故障，保证其正常运行也靠平时养护。

2. 环境卫生及绿化管理

环境卫生是管理的重点，主要是外部环境和内部环境两方面。外部环境包括楼宇外墙、附属建筑设施及周围场地等；内部环境包括过道、自动扶梯、电梯、卫生间、会议室、餐厅等一切公用场所，以及承租户和业主的铺内、办公室等非公用部位。绿化是指内外环境的花草树木的种植及养护，旨在创造整洁、优美、和谐怡人的商业氛围。

环境卫生管理方面应注意以下几点：

(1) 楼宇内外的广告牌、条幅、悬挂物、灯饰等，属商户铺内的，由商户提出设计要求或制作，但必须由物业服务公司统一安装在合理位置。

(2) 柜台内陈列架上商品陈列应美观，不得凌乱或随意放置。

(3) 商户铺内产生的垃圾须袋装并放至指定位置，及时清理。

(4) 楼宇内外的主要卫生清洁时间应安排在非营业时间，营业期间必要的清洁应由清洁人员用抹布擦拭，尽量不用长柄拖布擦拭。

(5) 进门处及其他公用过道应设置一些雨具存放器，尽量不要把带雨水的雨具带进大厅，同时注意清洁卫生。

(6) 安防管理是商场物业管理的要点，必须予以重视。它由两部分组成：消防管理和公共秩序维护。

(7) 商场楼宇一般都安装先进的自动火灾报警装置和自动灭火装置，这些装置直接与电视监控系统联网，一旦发现火情，烟雾达到一定的浓度或温度达到一定的高度这两种装置便自动通过导线将报警信号传输至报警装置、电视监控系统和自动喷淋装置。

（8）运用电视监控系统对商场进行全方位、多角度，尤其对贵重商品及金融营业点进行日常监视，发现可疑人员或突发事件、恶性事件时监控人员及时录像存作查证。在地下车库或露天停车场亦须安置监控探头，防止车辆被窃。人防方面由于商场中铺面多，柜台多，人流密集，易造成电视监控死角，人防必不可少。门岗的秩序维护员主要责任是发现可疑人员时用对讲机通知场内便衣保安人员加以注意。流动岗应着便装，流动巡逻，做到勤观察，勤分析，善于发现问题，及时解决问题。对突发事件和恶性事件应及时处置防止事态扩大并注意保护现场，及时向上级和公安部门报告。

3. 广告管理

商场广告既多又杂，常常出现广告无序有碍整体环境，有的广告违反广告法规定，因此必须加以管理。

（1）商场内部广告应由物业服务公司委托专业广告设计人员按商场整体布局设计。承租户广告需就其式样、颜色等项由物业服务公司审核，做到管理有序。户外广告一般不设置，如果属于商场整体促销广告也应注意整体性和形象性。

（2）橱窗展示宣传方面，应做到橱窗玻璃洁净，灯火明亮，开关及时，陈列物品整洁有序。

4. 租赁管理

商场楼宇的租赁往往以整个层面向外出租，出租后，由承租商依据经营要求，提出装修申请。也有的业主把一个层面装修完毕之后出租铺面。承租商户对铺面只能通过申请批准后做一些小的变动装修，装修管理应做好以下几个方面：

1) 建立周全详细、便于操作的管理制度；
2) 专人负责、对工程实行严格的监督；
3) 选定资质高、信誉好的工程承包商进行装修；
4) 对装修现场进行监督管理。

有些商场引进了承包制，逐步发展到柜台出租、楼宇层面或整幢楼出租，作为物业服务公司在做好楼宇租赁的同时，应注意租赁管理。

（1）出租方式

主要有租金投标和协议租金两种，在位置好、顾客量大的商场，商户往往争相租赁，在同时出现多个承租商户的情况下可采用竞标方式，以获取理想的租金。而在一般地段，未出现商户争铺面的情况可采用协议租金，这一方式较灵活、便利。

（2）租金管理

在租金商定时要考虑多方面因素，如商品经营的范围及类别；附近商场楼宇的空置率；承租户的经营特色；商场所处的位置。另外经营商品给管理带来的难易也应作为一个因素。租金计算可采用两种形式：一种是先规定一个固定的月租金（根据面积），然后根据市场情况和货币升、贬值决定几年后再增加的合理幅度。另一种是按面积定出最低租金，然后根据承租户销售总额按一定的百分比收取租金。

三、工业厂房

工业厂房的物业服务与其他类型的物业服务有其共同之处，以常规物业服务内容来说，有设施设备运行维修保养服务需求、安全秩序维护服务需求、保洁服务需求、绿化服务需求。但除此之外，工业厂房的物业服务需求也有不同于常规物业服务内容的特点：

（一）设备运行维修服务的特点

工业厂房对设施设备运行服务的要求很高。以供电的可靠性为例，单位区域内的故障断电是坚决不允许的，瞬间的断电将给科研生产带来严重的损失，工作中的科研数据会丢失、损坏，拷机运行的实验数据会失效，甚至造成科学仪器设备的损坏等，因此供电一般采用双回路，物业服务公司需要密切关注电业局的停电通知，并在单位范围内广而告之，尽量减少损失。在电业局没有停电通知的情况下，发生供电干线故障造成瞬间停电时，物业服务公司也必须在10分钟内完成双回路倒闸送电操作，尽量减少对科研生产的影响。

另外，对环境温度要求很高，夏天需要制冷，冬天需要供热，因此需要中央空调系统有效运行。中央空调系统需要大量水电能源，在保证系统正常运行的前提下，根据环境温度的变化进行经济运行也是物业服务公司的重大课题。根据每个季节、每天的不同时刻，设置运行参数。运行设备都是很昂贵的，维护这些设备的正常运转，精心维修保养，延长这些设备的使用寿命是物业服务公司需要时刻关心的问题。除了常规的检修保养程序外，还需要密切巡检，做好维修保养巡查记录，进行运行状态分析。

（二）安全秩序维护服务的特点

工业厂房的安全秩序维护服务，除了常规的秩序维护、消防安全管理之外，还有如下特点：

（1）要特别注意科研生产的保密安全。在知识经济的时代，重视知识产权，重视原创知识和产品的保密性。因此，在外来人员的控制上要纳入保密安全的要求，对国外访问学者应密切注意，并经常对保安人员进行保密安全教育。

（2）高级领导视察和外宾频繁访问，除了配合公安部门做好安全工作外，还应有相应的接待礼仪和交通指挥，控制好视察区域的局面，禁止违规录音、拍照。

（3）注意隐私安全和心理安全。在以人为本的时代，非常关注个人隐私、心理安全，尤其是女性的心理安全，因此，应对保安人员的言行举止提出要求，并制定相应的工作规范和标准。

（三）保洁服务的特点

提供干净整洁的内外环境是保洁工作的目标，通常都有规范的程序和工作标准，做保洁工作也有一些特别之处：一是在做室内的卫生清洁工作时，要注意仪器设备的安全，避免引起设备的损坏和失准；二是整理桌面、垃圾桶时，应注意是否有涉密和有用的材料，要保持保洁员的稳定性，划定责任区域，对保洁员进行保密教育和培训；三是不能打扰工作人员的工作，一般采用预约方式进行室内打扫；四是对保密区域的打扫应在科研人员的监督下进行。

（四）绿化服务的特点

营造优美的环境是绿化服务的目标，室外要求草坪整齐、绿树成荫，室内花卉摆放要求鲜花常开、造型美观，会议室花卉和观赏植物要常换常新。因此要求物业服务公司必须做到：一是有全年绿化计划，把全年计划分解为季度计划，并认真加以落实。二是要建设花卉植物的培养暖房，根据花卉的开花季节以及需求的数量培植养护，控制好温度和湿度。三是需要精心养护花卉和树木，定期浇水、施肥、消杀、修剪，定期对花卉及叶片清洗。四是按计划定期更换摆放的花卉，进行品种或是摆放位置的更换。五是室内摆花尽量因人而异，因位置而异，不能摆放危害人身健康的花卉和观赏植物。

（五）商务服务的特点

公众对商务服务有很大的需求，如购买车船飞机票、包裹邮递、复印打字、送水等。要做好这些服务，需要方便快捷、信息畅通，其中复印打字还有保密性要求。

四、写字楼

首先，管理经营一体化。写字楼的管理人员，都是既懂管理、又懂经营的复合型人才。不仅有专业的物业管理经验，能提供高品质的物业管理服务，而且具备丰富的经营、财务、公关、营销知识，有丰富的招商招租经验，能有效地协助投资客户做好写字楼的招商招租。

其次，设备管理专业化。设备是国际企业中心最复杂、最核心的部分，数量多，种类庞杂，涉及中央空调、供水供电、电梯、网络等。国际企业中心在设施设备的管理上，形成的系统的安装调试、接管验收、日常运行、跟踪检测、维修保养等环节的操作程序，能有效地消除各类安全隐患和不稳定因素，最大限度地发挥设备功能，降低故障率，降低能量消耗水平，延长设备使用寿命，确保各种设施设备安全、可靠、高效地运行。

最后，商务氛围人性化。管理上强调营造人性化、开放式的宽松环境，积极引入酒店式物业管理模式。如秩序维护员一律穿西装、打领带，对外称为服务人员，改变秩序维护员生硬的角色形象，增强对写字楼业主的亲和力。同时，针对商务人士业务繁忙、工作压力大的特点，利用轻松活泼的景观造型，在公共部位配置背景音乐，为业主带来视觉和听觉上的放松和享受。而设置诸如出租车停靠点、上下班高峰期候梯引导、雨天大堂备置伞套等众多细节服务，将使员工体验到浓厚的人性化商务氛围。

第四节　服务标准考核依据

一、业主满意度的概念

业主满意度是指顾客确认物业公司提供的服务符合服务质量标准要求的量化值，计算方法为各级评价数的权重之和与评价数之比。

二、业主满意度的内容

业主满意度的内容是指业主对物业服务企业各项服务（服务中心、安全秩序、环境管理、维修）及其他物业管理服务方面问题的满意程度。但在实际操作中，开发企业的房屋质量、配套等售后问题，成为业主满意度的干扰项，所以，在调查中应尽量进行解释与辨别。

三、业主满意度的调查和计算方法

（一）活动频次制定

（1）公司客户服务部每年以《业主调查表》方式对各项目组织1~2次意见征询调查活动。

（2）项目经理配合客户服务部安排住户意见征询调查活动。

（二）活动计划

（1）在活动进行前，客户服务部应编制相应计划，内容包括开展本次意见征询调查活动的目的、征询调查对象、《业主调查表》的设计、发放的范围和数量、时间及人员安排等。

(2) 计划的批准：活动实施计划由客户服务部编制，部门经理确认，副总经理审核，总经理审批。

(3) 项目根据收缴率、投诉的实际情况，不定期推出不同主题的业主座谈会。

（三）活动实施

(1) 客户服务部安排员工在规定时间内到业主家中征询，并回收业主调查表。

(2) 业主调查表的回收周期为10~15天，随时回收随时送交公司。

(3) 在发放和回收业主调查表的工作过程中，注意避免在不恰当的时候入户，以免打扰业主正常休息。

（四）《业主调查表》的填写

(1) 设计的《业主调查表》应清晰地描述提供的管理和服务等过程中需请业主评价的项目和内容。

(2) 业主评价可以设定为"很满意"、"较满意"、"不满意"三项。

(3) 《业主调查表》由负责实施该项活动的负责人组织发放和回收。

（五）《业主调查表》的统计分析。

(1) 各项目对其调查结果进行统计分析。

(2) 客户服务部对各项目《业主调查表》采用业主调查表法对收集的业主意见进行综合统计分析，分析周期为7~10天。

(3) 对业主评价为"很满意"、"较满意"的可确定为满意项。根据已发放和回收的业主调查表，满意度的计算方法如下：

统计计算符号：

N——发放的业主调查表总数（已办理入住手续户数的90%或98%）；

H——回收的业主调查表总数；

X——业主调查表的调查项目数（附带分数的总题目数）；

Y——每份业主调查表评价满意的项数；

O——评价满意的项目总数；

A——回收率（%）；

K——满意度（%）。

统计计算公式：

$$A = H \div N \times 100\%$$

$$O = \Sigma Y = Y_1 + Y_2 + Y_3 + \cdots\cdots + Y_N$$

$$K = O \div (X \times N) \times 100\%$$

(4) 相关政策法规规定

1) 天津市优秀的考核要求

依据《天津市优秀住宅物业管理小区标准》，市物业行政管理办公室评分达到95分以上。

2) 国家优秀的考核要求

依据《全国示范住宅物业管理小区标准》，住房和城乡建设部评分达到98分以上。

第五节 客户关系维护

一、与公司经理的关系维护

公司经理作为企业的最高领导者与责任人，对企业的经济效益、企业发展方向、资源调配等，负有直接的管理责任。

(1) 项目管理者应充分理解企业发展方向，正确引导项目中管理人员、操作人员开展工作。

(2) 为公司经理提供准确的数据资料，便于领导者做出正确的决策。

(3) 合理调动各种资源的分布，确保企业经济指标的完成。

二、与公司各职能部门的关系维护

1. 与支持保障部门的关系维护

支持保障部门主要是指办公室、人力资源部、库房等提供物质、人员保障的部门。其主要关系维护的内容为：及时、合理上报资源需求，保证项目内物质、人员资源的充沛、稳定；积极组织员工活动、员工调查、专业培训等措施，支持项目员工操作水平的提升。

2. 与财务部门的关系维护

财务部门负责各类资金用度的核算、审批。其主要关系维护的内容为：与项目管理中心准确核算、上报各类收费标准、资金计划及备用金额度等，保证企业整体经济指标的完成。

3. 与专业业务部门的关系维护

专业业务部门是以项目内服务中心、保安部、环境管理部、维修部等部门为管理、监督和指导的对象，为项目提供专业化指导与培训的部门。与其关系维护，旨在提高项目的整体操作水平，降低专业管理成本，并协调实现各项目的资源及经验共享。

4. 与监督部门的关系维护

监督部门是负责对企业整体的管理运行情况及服务质量标准进行监督，其中不仅涉及项目内操作人员的工作标准及工作流程，还涉及公司各职能部门的支持是否充沛、有效，服务水平是否符合标准等多方面内容。与其关系维护的主要内容是，通过真实工作状况与水平，发现企业内部管理中存在的问题及企业管理体系中存在的不足，以科学的管理方式进行改进，实现企业管理机制的高效、良性运转。

三、与其他项目的关系维护

与其他项目间的关系维护则体现为一种经验与资源的共享。

(1) 物业管理作为一个服务性行业，除了要求项目管理、操作人员具有专业的操作水平，还需要大量的项目实操经营。因此，新老项目经验共享，成为一个重要的工作。

(2) 由于各项目管理面积、设备设施等级、数量不同，在项目资源配置中，就会出现专业人员、大型工具的配置过剩，因此，项目间的资源共享，成为一个重要的解决方法。

四、与业主委员会关系维护

业主委员会作为业主的团体的代表组织，在物业服务公司日常管理中，代表业主对物业企业的管理与服务进行监督，同时，物业服务公司应正确引导和协调与业主委员会之间的关系，使其能最大限度地为物业管理工作提供帮助。

根据《物业管理条例》的规定，对项目的收支情况及管理方案对业主委员会进行讲解和公布，增加管理的透明度，提高业主委员会的信任度和满意度。

按规定为业主委员会成员提供活动场地和活动经费，引导监督其依法履行职责，不得做出与物业管理无关的决定，不得从事与物业管理无关的活动。

进行物业管理法律、法规的宣传，保证业主委员会成员能正确理解和宣传物业管理的含义，在项目内形成良好的氛围。全力支持业主委员会的合法决议，提高业主委员会在业主中的地位与威信。

除《物业管理条例》规定的内容外，物业企业应对项目内新增的服务项目、管理措施等方面的问题，与业主委员会进行协商，争取获得支持，提高物业管理措施的推行力度。

五、与专业配套部门关系维护

物业管理区域内，供水、供电、供气、供热、通信、有线电视等单位应当向最终用户收取有关费用。根据项目实际运作情况，可接受专业单位的委托，代收相关费用，并向专业单位收取相关手续费。

供水、供电、供气、供热、通信、有线电视等单位，应当依法承担物业管理区域内相关管线和设施设备维修、养护的责任。

专业配套部门因维修、养护等需要，临时占用、挖掘道路和场地，应及时恢复原状。

了解各专业配套部门的办事流程、管理规定及紧急事件的处理办法等，为业主提供正确的解释与指导。

六、与委托方关系维护

根据《物业管理条例》的规定，物业服务公司可以根据业主的委托，提供物业服务合同约定以外的服务项目，服务报酬由双方约定。

委托服务旨在方便业主的日常生活。因此，做好委托服务不是物业企业一个创收点，是物业服务的延伸，能间接影响到业主满意度指标的变化。

在项目实际操作中主要包含以下委托内容：

接受业主及使用人的委托，代缴燃气、水、电、电话等费用，并收取一定比例的手续费。

接受业主的委托，对业主空置房屋（未装修、未居住的房屋）进行代管，并收取相应的手续费。

接受开发企业的委托，对未售出房屋进行管理，并收取相应的手续费。

接受专业部门的委托，代收相关费用。

七、与受托方关系维护

针对专业分包公司，物业服务公司应对专业公司即劳务供方，每年进行一次选择和评价，并就评价合格的供方发布《合格供方名录》，劳务在《合格供方名录》内选择供方，评价准则如下：

（1）专业公司提供的劳务的特点、服务过程、设备及达到的标准。

（2）供方应具备的资质。

（3）供方的业绩。

（4）通过各管理中心日常检查得出的对供方的评价结果。

专业分包公司的服务质量水平的高低，直接影响到物业管理中心的整体水平，因此，对分包公司的日常监督及管理也是物业服务公司的一项重要工作。

认真选择分包公司,并对分包项目的管理方案进行审核,应与项目整体管理目标与理念相符合。

制定服务合同,对质量标准、不合格服务的处理、违约责任等项目进行严格规定。

对服务过程进行严格监控,对不符合要求的分包公司除要求其整改外,还应予以处罚,严重的应终止其合同。

八、与供货单位的关系维护

物业服务公司应对供货单位即物资供方,每年进行一次选择和评价,并就评价合格的供方发布《合格供方名录》,物资供方在《合格供方名录》内选择供方,评价准则如下:

(1) 产品的质量标准。
(2) 物资供方应具备的资质。
(3) 供方的业绩。
(4) 通过管理中心日常使用得出的对供方评价结果。
(5) 对供方质量管理体系的要求。
(6) 样品的测试结果。
(7) 采购产品的验证。
(8) 采购物资到场后必须进行检验或验证。

当在供方现场进行验证时,应对验证标准、方法及放行方法作出规定。

如采购物资检验不合格,可采用退货、降级使用等方法进行处理。

九、与行政部门关系维护

(一) 物业主管部门的关系维护

物业企业与行政主管部门的关系维护内容。

(1) 制定行业管理发展规划、物业管理市场规则和管理服务标准。
(2) 物业服务企业的资质管理。
(3) 协调各专业主管部门对物业管理工作的指导。
(4) 指导物业项目达标创优。
(5) 组织物业管理从业人员的资格培训和行业统计工作。

(二) 专业主管部门的关系维护

物业服务公司作为一个服务性企业,除接受行业行政主管理部门的管理外,还要接受下列主要专业职能部门的监督。

(1) 物业管理协会。
(2) 物价局。
(3) 房屋维修资金管理中心。
(4) 停车场地管理委员会。
(5) 所在地派出所。
(6) 环卫局。
(7) 市容委。

关系维护的主要内容:

(1) 物业管理协会主要负责行业内部经验交流。
(2) 物价局主要负责物业费用、有偿服务费等各类物业收费项目价格的审批和备案。

(3) 房屋维修资金管理中心主要负责房屋维修资金账户的建立、费用计提、使用审批等相关工作。

(4) 停车场地管理委员会主要负责项目机动车、非机动车存车场的审批、收费定价等工作。

(5) 所在片派出所主要负责项目内治安问题的处理及秩序维护员的管理工作。

(6) 环卫局主要负责生活垃圾、装修垃圾的收集及处理。

(7) 市容委主要负责房屋外檐、小区外围的装修；宣传、广告牌的设立。

（三）街道、居委会关系的维护

根据《物业管理条例》的规定：业主大会、业主委员会应当配合公安机关，与居民委员会相互协作，共同做好维护物业管理区域内的社会治安等相关工作。

(1) 物业管理区域内，业主大会、业主委员会应当积极配合相关居民委员会依法履行自治管理职责，支持居民委员会开展工作，并接受其指导和监督。

(2) 住宅小区的业主大会、业主委员会做出的决定，应当告知相关的居民委员会，并认真听取居民委员会的建议。

（四）媒体关系维护

1. 涉及的主要媒体

(1) 新闻传播机构：报社、杂志社、广播电台、电视台。

(2) 新闻界人士：记者、编辑。

(3) 网络：各大官方网站、企业自建网站。

2. 维护的内容

(1) 争取新闻界对本组织的了解、理解和支持；以便形成对本组织有利的舆论氛围。

(2) 通过新闻界实现与广大公众的沟通，密切组织与社会公众之间的联系。

(3) 物业服务企业作为一个公共关系社会组织，应与媒体保持良好的沟通关系。与媒体关系恶化、出现不良记录等行为，将会给企业的知名度与信誉度带来较大的负面影响。

【练习与思考】

1. 简述业主、准业主的概念。
2. 简述常规性服务的内容分类。
3. 住宅小区的功能包括哪些？
4. 商场物业的管理包括哪些内容？
5. 工业厂房的管理包括哪些内容？
6. 写字楼的管理包括哪些内容？
7. 简述业主满意度的概念。
8. 客户关系的维护包括哪些内容？

【案例分析】

某物业服务公司保洁部辞退了一名从事垃圾装运工作的清洁工李××，此人已在此公司工作10余年，他到区劳动局上访。物业服务公司应按《劳动法》对他进行赔偿，每年赔偿一个月的赔偿金，工作了10年，应付10个月的赔偿费（其每个月工资为650元，共应赔偿6500元）。物业公司认为李××在上班时间捡废品，经保洁部主管多次批评仍不改正，因而违反了劳动纪律，所以决定辞退。物业公司将此决定告诉了李本人，还在物业服务公司内发了通报,因此公司认为不应给予赔偿。区劳动仲裁委员会经调解调查,情况属实,根据《劳动法》第 25 条第二款规定严重违反劳动纪律按用人单位规章制度可以解除合同。由于物业公司在多次劝告李××,李××仍然违反劳动纪律的情况下,公司予以解除合同的决定,本人也承认并签字,物业公司也做了告示,所以不予赔偿每年一个月的赔偿金。

【案例思考】
内部公众的沟通关键是什么?

第二章 客户消费行为

【知识要求】

通过本章的学习，了解物业管理客户消费项目，充分了解物业管理的客户的需求，做好客户服务工作。

【技能要求】

通过本章的学习，要求学生了解物业管理客户服务的落实和客诉处理。

第一节 物业管理客户消费项目

根据《物业服务收费管理办法》中第十一条的规定：

实行物业服务费用包干制的，物业服务费用的构成包括物业服务成本、法定税费和物业管理企业的利润。

实行物业服务费用酬金制的，预收的物业服务资金包括物业服务支出和物业管理企业的酬金。

物业服务成本或者物业服务支出构成一般包括以下部分：

(1) 管理服务人员的工资、社会保险和按规定提取的福利费等；
(2) 物业共用部位、共用设施设备的日常运行、维护费用；
(3) 物业管理区域清洁卫生费用；
(4) 物业管理区域绿化养护费用；
(5) 物业管理区域秩序维护费用；
(6) 办公费用；
(7) 物业管理企业固定资产折旧；
(8) 物业共用部位、共用设施设备及公众责任保险费用；
(9) 经业主同意的其他费用。

物业共用部位、共用设施设备的大修、中修和更新、改造费用，应当通过专项维修资金予以列支，不得计入物业服务支出或者物业服务成本。

业主应当按照物业服务合同的约定按时足额交纳物业服务费或者物业服务资金。业主违反物业服务合同约定逾期不交纳服务费或者物业服务资金的，业主委员会应当督促其限期交纳；逾期仍不交纳的，物业管理企业可以依法追缴。

第二节 物业管理客诉

在市场经济条件下，物业服务公司为业主提供了服务，就应该按照等价交换的原则收取一定费用，而享受了物业服务的业主支付物业管理费也理所当然。

一、物业管理收费难问题的出现，客户拒缴费原因是多方面的

（一）业主方面

1. 观念

部分业主在住房消费观念上还存在着一定的误区。许多业主没有认识到物业管理是使其房产保值升值的一种投资行为，也没有认识到物业服务是一种消费行为，在缴纳服务费时总是犹豫不定，生怕自己吃了亏。一旦出现服务质量问题时，他们往往以此作为"拒缴"的理由。

2. 心存侥幸

少数业主存在一定的侥幸心理。由于物业服务具有社会性，服务对象是广大业主而不是某个个体，因此，不可能因极少部分业主不交物业管理费就不进行物业管理服务，从而导致极少部分业主贪图小利，躲避、逃避交纳物业管理费。

3. 不满意物业服务

由于各地对物业管理服务项目没有真正适用的规定和检查标准，造成了业主和物业服务企业在物业服务标准上的认识偏差较大。物业管理实践中，物业服务公司只能根据物业管理费的收缴情况，提供相应的物业服务。对此，部分业主认为质价不符。另外，也确实存在少数物业服务公司服务不到位、维修不及时、收费不规范等情况。这样，业主就会对物业服务不满意，对物业服务公司产生意见，因而拒交物业管理费。

（二）开发商方面

1. 遗留工程质量问题

由于开发商的原因，部分业主所居住的房屋工程质量存在一定的问题，对此，业主并不知道应该找开发商进行交涉、处理，而把一切怨气撒向物业服务公司。一旦解决不了，就不交物业管理费。

2. 承诺未予兑现

大多数开发商为了促进销售，将物业费标准定得很低，以此来降低消费者购买房产的门槛。在销售过程中，有些开发商更存在不着边际的承诺，如豪华会所、幼儿园、容积率、绿化率、物业费肯定不涨价等。而后期大多数承诺没有兑现，业主为此不交物业管理费。

（三）物业服务公司方面

1. 内部管理问题

物业服务公司由房管所转制和自建自管的较多，其内部机制难以适应市场化的要求，员工工作积极性不高，企业综合技能、应变能力难以适应市场需求，服务质量难以提升，企业的"收缴率"也就不会高。

2. 服务意识和态度差

一些物业服务公司的服务意识差，不能及时为业主解决问题，只管理不服务，对业主要求的多，而自己却做得少；服务态度不好，不能正确认识自己的社会角色，工作未完全到位。

3. 不完全履行合同

部分物业服务企业不能完全履行服务承诺，或在物业管理实施过程中，未经业主同意私自减项或不按合同执行，业主拒缴物业管理费也就在情理之中了。

（四）政府方面

有些小区虽然已建成了很久，但由于协调力量不足，周围配套设施仍未跟上，如通往小区的主干道路还未建好，建筑垃圾到处堆积，车辆或行人将污泥带入了整洁的小区，小区外围噪声夜以继日、严重扰民，这一系列问题会引起小区居民的不满，部分业主会将这些原属于开发商或有关部门的责任迁怒于物业服务公司。

二、针对物业管理收费难的问题，应具体问题具体分析，然后对症下药，使整个行业健康发展

1. 业主要有正确的物业管理消费意识

业主应该意识到，物业服务公司实质上是在生产一种服务型的商品，在提供整洁、优美、舒适的生活空间的同时，物业服务公司也付出了艰辛的劳动，业主为物业管理支付费用也是理所当然的。

2. 开发商必须本着对社会负责的态度开发项目

在开发项目的过程中，开发商必须本着对社会负责的态度，周密规划，严格兑现承诺。在开发完一个项目后，开发商应该通过社会招标的方式将项目交给有实力的物业服务公司，不要为了交接顺利而将项目交给子公司或关系公司。

3. 物业服务公司应加强自身建设，提高服务质量

为提高业主的满意率，物业服务公司要从自身找原因，树立正确的服务理念，调整内部机制，加强内部管理，制定服务标准，规范行为准则，不断提高服务质量，从而达到业主的认可和满意。此外，物业服务公司还应对业主宣传物业管理知识。物业管理费收取的标准、开支的范围及服务的标准，应经业主委员会、物业服务公司、上级主管部门及其他有关部门共同研究、讨论、制定，并在业主大会上公布。

4. 政府应切实履行自己的职责

政府要兑现对公共配套设施的承诺，完善现行收费办法中关于收费标准的制定，建立相应法律法规，明确住房消费者在住房消费过程中的责、权、利。

收费问题既是业主关注的热点，也是物业服务公司工作的难点，更是政府主管部门立法和工作的重点。为解决物业费收费难问题，真正做到既能保护业主的合法权益，又能促进物业管理行业的健康发展，政府、企业与业主三方应该互相积极配合，充分理解。

【练习与思考】

1. 简述物业服务费用包干制的构成。
2. 简述物业服务费用酬金制的构成。
3. 简述物业服务成本或者物业服务支出构成一般包括哪些部分？
4. 简述业主拒交物业管理服务费的几大原因。

【案例分析】

某晚11：30，业主陈女士投诉楼下业主张女士家中有钢琴声，影响到陈女士家人的正常休息，要求物业公司派人协调处理。服务中心了解情况后致电张女士，询问事情缘由。张女士承认家中的确有人在弹琴，她认为自己的行为虽然有些不妥，但陈女士通过敲打暖气管、用力踩踏木地板等报复楼下的行为，也是不对的。当时通过物业公司的协调，双方业主商定弹琴时间定于每晚10：00以前。一周后的某晚9：20，物业公司又接到陈女士投诉，反映楼下家中钢琴声音大，影响了家中读小学孩子的正常睡眠，觉得原来商定

的时间过晚，要求物业公司通知张女士立即停止弹琴，如不合作后果自负。物业公司本着负责的态度，电话询问张女士能否提前停止弹琴，以照顾楼上上学的孩子，但遭到张女士的拒绝。随后，服务中心人员直接到张女士家中，同张女士协商此事，但她认为楼上业主的要求不合理。不得已又到陈女士家中说明情况，但业主也不满意。在这种情况下，管理人员又到张女士家中协调，请她换位思考。通过不厌其烦的沟通与协调，终于感动了两家业主。最后，双方取得了和解，将弹琴时间由以前的晚10：00改为晚9：00。

【案例思考】

如何利用细节维护关系？

第三章　客户心理学概述

【知识要求】

通过本章的学习，认识客户心理与行为的特点及规律，掌握客户心理学的基本内容，了解客户心理学的研究对象。

【技能要求】

通过本章的学习，要求学生在了解客户心理基本问题的基础上，运用客户心理的研究方法，分析和理解客户心理。

第一节　客户心理学的研究对象

任何一门学科都必须有自己的、不同于其他学科的研究对象，否则就不能成为一门独立的学科。客户心理学作为心理学的分支学科，其研究对象是市场活动中客户的心理现象的产生、发展及变化规律。具体地说，客户心理的研究对象主要有以下几个方面：

一、客户行为中的心理过程和心理状态

客户在消费行为中的心理过程和心理状态是一个发生、发展和完成的过程。这一过程人人都有，是客户心理现象的共性。心理过程和心理状态的作用，是激活客户的目标导向和系统导向，使他们采取或回避某些行为。对心理过程和心理状态的研究，包括两个方面的具体内容：

（1）客户对商品或服务的认识过程、情绪过程和意志过程，以及三个过程的融合交汇与统一。

（2）客户心理活动的普遍倾向。

如普遍存在的追求价廉物美、求实从众、求名争胜、求新趋时、求新立异等心理倾向，以及这些心理倾向的表现范围、时空、程度和心理机制等。

二、客户个性心理特征对行为的影响和制约

客户的心理过程和心理状态能体现出他们的个性心理特征，而个性心理特征又反过来影响和制约客户的行为表现。例如，有些客户能从社会价值、经济价值、心理价值等方面对物业服务做出比较全面的评估，而有的客户则只能做出一些较为表面化的评论；有一些客户面对众多商品，仍能够快速、果断地做出购买与否的决定，而有的客户在琳琅满目的商品面前，却表现得犹豫不决、瞻前顾后。这说明客户心理现象存在着明显的差异。客户个性心理特征对消费行为的影响和制约包括三个方面的具体内容：

（一）客户的气质、性格

根据客户的气质、性格上的这些差异，将他们划分为具有某些购买心理特征的群体。例如胆汁质、多血质、黏液质、抑郁质等气质特征的客户，在消费中会表现出不同的心理活动特点。

（二）客户对商品或服务的评估能力

例如，客户对物业服务是深涉还是浅涉，男性客户和女性客户对服务进行评估的标准有什么不同，不同年龄阶段的人群，如少儿、青年、中年、老年客户群体的评估能力各有什么特点等。

（三）新增服务项目、服务方式、服务环境等对客户心理的影响

例如，诚实守信的服务为何受到客户的信赖，新颖别致的服务项目如何引起客户的兴趣，宾至如归的服务如何受到人们的青睐，舒适优雅的服务环境如何给客户带来愉悦的情感体验等。

第二节　客户心理学研究方法

一、客户心理学研究的类型

根据获取客户资料的方法不同，可以把客户心理的研究分为性质不同的两种类型：定性研究和定量研究。

（一）定性研究

所谓定性研究就是通过综合描述与分类对事物进行衡量的研究。定性研究的一个基本特点就是它不要求消费者按照事先安排好的回复类别来回答问题。答案是文字性的，不是数量化的。有些时候，研究者可能也不知道真正的答案是什么，但正因为如此，研究者才使用定性研究方法。这种方法可以使研究者发现客户的动机、态度、偏好等。

（二）定量研究

定量研究是通过数量对事物进行衡量的研究。量化答案具有可比较性，从而使研究人员可以研究大量的客户，然后将答案集中在一起，对所研究的客户行为的某个方面进行总体评估。

二、客户心理的研究方法

客户心理学的心理学理论基础是普通心理学，因此在研究方法上，普通心理学的一些方法可以借鉴和采纳。这里主要介绍以下三种。

（一）观察法

观察法是在自然情况下，有计划、有目的、有系统地直接观察被研究者的外部表现，了解其心理活动，进而分析其心理活动规律的一种方法。

这种方法的优点是比较直观，观察所得到的材料，一般也比较真实，切合实际。这是由于客户是在没有被施加任何影响、干扰的情况下被观察的，是一种心理的自然流露。这种方法的不足之处是带有一定的被动性、片面性和局限性。因此通过观察所得到的材料本身还不足以区分哪些是偶然的现象，哪些是规律性的事实。

观察法一般适用于以下情景：调查者所关注的行为是公开的；这些行为经常且重复出现或者是可以预测的；行为发生在相对较短的时间跨度里。

从不同角度来划分，观察法可以分为以下几种类型：

（1）自然条件下的观察与人为创设情景下的观察。前者是在自然情景下等待某一行为的出现，后者是根据当时的需要，创设一定的条件而进行的观察。

（2）公开观察与隐蔽观察。公开观察是指观察者的身份是公开的，而且被观察者意识

到自己的行为被观察；隐蔽观察是指观察者的身份不公开，而且被观察者没有意识到有人在观察自己。

（3）结构性观察与非结构性观察。如果将观察限定在预先确定的行为上，就是结构性观察；非结构性观察是指对所有出现的行为都进行观察和记录。

（4）参与式观察与非参与式观察。参与式观察指的是观察者要融入被调查环境之中，并需要付出大量的时间和努力。而非参与式观察就没有这个要求。

（二）实验法

实验法是有目的地严格控制或创设一定条件来引起某种心理现象进行研究的方法。实验法又可分为实验室实验法和自然实验法两种形式。

1. 实验室实验法

实验室实验法是指在实验室里借助各种仪器进行研究，同时也可以在实验室里模拟自然环境条件或工作条件进行研究。在设备完善的实验室里研究心理现象，从呈现刺激到记录被试者反应、数据的计算和统计处理，都采用电子计算机、录音、录像等现代化手段，实行自动控制。因而对心理现象的产生原因、大脑生理变化以及被试者行为表现的记录和分析都是比较精确的。

2. 自然实验法

这种方法指在商业营销环境中，有目的地创造某些条件或变更某些条件，给客户的心理活动施加一定的刺激或诱导，从中了解客户的心理活动。由于这种方法是人们有目的地创设或变更条件，因而具有主动性的特点。虽然是在商业营销环境中进行的，但又不是纯自然的，是人们主动地、有目的地施加一些影响，所以这种方法往往能够按照一定的研究目的取得比较准确的材料，是应用范围比较广泛的方法。

（三）调查法

调查法是在商业经营活动中，采取各种形式和手段获取有关材料，间接地了解客户心理活动的方法。

调查的方式，可以根据调查目的而灵活采用。例如：了解客户对小区环境的意见，可以召开客户代表座谈会；了解客户的兴趣爱好变化，可以应用现场点数统计方法；了解客户对新增服务项目的心理反应和要求，可以通过广告征询、设置意见簿的形式进行等等。在客户心理的研究中，被广泛采用的调查法是问卷法和访谈法。

1. 问卷法

问卷法是根据研究内容的要求，由调查者设计调查表，由被调查者填写，然后汇总调查表并进行分析研究的一种方法。问卷法要求被调查者回答问题要明确，表达要正确，实事求是。对得到的材料作仔细的数量和质量的分析，可以确定某一年龄阶段或某一阶层的客户的心理倾向。问卷法的优点是可以同时进行大规模的调查，缺点是问卷回收率低，对所回收的问卷答案的真伪判断较难。因为有些问卷的回答者可能并不认真对待。

2. 访谈法

访谈法是指调查者与被调查者进行面对面有目的的谈话、询问，以了解客户对所调查内容的态度倾向、人格特征等的方法。访谈法可以分为结构式访谈和非结构式访谈两种。结构式访谈，是指由访谈者按事先拟定好的提纲提出问题，客户按问题要求逐一回答，通过有目的、有计划的提问搜集所需要的资料。它的优点是针对性较强，所调查的问题比较明确、节省时间。不足是由于所提问题规范化程度比较高，可能会降低被调查者合作的积极性或采取敷衍的态度，同时也可能由于调查者的知识所限，没能将一些与所研究问题相关的内容纳入访谈结构体系中，从而影响访谈的全面性和准确性。非结构式访谈，是指访谈者事先不定出谈话的具体题目，有时甚至也不告诉被访谈者谈话的目的，而是在总体目标范围内采取自然交谈的方式。这样做的优点是谈话气氛较轻松，客户可以坦诚地谈出自己的真实想法。但这种方法要求调查者要有较高把握目标和掌握谈话技巧的能力。同时，这种方法对收集上来的资料进行归纳和整理比较困难。

在物业服务中，往往一个小区的客户或业主有上万人，想了解这么多客户的想法是个难题，单一的方法有时效果不显著。可以采用几种方法相结合的办法，利用不同方法的优势。例如：可以利用观察法，在平时的物业服务工作中发现客户的某些趋向或看法，为进一步研究确定大致的方向，之后采用调查法进行问卷调查，既可以节约成本，也可以在短时间内获得大多数业主的态度或看法，从而指导物业服务的完善和改进。

【练习与思考】

1. 简述客户心理学的研究对象。
2. 简述客户心理学的研究方法。

【案例分析】

某住宅小区为保持整洁的外观形象，业主入住伊始，物业服务中心便对安装阳台防盗网的位置、式样、规格、材质等做出了统一要求。可是10号楼1号的业主说什么也不愿按照物业服务中心的要求办理，非要将防盗网向外伸出50厘米。服务中心几次劝说，他仍不改初衷。按照规定，物业服务中心完全可以采取强制措施。然而，主管人员并没有这样简单处理，而是经过现场调查和深入交谈，进一步了解业主的装修意图。

原来，该业主准备打掉厨房与阳台的隔断墙后，将厨房的空间扩大，并安装整体厨房。这样一来阳台悬晾衣服就成了问题，只有将防盗网外伸，才能解决日后悬晾衣物的问题。

在摸清了业主的意图后，物业服务中心设身处地为其着想，从实际出发，帮助他设计了另外几个解决方案。最终，业主被物业服务中心的诚意打动，高兴地选择了其他方案，不再坚持将防盗网外伸了。

【案例思考】

以上这个案例给了我们什么启示呢？

第四章 客户的心理活动过程

【知识要求】

通过本章的学习,使学生了解心理学的研究对象,并进一步了解客户心理现象的第一部分,即客户的心理活动过程中的认识过程、情感过程和意志过程。

【技能要求】

通过本章的学习,要求学生在了解客户心理活动过程中的认识过程、情感过程的基础上,掌握这些心理活动的特征及其客户行为的关系。

第一节 心理学概述

客户的心理活动过程是指客户在消费行为中,从感知商品或服务到最终购买商品或服务之间,心理活动发展的全过程。客户在消费过程中,心理活动的发生、发展、变化均有其一定的规律性,可以揭示出不同客户心理现象的共性及其外部行为的共同心理基础。

心理活动过程可具体分为认识过程、情感过程、意志过程三个阶段。它们之间具有密切的内在联系,既相互依赖,又相互制约,从而构成客户完整的心理活动过程。

一、心理学的研究对象

除日月山川、花卉树木、鸟兽虫鱼、热声光电等自然现象,国家、民族、政党、军队、生产、消费等社会现象外,世界上还存在另外一种现象——人的心理现象,它是自然界最复杂、最奇妙的一种现象。人眼可以看到五彩缤纷的世界,人耳可以聆听旋律优美的音乐,人脑可以储存异常丰富的知识,事过境迁而记忆犹存。人能运用自己的思维去探索自然和社会的各种奥秘;人还有七情六欲,能体验各种情感和情绪。人会为实现自己的目的,组织和调节自己的行为,克服各种各样的困难。总之,人类关于自然和社会方面的各种知识,在认识世界、改造世界方面所取得的一切成就,都是和人的心理的存在和发展分不开的。

同时,人在认识客观世界的时候,还会形成各种各样的心理差异,表现在需要、理想、信念、能力、气质和性格等方面,这些都是人的心理现象,这些心理现象构成了心理学的研究对象。

因此,心理学研究的对象就是人本身,心理学是研究人的心理现象及其规律的科学。

人的心理现象是极其复杂的,为了研究的方便,心理学通常把心理现象分成两大类,具体可见表4-1。

心理现象分类表 表4-1

心理现象	心理过程	认识过程	感觉、知觉、记忆、思维、想象等
		情感过程	
		意志过程	
	个性心理	个性倾向性	需要、动机、理想、信念、世界观等
		个性心理特征	能力、气质、性格

（一）心理过程

心理现象在个体身上发生时，在时间上有一个发生、发展的历程，叫做心理过程。人有认识、情感和意志三种心理过程。

1. 认识过程

认识过程指人们获得知识或应用知识的过程，这是人的最基本的心理过程。它包括感觉、知觉、记忆、想象、思维和语言等。

人对客观世界的认识始于感觉和知觉。感觉是对事物个别属性和特征的反应和认识，如对颜色、声音、气味、冷热、疼痛的认识等，都是属于最简单的认识过程——感觉。在感觉的基础上，能够意识到事物的整体及意义，如辨认出这是盛开的牡丹花，那是歌唱的百灵鸟，这就是知觉。感觉和知觉往往紧密地联系在一起，不能截然分开，可以统称为感知觉。

人们通过感知觉所获得的知识经验，在刺激物停止作用以后，并没有马上消失，它还保留在人们的头脑中，并在需要时能再现出来。时隔多年仍认识老师、同学，考试时想起复习时背诵过的内容，不假思索就能做出近乎自动化的行为，如用筷子、开车，事过境迁能言犹在耳、历历在目，这种积累和保持个体经验的心理现象称为记忆。如果没有记忆，就不会有心理的发展。

认识活动不能只停留在对个别事物的外表或个别属性上，而是要探寻事物的本质联系和一般规律，这就是思维。例如，医生根据病人的脉搏、体温、心跳等的变化，可以推断其体内的疾患；营业员根据顾客的外部表现和言行，可以了解其内心世界，这些都是思维。人在头脑中不仅能够再现过去事物的形象，而且还能在此基础上创造新事物的形象。这类心理活动的过程叫做想象。这些合起来就是认识过程。

2. 情感过程

人在认识事物时，不仅认识事物的属性和特征，还会产生对事物的态度，并引起对事物的满意或不满意、喜欢或厌恶、愉快或痛苦的体验，这就是情绪和情感。也就是人们平时所说的喜、怒、哀、乐、爱、恨、惧、恶等体验，在心理学上统称为情绪情感过程。

各种事物具有什么样的价值或意义，并不是完全取决于事物本身的特性，而是取决于它们与人的需要之间的关系。情感是人们判断事物价值的主观尺度。同样一顿饭给饥饿的人吃，与给很饱的人吃，其感受是不一样的。

情感是一种十分重要的心理过程，它丰富了人的生活，是推动和鼓舞人行为的重要力量。

3. 意志过程

人不仅能认知客观事物，对事物产生情感体验，还能通过自己的活动有目的、有计划地改造客观世界。这种自觉地确定目的、组织和调节行为，克服困难去实现目的的过程，心理学上叫做意志。意志是人类特有的高级心理现象，是人的意识能动性的集中表现。

（二）个性心理

在获得和应用知识的过程中，不同的人由于遗传素质不同，生活环境也具有独特性，对同一件事往往会产生不同的感受和反应；种种心理表现的差异使得人与人各不相同，每个人的心理活动都具有自己的特点。心理学把个人稳定地经常表现出来的独特心理特征称为个性心理特性，它包括个性倾向性和个性心理特征两方面。

（1）个性倾向性：主要包括需要、动机、理想、信念和世界观等。它表现为个人的意识倾向，即人对现实的稳定态度。如有的人在物质需要方面追求强烈，有的人则更注重精神需要的满足；有的人理想远大，有的人思想空虚。所有这些都从不同的方面显示着个性倾向性的差异。

（2）个性心理特征：它是在个人身上所表现出来的比较稳定的心理特征。这是人的个性心理的具体表现，主要包括能力、气质、性格等方面。

能力是直接影响活动效率使活动得以顺利进行的个性心理特征。人与人之间的能力是有差别的，如有的人聪明，有的人笨些；有的人擅长体育，有的人喜欢唱歌等。

气质是表现在人的心理活动的行为动力方面的稳定的个人特征。主要指情绪体验的快慢强弱、动作的灵敏或迟钝等，如有的人活泼好动，有的人安静孤僻等。

性格是指个人对现实的态度和在社会性行为中表现出来的人格特征，如有的人勤奋进取，有的人懒惰退缩；有的人热情豪放，有的人多愁善感。性格是做出带有道德判断色彩的人际关系评价的主要标准之一，是个性的核心。

二、心理学的研究领域

现代心理学是一个学科体系，在这个体系中包含多种多样的心理学分支。这些心理学分支有些担负理论上的任务，有些担负实践上的任务。根据它们担负任务的不同，可以大致把各分支心理学划分为两个大的领域：基础领域和应用领域。

（一）基础领域

基础领域心理学分支研究心理科学中同各分支心理学有关的基础理论和基本的方法学问题，研究心理学发生和发展的基本规律问题。基础领域的心理学分支包括普通心理学、实验心理学、比较心理学、发展心理学、生理心理学和社会心理学。

与客户心理学关系密切的学科有普通心理学、发展心理学和社会心理学。

普通心理学是研究心理现象一般规律的科学。它研究心理学的基本理论，阐述正常成人心理（认识、情绪、意志和个性心理等）的一般规律，同时也概括各分支学科的研究成果。客户心理学主要以普通心理学为理论基础。

发展心理学是研究人类个体心理发展规律的科学。发展心理学按照人生发展的各个阶段，可分为婴幼儿心理学、儿童心理学、少年心理学、青年心理学、成年心理学和老年心理学。分别研究各年龄阶段的心理特点及其形成规律。

社会心理学是研究社会心理的基本过程及其变化发展的条件和规律的科学。具体地说，它研究社会认知、社会动机、社会态度、社会感情、团体心理（如民族心理、阶级心理、小团体人际关系心理等）以及时尚、风俗、舆论、流言等社会心理现象的特点及其变化发展的条件和规律。

（二）应用领域

心理学的应用领域甚广。毫不夸大地说，凡属人类的各种社会实践均涉及人的问题，都是心理学应用的领域。属于心理学应用于社会实践的各分支学科，主要有教育心理学、劳动心理学、管理心理学、医学心理学、客户心理学、军事心理学、司法心理学、运动心理学等。

客户心理学属于研究市场活动中人的心理活动现象及其规律的社会应用学科，与其他心理学分支有着密切的联系。

第二节 客户的认识活动过程

一、客户的感觉

人的认识过程是接受、储存、加工和理解各种信息的过程，也是人脑对客观事物的现象和本质的反映过程。客户心理活动的认识过程是客户心理活动的最初发生阶段，也是客户购买某一具体商品或服务的基础，离开了对商品和服务的认知，就不会产生消费行为，因此，认识过程是最基本的心理过程。

（一）感觉的概念及分类

感觉是人脑对直接作用于感觉器官的客观事物个别属性的反映。每个商品和服务都是由多种属性构成的。客户利用感觉器官来体验它们的特性，从而获得对商品和服务的印象，形成对商品和服务的认识。

感觉一般可分为外部感觉和内部感觉。外部感觉指接受外部世界的刺激并反映其属性的感觉。这一类感觉包括视觉、听觉、嗅觉、味觉和皮肤感觉。

内部感觉指接受机体内部的刺激并反映机体自身的运动与状态的感觉。这一类感觉包括运动觉、平衡觉和内脏感觉。

在人的各种感觉中，视觉是最重要的。原因在于：视觉是人获得信息的主要通道，它与人的日常生活关系密切，人对周围世界的了解主要依靠视觉，人所获得的信息中80%是由视觉来完成的。因此，大量的广告都注意给顾客以强有力的视觉冲击。商品一般都注重精美的包装。房地产开发商注重住宅外观的设计。物业服务公司注重住宅区域环境的规划，种植树木、花草，给人以赏心悦目的感觉，提升住宅区域的品质，同时也注重清理一些销售人员在住宅区墙面、电线杆上随意喷涂、张贴的各种宣传广告，从视觉上给居民一个健康、整洁的印象。

听觉的重要性仅次于视觉。估计大约有10%的信息是通过听觉器官来获得的，人际言语交流主要靠听觉作为沟通渠道，因此听觉是人们第二位的信息来源。厂商们在广播电台做广告，设计广告音乐、歌曲、广告语，也会对顾客的听觉产生一定的冲击，使客户能对他们的企业与商品留下深刻的印象。有的居民小区，在环境的规划中，也考虑到了听觉的作用，在绿化的同时，特别设计了石头外形的音箱，放置在小区绿地各处，随时间段的不同，播放不同的音乐或者是鸟啼虫鸣之声，使居民走在住宅区中，仿佛置身于郊外、田园。

研究嗅觉具有重要的实践意义。一项研究中，两种不同的香味被加入到同一种面巾纸上，被试感知其中一种是上等和昂贵的，而另一种是在厨房中使用的。对于城市居民，每天生活在城市的喧嚣之中，呼吸的是高污染、充满了各种废气的空气。如果忙碌一天之后，一走进自己居住的小区，便会闻到久违的泥土芬芳、绿草的清香，该是一种多么愉悦的感受。因此，物业公司重视绿化，净化空气；控制小区外来车辆，减少尾气污染，是十分必要的。调查显示，城市居民越来越重视生活环境的质量，很多居民以生活在绿化面积大、空气清新、噪声和废气污染小的住宅区为荣。这也是继价格、居住面积两大居民购房主要考虑因素之后的又一重点考虑因素。

（二）感觉的基本现象

1. 感受性与感觉阈限

感受性指感觉器官对刺激物的主观感受能力。它是客户对服务、环境、商品、广告、价格等消费刺激有无感觉、感觉强弱的重要标志。感受性通常用感觉阈限的大小来度量。感觉阈限指能引起某种感觉的刺激量。客户感受性的大小，主要取决于消费刺激物的感觉阈限值的高低。

在实际生活中，并不是任何刺激都能引起客户的感觉。要产生感觉，刺激物就必须达到一定的量。那种刚刚能够引起感觉的最小刺激量称为绝对感觉阈限。对绝对感觉阈限的觉察能力，就是绝对感受性，绝对感受性是客户感觉能力的下限。凡是没有达到绝对感觉阈限值的刺激物，都不能引起感觉，例如，电视广告持续时间若少于3秒钟就不会引起客户的视觉感受，因此，要使客户形成对商品的感觉，必须了解他们对各种刺激的绝对感受性和绝对感觉阈限值，并使刺激物达到足够的量。

在刺激物引起感觉之后，如果刺激的数量发生变化，但变化极其微小，则不易被客户察觉。只有增加到一定程度时，才能引起人们新的感觉。心理学上把刚刚能够觉察的刺激物的最小差别量称差别感觉阈限。例如，居民区的绿化面积增加，每十米增种一棵树，往往不为居民所注意；而每十米一盏路灯不亮，客户却十分敏感。了解客户对不同商品和服务的质量、数量、价格等方面的差别感受性，对合理调节消费刺激量，促进商品销售具有重要作用。

商品和服务的提供商努力确定与商品和服务有关的差别阈限有两个不同的原因：

（1）为了负面的改变不易被公众察觉。如服务水平的下降，或价格的提高这一负面的改变，往往令居民反感，将变化的水平控制在差别阈限之下，会降低这种负面影响。随着社会的发展、物价的上涨，物业公司可能需要相应的提高物业服务费。以普通住宅为例，物业服务费应由业主大会、开发建设单位与物业服务企业在政府指导价格范围内协商确定。即使物业服务企业提高物业服务费是合理的，但是业主作为消费者，会本能的反对涨价，换句话说，涨价会带来业主的不满。那么，如何能顺利的提高物业服务费又能将业主的不满情绪尽量减少是物业服务企业必须面对的问题。解决这个问题涉及多方面的因素，其中控制好价格提高的水平是应该认真研究的问题。简单来说，如果能将价格的涨幅控制在业主的差别阈限之下，业主对价格的上涨感觉不明显，就会相应的减少不满情绪。

（2）为了使商品或服务的改进对于客户来讲更明显而不需要太大的成本。如物业公司要在所辖居民区中增加绿地的面积，增种树木。如果采用原有树种，除非在大面积空地密集种植，否则可能居民很难察觉，因为几乎没有居民会知道自己的住宅区内平均几米会有一棵树，也不会每天都去数一数有没有增加。因此，宜采用与原树种有较大差别的树木，比如北方可以种植桃树，桃花一开，视觉冲击力强，效果显著。

2. 感觉适应

感受性由于刺激的持续性作用或一系列刺激的连续作用而会发生变化，这就是感觉适应。适应可以引起感受性的提高，也可以引起感受性的降低。

各种感觉都存在适应现象，其中视觉适应最为人们所熟悉。晚上从灯光明亮的室内走到室外时，一开始什么也看不清，经过一段时间后，逐渐能看清楚暗中的物体，这种现象叫做暗适应。暗适应是视觉感受性不断提高的现象。在暗适应的最初几分钟内，感受性提高较快，随后速度减慢；完全达到暗适应，大约需要30~40分钟，其间感受性可提高达20万倍。

白天，从地下室走出时，开始觉得光线耀眼，什么也看不清，但很快就能恢复正常视力，这种现象叫做明适应，明适应是视觉感受性迅速降低的过程。与暗适应相比，明适应过程比较短，在最初半分钟里，感受性迅速下降，随后速度减慢，在2~3分钟内明适应就全部完成。

感觉的适应具有重要意义，使人在复杂多变的环境中也能生存得很好。但另一方面人们连续在某个住宅区生活数年之后，对周围环境变化的感觉会变得迟钝；看到小区中各色树木、花草，开始觉得很新鲜，时间长了就会觉得习以为常，所有小区都差不多的感觉。正是由于人的感觉具有适应性的特征，客户对新的商品或服务最初有新鲜感，时间长了，接触多了，对这种商品和服务也就习以为常了，就不会再感到它有什么吸引力了。显然，感觉适应对增强刺激效应，不断激发客户的消费欲望是不利的。这就要求商家不断推出与目前市场上的商品和服务不同的新产品、新服务，调整消费刺激的作用时间，经常变换刺激物的表现形式。使客户产生新的感觉，激起顾客新的愿望，才能为企业创造新的商机。

二、客户的知觉

（一）知觉的概念

知觉是人脑对直接作用于感官的客观事物的整体属性的反映。感觉和知觉都是当前事物在人脑中的反映，但感觉是对对象和现象个别属性（如颜色、气味、形状）的反映，而知觉则是关于对象和现象的整体形象的反映，是人将感觉信息组成有意义的对象的过程。

（二）知觉的特性

人的知觉过程是一个有组织、有规律的心理活动过程。这些规律主要表现为知觉的选择性、整体性、理解性和恒常性，它们保证了人们对客观事物的认识。

1. 知觉的选择性

作用于人的客观事物是丰富多彩、千变万化的。但人不可能对客观事物全部清楚地感知，也不可能对所有的事物都做出反应，而总是有选择地以少数事物作为知觉的对象，而对周围的事物则比较模糊，这些模糊的事物就成了背景。这就是知觉的选择性。知觉的选择性表现在客户能在众多的商品中把自己所需要的商品区分出来，或者在同一种商品的众多特性中，优先地注意到某种特性。它使客户在知觉商品中发挥"过滤"作用，使客户的注意力集中指向感兴趣的或需要的商品及其某些特性。

客户自身的需要、欲望、态度、偏好、价值观念、情绪、个性等，对知觉选择也有直接影响。凡是符合客户需要、欲望的刺激物，往往成为首先选择的知觉对象；而与需要无关的事物则经常被忽略。从情绪状态看，一般在快乐的心境下，人们对消费刺激的反应灵敏，感知深刻；心情苦闷时，则可能对周围的事物"听而不闻，视而不见"。

物业服务公司为了使客户及时得知近期公司推出的服务项目、设施维修保养通知等信息，就要利用知觉选择性的特点。可以在每个楼口设置简易的宣传栏，颜色鲜明，信息的字体宜大，最好和宣传栏的背景色形成较大差异。同时要注意及时更新，将过期的信息及时撤销。

2. 知觉的整体性

知觉的对象是由刺激物的部分特征或属性组成的，但人们不把它感知为个别的孤立的部分，而总是把它知觉为一个统一的刺激情景。甚至当刺激物的个别属性或个别部分直接作用于人的时候，也会产生这一刺激物的整体印象。

知觉之所以具有整体性，一方面是因为刺激物的各个部分和它的各种属性总是作为一个整体对人发生作用；另一方面，在把刺激物的几个部分综合为一个整体的知觉过程中，过去的知识经验常常能提供补充信息。远处走来的熟人，虽然看不清面孔，但可以凭借身体外形、走路姿势和其他线索辨认出来。因此，商家应注重产品和服务的每个细节，避免某一个方面的不足，引起客户对整体印象的损害。如某些物业公司不注重对外来车辆的管理，会给业主带来一种不安全感，继而使业主认为物业公司在各方面都疏于管理，不负责任。

3. 知觉的理解性

知觉的理解性是指已有的知识经验和语言对知觉的影响。人在知觉过程中，总是以已有的知识经验为根据，对知觉对象做出某种解释，使它具有一定的意义，并用词来标志它，即从不同方面对它加以理解。如对一辆从未见过的汽车的知觉。人由于具有汽车的一般特性等方面的知识与经验，所以，当看到这种汽车时，不仅能够看到它是什么样子的，还知道它是一种交通工具，并且能用汽车一词来标志它。这就是知觉的理解性。

理解在知觉中具有重要作用，它是正确知觉的必要条件。在知觉一个事物的时候，与这个事物有关的知识经验越丰富，对该事物的知觉、认识就越深刻、越准确、越快速。比如对于某名胜古迹的一砖一瓦，一个有经验的考古学家要比一般人有更深刻地认识。

利用知觉的理解性提高广告宣传效果。根据知觉的理解性这一特点，企业在广告中要针对购买对象的特性，在向客户提供信息时，其方式、方法、内容、数量必须与信息接受人的文化水准和理解能力相吻合，以保证信息被迅速、准确地理解。

4. 知觉的恒常性

当知觉的客观条件在一定范围内发生变化时，人对知觉对象的映像仍在相当程度上保持着它的稳定性，这就是知觉的恒常性。

在视知觉中，知觉的恒常性表现得特别明显。在亮度和颜色知觉中，物体固有亮度和颜色倾向于保持不变。比如，无论是在强光下还是在黑暗处，我们总是把煤看成是黑色、把雪看成是白色、把国旗看成是红色。实际上，强光下煤的反射亮度远远大于暗光下雪的反射亮度。知觉的恒常性有助于人们全面、真实、稳定地反映客观世界，使人们能够更好地适应环境。

（三）知觉的分类

人对客观现实所形成的知觉映像各种各样，也有多种多样的分类方法。

（1）根据知觉时起主导作用的感官的特性，可分为视知觉、听知觉等，如听课、看电视等。

（2）根据知觉时所反映的事物的内容不同，可分为空间知觉、时间知觉和运动知觉。一切事物都是在一定时间、空间上运动着的物体。这三类知觉均较复杂，空间知觉反映物体的空间特性（如物体的大小、方位、距离等），时间知觉反映事物的延续性和顺序性，运动知觉反映物体的空间位移和位移速度。

（3）根据知觉的结果是否与客观事物相符合，可分为正确的知觉和错觉。

人对客观现实的反映并不总是正确的，有时是错误的，在一定条件下，由于受主、客观因素的影响，人在感知事物的时候，都会产生各种错觉现象，其中最为常见的是视觉方面的错觉，如大小错觉、图形错觉、空间错觉、时间错觉、方位错觉等。

（四）社会知觉

作用于人的信息有两大类：一类是自然界中的机械、物理、化学和生物方面的信息；另一类是由人的实践所构成的社会现象的信息。如果说后者是社会信息，则前者为非社会信息。对非社会信息所形成的知觉，通常被称作物知觉，而对社会性信息所形成的知觉就叫做社会知觉。所以，社会知觉就是指个人在社会环境中对他人或群体的心理状态、行为动机和意向做出推测与判断的过程。

在社会知觉中有一些心理效应，能对人们心理产生一定的影响，继而影响到人际交往、商务洽谈、团队建设等多个领域，这一效应引起了越来越多企业的关注。作为以服务输出为主要产品的物业服务企业来说，主要遵循以人为本的原则，服务的对象是需求各异、素质高下不同的，因此，注意日常工作中的几种效应，并能巧妙的运用这些心理效应，是服务向纵深发展的得力助手。

首先，我们来认识几种心理效应。

首因效应，指最初接触到的信息所形成的印象对人们以后的行为活动和评价的影响，即所谓的"第一印象"，心理学上叫做"首因效应"。具体说，就是初次与人或事接触时，在心理上产生对某人或某事带有情感因素的定式，从而影响到以后对该人或该事的评价。

首因效应在人际交往中对人的影响较大，是交际心理中较重要的名词。我们常说的"给人留下一个好印象"，一般就是指的第一印象，这里就存在着首因效应的作用。因此，在竞标、社交、面试等活动中，我们可以利用这种效应，展示给人一种极好的形象，为以后的交流打下良好的基础。

近因效应，指的是某人或某事的近期表现在头脑中占据优势，从而改变了对该人或该事的一贯看法。而且，这个印象在对方的脑海中也会存留很长时间。首因效应一般在较陌生的情况下产生影响，而近因效应一般在较熟悉的情况下产生影响。

晕轮效应，是指某人或某事由于其突出的特征留下了深刻的印象，而忽视了其他的心理和行为品质。具体地说，当你对某个人有好感后，就会很难感觉到他的缺点存在，这种心理就叫"晕轮效应"，也称作"光环作用"。"情人眼里出西施"、"爱屋及乌"都是晕轮效应的具体表现。

设防心理，在与陌生人初次打交道时，我们不时地会有些防范心理；在人多混杂的场面，你会担心自己的物品是否安在，这些都是人的设防心理。

通过以上心理效应的分析，我们可以发现其中大部分效应的产生是由于自身对客观事物的认知不准确造成的。所以，我们如要克服这些可能产生不利影响的效应。首先要以健康、良好的心理素质为基础用正确的认识观，全面、系统地认识各种因素；其次，要学会因势利导，正确地利用相关因素，化为工作中的助力。

三、如何有效应用上述几种效应

（1）物业服务企业不论在竞标和谈判，还是在日常的服务中，企业都要追求仪表整洁统一。这是因为业主对你的第一印象主要是集中在年龄、体态、姿势、谈吐、面部表情、衣着打扮等，以判断一个人的内在素养和个性特征。因此，无论是在竞标谈判，还是进驻入伙时期，不拘小节是要绝对禁止的，一定注重运用"首因效应"，扬长避短，确定对策。你的适度、温和、合作给第一次见到你的人留下了深刻的印象，决定了对方是否与你进一步谈判的兴趣和合作的信心。

因此，在与业主初次交往时，要注重仪表，衣着得体，这是体现身份、修养，尊敬对方的主要因素；言谈举止是一个人内在气质、修养的表现，也是企业文化内涵、专业知识厚度的展示；适度的工作热情，比如"风雨不误"、"早来晚走"等都是利用首因效应占得先机、感化对方，取得工作突破的有力手段。

（2）晕轮效应常常表现在以貌取人上，物业招投标过程的标书装潢精美，企业的业绩、品牌、规模等都可能使对方产生晕轮效应。对物业服务企业来说，首先我们要善于应用晕轮效应，学会包装企业，宣传企业品牌。

目前，物业服务企业的品牌竞争，已成为物业服务市场竞争的主要话题，"崇洋心理"、"外来的和尚会念经"都是品牌折射下的晕轮效应，因此，企业塑造品牌，已成为企业实现可持续发展的百年大计。一个品牌从"稚嫩"走向"成熟"需要几年、几十年，甚至上百年的时间，这足以看出创立品牌之不易。因此，我们在努力打造自己品牌的同时，一定要避免一切有损于品牌形象的事发生。对物业服务企业来说，品牌的塑造主要靠服务水准的不断提升和以人为本服务理念的不断提炼，以稳定服务质量、特色化服务使消费者产生的晕轮感才是比较稳定的。从某种意义上说，品牌具有晕轮效应，它会紧紧抓住消费者的心，会像一条引线一样牵着消费者的思维跟着它走。所以，我们就通过各种途径不断提高企业的知名度与美誉度，依靠微笑服务、差异服务、细节服务、特色服务等不断的使品牌保持持久的晕轮价值，促使消费者对自己有一种"先入为主"的思维定式。

再者，从认知角度讲，晕轮效应仅仅是事物个别特征反映，而对事物的本质或全部特征下结论，是很片面的，也是在自己对事物缺乏全面了解的情况下出现的。因而，在人际交往中，我们应该注意告诫自己不要被别人的晕轮效应影响，而陷入晕轮效应的误区。尤其是在竞标过程中，不要受晕轮效应的影响，对竞争对手产生恐惧、仰慕心理，影响自身的发挥。应清醒地认识到，无论对手怎样强大，总会有他的弱点所在，而树立"尺有所短，寸有所长"的必胜信心。

（3）在人的知觉中，近因效应使人们更看重新近信息，并以此为依据对问题做出判断，往往忽略了以往信息的参考价值。对我们以服务为产品的物业服务企业来说，因服务不可储存性的特点，使业主更容易产生近因效应。

因此，物业服务企业必须注重服务质量的持续性，做到善始善终和服务过程的完整性。

（4）业主在物业入驻初期的设防心理是司空见惯的，因物业服务是新生事物，特别对后勤社会化改制的机关事业单位来说，本来就是一种革新，对物业服务企业的陌生及物业服务水平的怀疑，总有一个适应和认可过程。如果，你理解了这种设防心理，在项目入伙期，你就不会被业主的斤斤计较、吹毛求疵影响。你要保持平静的心态和一贯的热情，去消除对方的设防心理，这才是成熟管理者的做事方式。

总之，对物业服务企业的各级管理者来说，在加强企业硬件建设的同时，也要不断加强学习，提高心理素质，掌握沟通技巧，这样才能在物业服务日常工作中，对各种心理效应应对自如。

第三节 客户的情绪、情感过程

一、情绪、情感概述

美国营销学家菲利普·科特勒曾把人们的消费行为大体分为三个阶段：第一是量的消费阶段，第二是质的消费阶段，第三是感情的消费阶段。在人们消费总体层次和构成向高层次化、舒适化、感性化发展的今天，消费需求日趋差异化、个性化、情绪化。

（一）情绪、情感的概念

情绪情感是人对客观事物是否符合人的需要、愿望而产生的态度体验及相应的行为反应。具体地讲，有如下三个特征：

（1）是以个体的需要、愿望为中介而产生的一种态度；

（2）是一种独特的主观体验；

（3）有一定的行为反应和生理变化。

总之，情绪与情感由客观事物是否符合自己的需要所引起，由主观体验、外部表现和生理唤醒三部分所组成。

（二）情绪、情感的关系

从严格意义上讲，情绪与情感是既有联系、又有区别的两种心理体验。

情绪一般指与生理需要和较低级的心理过程（感觉、知觉）相联系的内心体验。情绪一般由当时的特定条件所引起，并随着条件的变化而变化。所以情绪表现的形式是比较短暂和不稳定的，具有较大的情景性和冲动性。某种情景一旦消失，与之有关的情绪就会立即消失或减弱。

情感是与人的社会性需要是否得到满足相联系的一种体验，它是人们在长期的社会实践中，受到客观事物的反复刺激而形成的。因而与情绪相比，情感具有较强的稳定性和深刻性，是较高级的、深层的心理现象。

情绪与情感之间又有密切的内在联系。情绪的变化一般受到已经形成的情感的制约；而离开具体的情绪过程，情感及其特点则无从表现和存在。因此，从某种意义上可以说，情绪是情感的外在表现，情感是情绪的本质内容。正由于此，二者经常作同义词使用。

二、客户情绪、情感的分类

（一）情绪的表现形式

情绪状态是指在某种事件或情景的影响下，在一定时间内所产生的某种情绪。依据情绪发生的强度、持续性和紧张度，可以把情绪状态划分为心境、激情、应激。

1. 心境

心境是一种比较微弱、平静而持久的情感体验。它具有弥散性、持续性和感染性的特点，在一定时期内会影响人的全部生活，使语言和行为都感染上某种色彩。在消费活动中，良好的心境会提高客户对商品、服务、使用环境的满意程度，推动积极的购买行为；反之则会影响消费行为的顺利进行。

生活上的顺逆、工作中的成败、人际关系的融洽与否、个人健康状况的好坏、自然环境的变化等都可以成为引起某种心境的原因。例如，有的顾客在家里闹了别扭或在工作中不顺心，到居委会、物业服务中心找茬发作，稍不如意就对服务人员发脾气、泄怨气。

心境有积极心境和消极心境之分。积极的心境，使人振奋乐观，提高人的活动效率，有益于身心健康；消极的心境则使人颓废悲观，对人的各方面产生消极影响。由于在各种情绪状态中，最经常为人们所经历的是心境状态，换言之，人们更多的是在某种心境状态中进行活动的，因此，如何保持良好的心境状态就显得尤为重要。

2. 激情

激情是一种强烈的、暴发式的为时短暂的情绪状态。激情具有爆发性和冲动性的特点。所谓爆发性，是指整个激情的发生过程十分迅猛，大量心理能量在极短时间内喷薄而出、强度极大。所谓冲动性，是指个体处于激情状态时，往往失去意志力对行为的控制。处于激情中的人往往有一种"情不自禁"、"身不由己"的感受，但匆匆地来、匆匆地去，一会儿就风平浪静了。

引起激情的原因，一般是对个人有重大意义的事件的强烈刺激，如严重的挫折、莫大的羞辱、巨大的成功等。而且这种强烈的刺激的发生常常是出乎当事人预料的。客户处于激情状态时，其心理活动和行为表现会出现失常现象，理解力和自制力也会显著下降，以致做出非理性的冲动式的举动。

3. 应激

应激是一种高度紧张的情绪状态，它往往发生于出乎意料的危险情景或紧要关头。例如突然遇到火灾、碰到地震、遭到歹徒袭击、参加重大比赛、进行至关重要的考试等，都有可能使人处于应激状态之中。

应激具有超压性和超荷性。所谓超压性，是指在应激状态下，个体往往会在心理上感觉到超乎寻常的压力。无论是出于危险情境的应激状态，还是出于紧要关头的应激状态，都会因客观事物的强烈刺激而导致个体承受巨大的心理压力，并集中反应在情绪的紧张度上。所谓超荷性，是指在应激状态下，个体必然会在生理上承受超乎寻常的负荷，以充分调动体内的各种机能和资源去应付紧急、重大的事件。

个体在应激状态下的反应也有积极和消极之分。积极反应表现为急中生智、力量倍增，使体力和智力都得到充分调动，以获得"超水平发挥"。消极反应则表现为惊慌失措、四肢瘫痪、意识狭窄、动作反复出错。在一般情况下，应激更易导致消极反应，不利于工作的正常进行。

(二) 情感的种类

情感是和人的社会观念及评价系统分不开的。人的社会性情感组成了人类所特有的高级情感，它反映着个体与社会的一定关系，体现出人的精神面貌。

根据情绪情感的社会性内容分类，可分为道德感、理智感和美感。

1. 道德感

道德感是根据一定的道德标准在评价人的思想、意图和行为时所产生的主观体验。在消费活动中，客户总是按照自己所掌握的道德标准，按照自己的道德需要来决定自己的消费标准与消费行为。同时，服务人员应有严格的职业道德训练，有高尚的职业道德，热情礼貌地接待客户，提供良好的服务活动，不能通过有失职业道德的手段去获得利润。

2. 理智感

理智感是人在智力活动过程中，在认识评价事物时所产生的情感体验。它与人的求知欲、好奇心、热爱真理等相联系，是一种热烈追求和探索知识与真理的情操。在消费活动中，客户对于某些商品或服务的认识过程，需要得到一定的信息，因此，服务人员应恰当地给客户解释商品或服务的特点，给客户当好参谋，如果他们的求知欲得到了满足，就会产生理智感，这对客户的消费活动起着重要的推动作用。

3. 美感

美感是根据一定的审美标准鉴赏或评价事物时所产生的情感体验。

人的审美标准反映事物的客观属性，因而具有共性。同时，人的审美标准又受个人的思想观点和价值观念的影响。因此，不同的文化背景下，不同民族、不同阶级的人对事物美的评价又有差异性。这种差异性必然使他们在消费的过程中对于商品和服务表现出不同的美感。即使对同一商品，也会由于对美的内涵和形式有不同的理解和体验，而产生不同的美感和评价。

三、客户情绪情感的效能

客户的任何活动都需要一定程度的情绪和情感的激发，才能顺利进行。客户情绪情感的效能主要表现在以下两个方面。

（一）情绪情感影响客户的动机和态度

喜欢、愉快等情绪可以增加客户活动的动机和态度，增加做出选择决定的可能；消极情绪会削弱客户从事活动的动机和态度。对于物业服务行业来说，积极情绪会增加客户的认同、满意、理解，而消极情绪则会增加客户的不满、抵触、不合作，甚至是故意破坏。

（二）情绪情感对客户认知能力的影响

情绪对客户的认知功能的影响主要表现在客户的注意力、社会知觉和自我知觉以及客户解释和记忆各种消费活动的特征上。研究者已经证明情绪状态可以影响人的学习、记忆、社会判断和创造力。

物业服务企业作为服务行业更应该关注客户的情绪。坏情绪总会促使人们寻找不好的方面、做出不好的判断、得出不好的结论来支持自己的坏情绪。一旦形成了"惯性"，也就是思维定势，客户就会习惯性的去知觉、记忆那些不足的方面，忽略好的方面。这样会给服务工作带来极大的困难。所以，物业服务企业要注意对客户良好情绪的培养。具体来说，物业服务企业可以依靠自身服务的特色来给新客户一个好的第一印象，为建立自己的晕轮效应作准备。同时要坚持服务的一贯性，这样可以维持老客户的良好心境，保持对物业公司的积极评价状态。

四、客户情绪、情感的外部表现

虽然人们表达心理、交流心理的主要手段是语言，但在某些情况下，表情比语言还重要。因为有些心理状态无法用语言来表达，比如我们有时会说某人实在是"太那个了"，这就是用语言说不出来的表现。有时人们口是心非、心口不一，巧言令色在人类而言是一种经常性的行为。察言观色则可以发现真实的心理状态。语言可以把心理状态掩蔽起来，表情却不容易掩蔽。比如服务人员嘴里说全心全意为客户服务，但在实际工作中如果流露出不耐烦或不屑一顾的表情，那么客户肯定能察觉出来。因此，作为物业服务人员，一方面应该提高自身的服务意识，并内化到自己行为中，给客户留下良好的印象；另一方面，也要了解一些情绪情感的外部表现的知识，在工作中察言观色，及时发现客户的情绪状态，尽快做好调整，顺利完成工作。客户情绪情感的外部表现主要有以下几方面。

(一) 面部表情

面部表情是指通过眼部肌肉、颜面肌肉和口部肌肉的变化来表现各种情绪状态。人的眼睛是最善于传情的，不同的眼神可以表达人的不同的情绪和情感。例如，高兴和兴奋时"眉开眼笑"，气愤时"怒目而视"等。眼睛不仅能传达感情，而且可以交流思想。通过观察人的眼神可以了解他（她）的内心思想和愿望，推知他（她）的态度。当一个人目不转睛地注视着某一商品时，可能是对其感兴趣。

口部肌肉的变化也是表现情绪和情感的重要线索。例如，憎恨时"咬牙切齿"，紧张时"张口结舌"等，都是通过口部肌肉的变化来表现情绪的。

(二) 姿态表情（身段表情）

姿态表情可分成身体表情和手势表情两种。

身体表情是表达情绪的方式之一。人在不同的情绪状态下，身体姿态会发生不同的变化，如高兴时"捧腹大笑"，紧张时"坐立不安"等。

手势常常是表达情绪的一种重要的形式。手势通常和言语一起使用，表达赞成还是反对、接纳还是拒绝、喜欢还是厌恶等态度和思想。手势也可以单独用来表达情感、思想或做出指示，在无法用言语沟通的条件下，单凭手势就可表达开始或停止、前进或后退、同意或反对等思想感情。

(三) 言语表情

语音、语调表情也是表达情绪的重要形式。语音的高低、强弱、抑扬顿挫等，也是表达说话者情绪的手段。同样一句话，由于说话者口气腔调的不同，往往可以对说话人的情绪做出相当准确的识别，而听话人的感受也因之而有很大差异。歌唱家、演说家主要是靠声音来打动听众的。

例如，当客户到物业服务中心来交费时说："麻烦你，我来交费。"如果是语调平缓、语气较轻，则表明客户情绪比较平和。但如果服务人员反应缓慢、动作迟缓，那么客户提高声调，重复上述语句，则表明他已有些不耐烦，"麻烦你"已经成了表达不愉快，甚至是讽刺的含义。

总之，面部表情、姿态表情和言语表情等，构成了人类的非言语交往形式，心理学家和语言学家称之为"体态语"。人们之间除了使用语言沟通达到相互了解之外，还可以通过由面部、身体姿势、手势以及语调等构成的体语，来表达个人的思想、感情和态度。在许多场合下，人们无需使用语言，只要看看脸色、手势、动作，听听语调，就能知道对方的意图和情绪。

五、影响消费者情绪情感变化的主要因素

(一) 需要是否得到满足

需要是情绪产生的主观前提。人有多种不同的需要。人的需要能否得到满足，决定着情绪的性质。如果客观条件满足客户的需要，就会产生积极肯定的情绪。如果客户的需要得不到满足，就会产生消极否定的情绪。

(二) 环境的影响

人的情绪很容易受到环境的影响。拥挤、杂乱、无秩序都会给人带来负面情绪。我们都有这样的感受，置身于拥挤的火车站，马上会让人变得不耐烦、容易急躁、焦虑，希望尽快脱离这种环境的感觉。

对于物业服务企业来讲，这里强调的环境不仅仅指的营业大厅的服务环境，除了营业大厅要干净、整齐、明亮、有序之外，对于物业公司所管理的大环境也要倍加注意。这里包括植物栽种、修剪的自然环境；街道、楼宇的卫生环境；车辆、外来人员的管理环境等多个方面。这些都会影响客户的情绪，进而影响对物业公司的态度和评价。

（三）服务的影响

服务的影响主要包括两个方面：一方面是现场的服务员的服务质量。现代社会物质生活极为丰富，但竞争日益激烈，导致社会人际关系日益淡薄，社会普遍出现情感饥渴，同时人们对情感回归的渴望、精神愉悦的追求、个性服务的期望与日俱增。企业在服务的过程中如能始终关注"情"这一社会主题，便能最大限度地与客户产生共鸣、沟通，有利于营造企业及其品牌良好的个性亲和力。另一方面是企业的售后服务。如果商家售后服务搞得好，不仅使客户在买商品比较放心，没有后顾之忧。就是在买完商品之后，如果商品出现了问题，也能得到及时有效的服务。购买住宅是一项比较大的投入，客户对于住宅的保养修缮也是十分关注，这正是物业服务公司需要提供的一项重要服务，如果搞得不好，会让业主感到十分不安，对物业服务公司的评价会一落千丈。这样的纠纷屡见不鲜，一定要引起重视。

【练习与思考】

1. 心理学的研究对象是什么？
2. 感觉有哪些基本特性？
3. 什么是差别感觉阈限？举例说明如何在物业服务工作中利用差别感觉阈限。
4. 知觉有哪些特性？知觉的特性在研究客户心理过程中有哪些应用价值？
5. 情绪情感有哪些分类？物业服务企业如何激发客户积极的情绪情感？

【案例分析】

某住宅小区的一位业主装修时，擅自在阳台顶棚焊接铁架，与小区其他阳台极不协调。物业服务中心立即发出停工整改通知书。服务人员三番五次地耐心解释，在原则问题上决不退让。业主一看态度这么坚决，虽然心里很窝火，但也只好按要求整改。

违章装修问题解决了，但这位业主每次与服务人员见面都板着脸，对服务人员的主动搭话也爱理不理。为了消除她的误解，物业服务中心不计较其态度，在日常生活中真诚地为她提供各方面的帮助，以换取她的理解和信任。

一次，这位女业主吃力地拿着两大包东西回家，而当时电梯又临时停运。女业主火冒三丈，而且这两大包东西可难坏了她。正巧物业服务中心的服务人员看到这个情况，主动迎上前去，帮她把东西从1楼搬到21楼的家中。看着曾经"为难"过自己而现在汗流浃背的服务人员，想到入住前后与物业中心相处的这段日子，业主终于露出了久违的笑容，连声道谢。

【案例思考】

通过案例分析物业服务公司在处理日常事务中客户的情绪、情感的作用，以及如何利用情绪情感的特点处理好与业主的关系。

第五章 客户的个性心理

【知识要求】

通过本章内容的学习,使学生了解客户需要、动机、气质、性格、能力等个性心理特征。并分析这些心理特征与客户行为的关系。

【技能要求】

通过本章的学习,使学生在了解客户个性心理特征的基础上,根据所学的原理,如客户需要的理论、客户动机理论,分析在消费过程中客户的需要和动机,理解客户的消费心理。并能根据客户气质、性格的分类及特征,力求能对消费过程中的客户进行有效的分类并发现其特点。

第一节 客户的个性倾向性

个性倾向性是指个人在社会生活过程中逐渐形成的思想倾向或意识倾向,它包括需要、动机、兴趣、信念以及价值取向、世界观等构成要素。它决定着一个人对事物的态度和积极性,也是决定一个人的行为方向并起动力作用的重要因素。

一、客户的需要

客户行为毫无疑问是以消费行为为中心的,而客户的消费行为总是从需要的激发开始的。可以说需要是客户行为的最初原动力,也可以说人类的一切行为都是从需要开始的。

（一）需要的概念

需要是有机体内部的一种不平衡状态,是个体和社会生活中必需的事物在人脑中的反映,需要在主观上通常被体验为一种不满足感,并成为个体活动的积极性源泉。这一概念包括以下三点含义:

（1）需要是有机体内部的一种不平衡状态。这种不平衡状态包括生理和心理两个方面。如血液中缺乏水分,会产生饮水需要;血液中血糖减少,会产生获取食物的需要;社会治安情况较差,会产生安全需要。需要得到满足后,不平衡状态会暂时消除;新的不平衡出现时,又会产生新的需要。

（2）需要是人对某种客观要求的反映。人为了个体生存和社会发展,必定要求一定的事物。这种要求来自两方面:一是有机体的内部环境,如生理上的不平衡;二是有机体周围环境,如社会的要求。

（3）需要是人活动的基本动力,是个体行为积极性的源泉。这首先表现为,人的需要是在活动中不断产生和发展的。其次,当人感到某种需要时,需要常常是以一种不满足感的形式被人们所体验着。当人们感到缺少某种东西的时候,人们为了得到它,通常就会通过某种活动去满足这种需求。最后,使人的活动不断深入与发展。当人的需要得到满足时,人和周围现实的相互关系也就发生了变化,于是又产生了新的需要,这种需要推动着人去从事某种新的活动。从社会发展来说，没有需要，人们就会停留在原始社会的状态而裹足不前。所以需要通过实践活动，推动着个人与社会的进步。

（二）需要的种类

人的需要是多种多样的，按起源分可分为自然需要和社会需要，按指向的对象可分为物质需要和精神需要。

1. 自然需要和社会需要

自然需要也称生物需要，指个体对那些为维护自己的生命及延续其后代所必需的条件的要求，它包括饮食、运动、休息、睡眠、排泄、配偶、性等需要。

社会需要是人类特有的需要，如劳动、交往、成就、求知的需要等。这些需要反映了人类社会的要求，对维系人类社会生活，推动社会进步有重要作用。

2. 物质需要和精神需要

物质需要指向社会的物质产品，并以占有某些产品而获得满足。如对工作和劳动条件的需要、对日常生活必需品的需要等。

精神需要指向社会的各种精神产品，并以占有某些精神产品而得到满足。如美的需要、道德需要、劳动需要等。精神需要在人的社会生活中有重要作用。

上述分类并非截然分开，而是相互交叉。如饥则食是自然需要，但按其指向对象又是物质需要。社会文化需要按其指向对象而言，可能是精神需要，也可能是物质需要。物质需要与精神需要也有密切联系。人们在追求美好的物质产品时，同样表现出来某种精神需要。精神需要的满足也离不开一定的物质条件。

（三）需要的理论

最著名的需要理论是美国人本主义心理学家马斯洛于1968年提出的需要层次理论。他把人类的需要归纳为五种，并将这五种需要由低到高排成等级。低层次需要基本满足以后，较高层次的需要才有可能出现。

马斯洛认为，人的需要由以下五个等级构成：

（1）生理需要。是人为了生存而必不可少的需要，包括对食物、水分、空气、睡眠、性的需要。生理需要在人的各种需要中是最基本的且最有力量的需要，如果一个人的生理需要得不到满足，其他的需要均会被推到次要地位。

（2）安全需要。是指人们要求稳定、安全、有秩序、受到保护、免除恐惧和焦虑等的需要。如劳动安全、职业稳定等。

（3）爱与归属的需要。表现为一个人渴望与他人建立感情上的联系，有所依靠。如结交朋友、追求爱情、参加社团等。

（4）尊重的需要。是指人希望得到一种稳定的正面评价，包括满足自尊心和得到别人的尊重。自尊需要得到满足会使人相信自己的力量和价值；受到别人的尊重会产生荣誉感和成就感。反之，就易感到自卑，甚至自暴自弃。

（5）自我实现的需要。是人们追求实现自己的能力或潜能，并使之完善的需要，是一种创造性的需要。当前面几种需要得到满足后，人的活动便由自我实现的需要所支配，此时人具有高度的自我意识和社会认知能力，富于创造力，能积极面对未知和挑战。

马斯洛认为，上述五种需要是人们的最基本的需要。这些需要是天生的，它们构成了不同的等级和水平，并成为激励和控制个体行为的力量。

二、客户的动机

（一）什么是动机

动机这一概念是由伍德沃斯于1918年率先引入心理学的。他把动机视为决定行为的内在动力。一般认为，动机是引起个体活动，维持已引起的活动，并促使活动朝向某一目标进行的内在作用。

人们从事任何活动都由一定动机所引起。引起动机有内外两类条件，内在条件是需要，外在条件是诱因。需要经唤醒会产生驱动力，驱动有机体去追求需要的满足。例如，血液中水分的缺乏会使人（或动物）产生对水的需要，从而使驱动力处于唤醒状态，促使有机体从事喝水这一行为以获得满足。由此可见，需要可以直接引起动机，从而导致人们朝特定目标行动。

动机既可能源于内在的需要，也可能源于外在的刺激，或源于需要与外在刺激的共同作用。

（二）动机的功能

心理学认为，动机在激励人的行为活动方面具有下列功能：

1. 激活和终止功能

动机作为行为的直接动因，其重要功能之一就是能够引发和终止行为。动机是个体能动性的一个主要方面，它具有发动行为的作用，能推动个体产生某种活动，使个体由静止状态转向活动状态。

2. 指向功能

动机不仅能激发行为，而且能将行为指向一定的对象或目标。这一功能在客户行为中，首先表现为在多种消费需求中确认基本的需求，如安全、社交、成就等。其次表现为促使基本需求具体化，成为对某种商品或服务的具体购买意愿。通过上述过程，动机使消费行为指向特定的目标或对象。同时，动机还可以促使客户在多种需求的冲突中进行选择，使消费行为朝需求最强烈、最迫切的方向进行，从而求得消费行为效用和客户需求满足的最大化。

3. 维持和强化功能

动机的作用表现为一个过程。在人们追求实现目标的过程中，动机将贯穿行为的始终，不断激励人们努力采取行动，直至目标的最终实现。

（三）动机的特性

与需要相比，客户的动机较为具体直接，有着明确的目的性和指向性，但同时也具有更加复杂的特性才具体表现在以下方面：

1. 动机的主导性

现实生活中，每个客户都同时具有多种动机。这些复杂多样的动机之间以一定的方式相互联系，构成完整的动机体系。在这一体系中，各种动机所处的地位及所起的作用互不相同。有些动机表现得强烈、持久，在动机体系中处于支配性地位，属于主导性动机；有些动机表现得微弱而不稳定，在动机体系中处于从属地位，属于非主导性动机。一般情况下，人们的行为是由主导性动机决定的。尤其当多种动机之间发生矛盾、冲突时，主导性动机往往对行为起支配作用。

2. 动机的内隐性

动机是通过其消费行为推断出来的。较复杂的消费活动常常使真正的动机隐藏起来。如客户购买房子时，他也许会说，买房子是为了改善居住条件或者是为了给孩子提供更好的生活环境，但真正的动机可能是向别人炫耀他的富有或生活优越，这就是动机的内隐性。动机的内隐性不能被直接观察，使得动机研究只能根据客户的行为进行推断。但是，在现实生活中，不同客户的相同行为，其背后却可能隐藏着截然不同的动机。例如，不同的客户提出小区卫生条件不好、绿化面积太小这一意见时，有的可能是出于要求提高服务质量的动机，有的可能是出于获得更好生活环境的考虑，还有一些人可能是出于给自己拖欠物业服务费找个理由的需要。所以，在推断行为背后的动机时必须谨慎、小心，避免得出武断的结论。

3. 动机的复杂性

消费动机的复杂性至少体现在以下四个方面：

(1) 任何一种行为背后都隐藏着多种不同动机，而且类似的行为未必出自类似的动机，类似的动机也不一定导致类似的行为。

(2) 同一行为背后不同动机的强烈程度存在很大差异，有主导动机与非主导动机之分。

(3) 动机并不总是处于显意识状态，有些行为背后的动机，客户自身常常也难以解释清楚。

(4) 没有一种动机是孤立的，例如到高级餐厅吃一顿丰盛的晚餐，可能是解除饥饿、炫耀、追求享受或被尊重等的动机交织在一起的。可见，人类行为是十分复杂的，也许行为背后的动机比行为本身更为复杂。

4. 动机的可诱导性

动机的指向和强度是可以被诱导的。例如，某个客户在家庭装修前，可能有一些简单或普通的想法，但在经过设计师的说明和推荐之后，其想法可能大为改变，对某种装饰效果形成强烈的购买欲望。在这个过程中，产品宣传图片、设计师的意见及装修效果图等都成了诱导客户动机的有效工具。

三、客户的价值取向

价值取向，指的是在一定价值评价体系的推动下，行为、活动指向主要价值目标的行为类型。由于价值评价体系的结构不同，价值取向类型也不同。行为学家格雷夫斯曾把不同人的价值取向分为7个等级：

第一级，反应型。他们的价值取向顺从于生理反应，实际上没有自己的价值评价，形同婴儿。这种类型极其少见。

第二级，依赖型。他们的价值取向服从于传统习惯、多数人的意志和权力，个体的自主能动性很小，缺乏主见、容易受骗。

第三级，自私型。他们的价值取向是冷酷的个人主义，一切从个人的利益出发，不惜以他人的利益和公共的利益为代价，难以合作共事。

第四级，固执型。他们的价值取向具有恒常性，不受或很少受周围人的影响，反过来又以自己的价值取向要求别人，思想比较僵化。

第五级，权术型。他们的价值取向以权力、地位为目的，手段比较隐蔽，善于玩弄权术，踩着别人的肩膀上升。

第六级，社交型。他们的价值取向以取悦、讨好别人为特征，缺乏恒常性而具灵活性，易受暗示；往往被固执型和权术型的人所鄙视。

第七级，现实型。他们的价值取向一般比较理智，既不伤害别人，又有独立的见解，善于在现实环境中发挥自己的主体能动作用。

第二节 客户的能力

一、什么是能力

能力是直接影响活动效率使活动得以顺利进行的个性心理特征。对能力的理解应注意两点：

首先，能力是直接影响活动效率的心理特征，或是顺利实现某种活动的必备的心理条件。人在各种活动中表现出来的个性心理特征并不都是能力。例如，性格中的谦虚和骄傲、勤劳和懒惰，气质中的沉静和浮躁都会影响一个人的活动，这些特征虽然与活动完成也有一定关系，但并不是活动完成的必备条件，因此不能称作能力。只有那些为完成某种活动所必需的、直接影响活动效率的心理特点才能称作能力。例如，曲调感对于音乐活动，彩色鉴别对于绘画活动是必不可少的条件。

其次，能力与活动联系在一起。

能力同活动是关系密切的。能力是在活动中表现出来的。音乐家不演奏音乐，人们无从知道他具有音乐能力；将军不打仗，人们也无从了解他的指挥能力。能力又是在活动中形成和发展的。只有从事某种活动，才能形成相应的能力。

能力的高低会影响一个人掌握某种活动的快慢、难易和巩固程度。在其他因素相同的条件下，能力高的人比能力低的人可以取得更好的活动效果。

二、客户能力的构成

（一）从事各种消费活动所需要的一般能力

一般能力是指在许多活动中都必须具备的基本能力，通常指智力，如感知力、记忆力、注意力、思维力、想象力等。在客户实际购买活动时，对商品的感知、记忆、辨别能力；对信息的综合分析、比较评价能力；购买过程中的选择、决策能力等都属于一般能力。基本能力的高低强弱会直接导致消费行为方式和效果的差异。

1. 感知能力

感知能力是指客户对商品的外部特征和外部联系加以直接反映的能力。感知能力是消费行为的先导，通过它，客户可以了解到商品的外观造型、色彩、气味、轻重以及所呈现的整体风格，从而形成对商品的初步印象，为进一步做出分析判断提供依据。

客户的感知能力差异主要体现在速度、准确度、敏锐度上。感知能力的强弱会影响客户对消费刺激的反应程度。感知能力强的人往往能发现他人不易察觉的商品和服务的优点或缺点，能很快做出比较全面的评价；感知能力较弱的人往往看不到商品不太明显的优缺点。

2. 记忆力

记忆力是指人记住经验过的事物，并在一定的条件下重现或在这个事物重新出现时能确认曾感知过它的能力。记忆力对客户的消费行为有着重要的影响，甚至在一定程度上决定着消费决定。一般而言，记忆力强的客户，其消费决策受广告影响较大；记忆力差的客户，其消费决策受现场环境的影响更大。

3. 注意力

注意力比较强的客户，往往一进商店，就能在琳琅满目的商品中迅速找到所需要和喜欢的商品，或者很快发现他们感兴趣的商品，而注意力差的人却不能。

（二）从事特殊消费活动所需要的特殊能力

特殊能力首先是指客户购买和使用某些专业性商品所应具有的能力。它通常表现为以专业知识为基础的消费技能。例如，对高档照相器材、专用体育器材、古玩字画、钢琴、珍贵毛皮、中药药材、电脑、轿车以及住房等高档消费品的购买和使用，就需要相应的专业知识以及辨析力、鉴赏力、监测力等特殊的消费技能。倘若不具备特殊能力而购买某些专业性商品，则很难取得满意的消费效果，甚至无法发挥应有的使用效能。

（三）客户对自身权益的保护能力

在市场经济条件下，客户作为居于支配地位的买方主体，享有多方面的天然权力和利益。这些权力和利益经法律认定，成为客户的合法权益。然而，这一权益的实现不是一个自然的过程。尤其在我国不尽成熟完备的市场环境中，由于法制不健全，市场秩序不规范，企业自律性较低，侵犯客户权益的事例屡有发生。这在客观上要求客户自身不断提高自我保护的能力。

三、能力与客户行为

不同的能力会使客户表现出不同的需求和行为特点。根据客户能力的高低及其在物业服务企业服务范围中的表现，可以把客户区分为成熟型、普通型和缺乏型三种类型。

（一）成熟型客户

这类客户具有较强、较全面的能力。对于所需要的服务不仅非常了解，而且具有较多的经验，对于物业服务的法规、规定，物业公司提供的服务范围、责任义务等非常了解和熟悉，同时对物业公司运作机制、现有物业公司的市场情况等都较为熟悉，其内行程度甚至超过部分物业公司人员。他们往往表现得比较自信、坚定，自主性较强，能够按照自己的意志独立做出决策，而无需他人帮助，并较少受到外界环境和其他人的影响。如此类客户热衷于社会活动，则是业主委员会的中坚力量。

（二）普通型客户

这类客户的能力结构和水平属于中等。通常具有一定的物业服务知识，但是缺乏相应的经验，主要通过媒体宣传、与他人交流等途径来了解和认知物业服务这一行业，因此这类客户对物业服务了解的深度远不及成熟型客户。普通型客户一般只有一个笼统的目标，缺乏具体、全面的要求，因此他们很难对物业公司的内在质量、小区设施、服务范围等提出明确的意见，同时也难以就同类或同种物业公司之间的差异进行准确比较。由于知识不足，他们会表现出一定的缺乏自信，也没有多少独立的见解，因此他们比较容易受到外界环境的影响。

（三）缺乏型客户

这类客户的能力结构和水平处于缺乏状态。既没有必需的物业服务常识，也没有相关的经验，除非涉及自己直接的利益，如房屋漏水、车位被占等直接关系到自身利益的事情，平时不关心小区的物业服务的整体情况，不会注意小区的绿化、健身、娱乐等公共设施。在询问这类业主对物业公司的意见或看法时，这类客户往往没有明确的目标，仅有些朦胧的意识和想法；在接受服务过程中，对服务的了解仅建立在直觉和表面的观察之上，缺乏把握服务本质及其与个人需求之间内在联系的能力，因而难以做出正确的比较和选择；极易受环境的影响和他人意见的左右，其行为常常带有很大的随意性和盲目性。很显然，这种能力状况对于提高消费效果是极为不利的。

上述客户类型的划分是相对的，随着客户的不断学习和生活经验的积累，客户的能力是会不断发展和提高的。

第三节 客户的气质与性格

人们在长期复杂的社会生活中形成了一系列心理活动和心理现象。这些心理现象在以脑的活动过程表现出来时，就是感知、记忆、思维、情感、意志等心理过程，它们体现着心理活动的一般规律性。但是，人的现实的心理活动又总是在一定的个体身上发生的，个体的心理活动既体现着一般规律，又具有个别特点。个体心理活动的特点，当以某种机能系统或结构的形式在个体身上固定下来时，就使其带有经常、稳定的性质。这种在个体身上经常、稳定地表现出来的心理特点就是个性心理。

研究客户的个性，主要是观察和判定客户具有哪些个性特征，从而揭示其消费活动规律，有针对性地提供各种服务，更好地满足客户的需要。

一、气质

（一）气质的概念

"气质"一词源于希腊语，意指混合，按适当比例把原料配合在一起。以后，气质用来描述人们的兴奋、激动、喜怒无常等情绪特性。在日常生活中，气质指一个人的"脾气"、"秉性"或"性情"。在现代心理学中，气质是指不以活动目的和内容为转移的、典型的、稳定的心理活动的动力特征。

所谓"动力特征"是指心理活动和行为在强度、速度、灵活性、稳定性和指向性等方面表现出来的特征。一般把知觉的速度、思维的灵活性、动作反应的快慢归结为速度方面的特征；把情绪的强弱、意志的紧张度归结为强度方面的特征；把注意力集中时间的长短、情绪的起伏变化归结为稳定性特征；把心理活动倾向于外部事物或自身内部归结为指向性方面的特征。由于这些方面的特征组合不同，因而表现出不同的气质特征，如有人思维敏捷、动作灵巧，有人反应缓慢、行动迟缓；有人性情急躁、易冲动，有人沉着冷静、较稳重；有人热情活泼、善交际；有人沉默寡言、喜独处。

气质是人的天性，并无好坏之分。它不能决定一个人的社会价值，与人的道德品质也无必然联系。但气质的确会给人的活动涂上一层个人色彩，使他们完成活动的动力特征不同。而且，一个人的气质往往表现出相对稳定的特征，并对人的心理和行为产生持久影响，每个客户都会以特有的气质风格出现在他的各种消费活动之中。购买同一商品，不同气质类型的客户会采取完全不同的行为方式，而且气质类型相同或相近的客户常常有近似的行为特征。

（二）气质类型与客户行为

气质对客户的影响是多方面的。客户对服务的种类的好恶、对不同类型广告的接受程度，以及在实际购买场合的表现等都与气质密切相关。具体到物业服务企业，我们将业主分为以下四种类型：

1. 多血质型（活泼型）

多血质型气质的人情绪外露，反应灵活，行动敏捷，兴趣广泛，兴奋性较高，因而对服务的感受性好，而且容易与物业服务人员和其他业主交换意见；对周围环境及人物的适应能力较强，乐于向物业服务人员咨询，但行为中感情色彩浓，富于想象力。对待这种类型的业主，服务人员应热情周到，尽量主动为业主提供各种服务、信息，为其当参谋，这样能取得顾客的信任与好感。

2. 胆汁质型（兴奋型）

胆汁质型气质的人精力充沛，热情果断，情感强烈，但抑制能力差。反映在接受服务的过程中，这类人情绪体验强烈而持久，心境变化剧烈，脾气急躁，情绪容易激动。从其表情态度上可以看出，他们对物业服务人员及物业公司服务的评价语言直截了当，行动干脆，喜欢提问题、提意见。这类客户的显著特征是冲动性。接待这一类业主，服务人员要头脑冷静，动作快速准确，语言简洁明了，使业主感到物业公司是急他所急，想他所想，全心全意为他服务。

3. 黏液型（安静型）

黏液型气质的人典型表现是少言、较谨慎、细致、认真，情绪兴奋性不高，内倾性较明显，反应速度较慢，稳定性强，灵活性低。他们对物业服务的好坏不轻易下结论，行动稳重、缓慢，语言简练，善于控制自己，一般不征求他人意见，也不易受外界环境因素影响，不喜欢服务人员过分热情。对这类业主，服务人员要待其思考一会儿后再接触，以免影响他的情绪，不要主动过早地表示自己的见解，尽可能让业主自己提出意见或建议。

4. 抑郁型（弱型）

抑郁型气质的人情绪变化缓慢，观察事物细致而认真，体验深刻，往往能发现细微之处的优缺点。他们语言谨慎，行动小心，决策也较缓慢，容易反复，既不相信自己的判断，又怀疑服务的质量，易受外界因素影响。其他人对物业公司的评价、看法等都可能引起其心理上的波动，从而完成或中止其行为。针对这些特点，对抑郁型气质的业主服务要耐心细致、体贴周到。服务人员要耐心回答业主提出的问题。

二、性格

（一）性格的概念

性格是指人对现实的一种稳定的态度体系和行为方式。也就是说，性格是表现人的态度和行为方面较稳定的心理特征，如果断、耐心等。对于从属品质的评价，通常要看它依从于哪些核心品质而定。性格包含许多具体内容，是多侧面的复合体。具体来说：

（1）性格具有态度特征。表现在对社会、对集体、对他人的态度方面，有爱集体、正直、诚实、有同情心、礼貌、善交际等；或者相反，对集体漠不关心、阿谀奉承、弄虚作假、没有同情心、傲慢、孤僻等。表现在对自己的态度方面，则有谦虚与傲慢、自信与自卑、严于律己或任性、大方或羞怯等。

（2）性格的意志特征。意志表现为一个人的性格，往往有果断或犹豫不决、勇敢或懦弱、坚定或动摇、严谨或散漫、沉着冷静或鲁莽从事等。

（3）性格的情绪特征。情绪表现为人的性格，主要有心情舒畅或抑郁低沉、宁静的或易于激动的等。

(4) 性格的理智特征。这主要表现为主观性与客观性、粗略性与精细性、严谨性与轻率性等。

(二) 客户的性格类型分析

根据客户在消费活动中的表现，可以把客户划分为以下几种类型：

1. D型客户（要求型客户）

要求型客户是那种畅言无忌的类型。当他们遇到他们想要的东西，便会马上买下来。但某种服务在他看来如果不到位的话，或者是如果他遇到什么问题的话，他会马上同你争吵。这种客户是比较好战、容易惹麻烦的客户。

研究表明，18%的客户属于这种类型。他们总是在驱使他人，注重事情的结果，而不希望别人也如此。他们不注意细节，而且非常容易烦躁。如果你就某个技术故障作长篇解释，他们连听第二句的耐心都没有。他们不在意事情的原因，而只注重事情的结果，而且他们要什么，就要马上得到。

如何辨认D型客户呢？D型客户的言谈、爱好溢于言表。他们对自己的身份很敏感。购买商品或服务时他们要最好的。他们常富有竞争力，而且希望获胜。并且他们不喜欢细节。

由于具有D型特征的人把自己视为世界的中心，他们总是占据很大的空间，他们行为果敢，走在路上会把没用的东西都踢开。如果D型的人执行某种任务正朝你走来，赶快闪开，否则你会被撞到一边，因为对于他们来说，他们的任务或正在做的事情是唯一重要的东西。

与D型客户交往时的身体语言要注意，握手时一定要有力，眼睛正视着他们，身体稍微靠前（但要保持应有的距离）。因为他们不愿意与软弱的人打交道，他们愿意与了解他们的坚强、自信的人打交道。因此，在与他们接触时一定要把这点表现出来。与D型客户讲话时，要直截了当。声音要洪亮、清楚、自信、直接。

2. I型客户（影响型客户）

影响型客户非常健谈。他们有一种与人交往并得到肯定的强烈愿望。因此他们非常乐观，说话有说服力，有鼓舞性，对人非常信任。他们的谈话充满热情，脸上总是带着微笑。同样，他们也希望与他们交往的人也这样。

如何辨认I型客户？I型性格的人脸上总是露着微笑，非常健谈，也非常注重外表。I型性格的人走路时他们会停下与人打招呼，喜欢观察所有事情。如果他们走路时撞到你的话，那是因为他们的注意力正集中在其他的人和事情上。I型性格的人总是迟到，谈话总是跑题，不是因为他们心不在焉，而是因为他们更喜欢的是交往，而不是谈话的主题。他们打电话时喋喋不休，热情洋溢。

与I型客户交往时的身体语言要注意，他们喜欢有感染力的手势。他们讲话时，你要面带微笑，离他们近些，使他们感到你对他的接受。与他们讲话时，由于I型客户讲话富有表情，同他们讲话时也要富有表情，这样他们才会注意听你讲话。你的声调应该显示出你的友好、热情、精力充沛、有说服力，讲话时要有高低变化，语言要富有色彩，讲话时节奏要快，并多用手势。

3. S型客户（稳定型客户）

稳定型客户很能包容，即使是商品或服务存在问题，并使他们感到很不方便，他也不会用抱怨的方式来麻烦你。S型客户有耐心、随和、有逻辑和条理性。他讨厌变化，因为他不想让什么事打断他的最初生活秩序。在为S型客户服务时，一定要让他有稳定感。

40%的客户属于S型客户，S型性格的人总是努力多做工作，甚至是别人的工作。

如何辨认S型客户？他们性格随和，衣着随便，购物时喜欢去自己熟悉、觉得可靠的地方。如果不是你把事情搞糟，或是伤了他们的感情的话，他们很有可能成为你终身的客户。

与S型客户交往时的身体语言要注意，因为他们随和，不喜欢变化，站在他们面前时应该身体靠后，身体放松，手势幅度要小，要创造一种安静的气氛。与他们交谈时也要创造一种安静的气氛，你讲话的语调应该温和、镇定、安静。音调要低，语速要慢，行动要有节奏。

4．C型客户（恭顺型客户）

C型客户是完美主义者，他们希望一切都是精确的、有条理的、准确无误的。他们天性认真，做事讲究谋略。要想使C型客户满意，你必须掌握所有的事实、数据。他们做事严格认真、一丝不苟。C型客户严格遵守规定，如果你在政策或做法上稍有偏误，他们就会马上让你知道。

如何辨认C型客户？C型客户的脸上总是面无表情，你不知道他们在想什么。他们性格保守，做事喜欢自己动手。站着时，他们喜欢把双臂抱在胸前，一只手放在下巴下好像在思考。事实上他们也总是在思考问题。

与C型客户交往时的身体语言要注意，不要有任何身体接触，也不要挨得太近，只要站在对面，让他能看见你。站立时，身体重心要放在脚后跟。眼睛对视，少用或不用手势。与他们交谈时语调一定要控制，不要起伏太大，他们对过分的反应会起疑心。讲话时要直接而简洁，语速要慢，行动也要慢，并且显示出是经过深思熟虑后采取的行动。

以上客户性格的分类是从应用角度而划分的性格类型，但在实际应用中仍需要灵活地运用，因为大多数客户都不是单一型的，他们往往具有某一种类型的典型特征，但同时也具有其他类型的一些特点，所以在实际工作中还需要不断地积累实践经验来丰富自己。

【练习与思考】

1．客户的需要包括哪些基本内容？

2．客户能力的差异表现在哪些方面？

3．气质有几种典型类型？应如何根据客户气质特征做好物业服务工作？

4．根据客户的行为可以将性格分为哪几种？在物业服务工作中，应该如何接待这几种性格特征的客户？

【案例分析】

某晚，物业服务公司的值班人员接到投诉，张女士说他楼下的业主晚上弹琴影响了她和她的家人的休息，要求解决一下。值班人员马上致电询问事情缘由，被投诉的客户李女士承认家中确实有人练琴，在值班人员的劝说下，李女士答应暂停练琴，并保证以后每天晚上十点以前停止练琴。

一周以后，物业服务公司又接到投诉，还是业主张女士，投诉楼下的业主弹琴声音太响，而且越弹越晚，严重影响了她的生活，要求马上解决。物业公司马上派工作人员到李女士家中了解情况。李女士说她也正要投诉楼上的客户。只要她一弹琴，楼上就敲打暖气管干扰她，使她根本无法安心练习，索性也就不再顾及原先约定的练琴停止时间。不能只保护楼上客户的权益，而损害了她的权益。

【案例思考】
　　两位客户相互投诉，各有道理，该如何解决呢？试从客户的需要、动机的角度分析，并提出解决方案。

第六章 客户消费心理

【知识要求】

通过本章的学习，了解消费流行、研究消费者的心理，利用消费心理做好客户服务工作。

【技能要求】

通过本章的学习，要求学生在了解消费流行、消费心理的基础上，运用其基本原理，理解客户的消费心理，力求满足客户的消费心理。

第一节 消费流行

一种或几种商品在一个地区成为多数人使用、穿戴或追求的消费趋势，成为流行商品，是由多种原因促成的。这和经济发展水平、生产能力与人民生活水平有密切的关系。但是，消费习俗也产生重大影响。人们容易接受符合消费习惯的商品，一些使人们消费习俗发生重大变化，并带来巨大生活便利的商品，虽最终也被人们欣然接受，但要花费一定的时间。消费习俗的产生和形成是由生产方式、生活方式，以至交换形式所决定的，同时消费心理也起了重要作用。有些时候，正是由于消费心理促成了商品的流行，促成了消费习俗的变革。

一、消费流行

(一) 消费流行的含义

消费流行是一种反映到市场的经济现象，是指一种或一类商品由于它的某些特性受到众多的消费者欢迎，在一段时间内广泛流行。有时这种商品在短时间内甚至成为消费者狂热的追求对象。这种商品就称之为流行商品，这种消费趋势就叫消费流行。一般说，一些吃、穿、用商品都有可能成为流行商品。但是，穿着类商品、使用类商品流行的机会要大得多。

(二) 消费流行

1. 消费流行一般要经历这样几个阶段

(1) 初级阶段：一些具有较高收入的消费者，对于具有特色的产品特别敏感，乐意出高价购买。

(2) 模仿阶段：具有特色的商品被少数消费者采用以后，迅速形成其他消费者追求模仿的趋势，市场上该商品供应量和销售量大大增加。

(3) 经济阶段：商品在众多的消费者中间流行，生产部门和商业企业在这种商品上获得大量利润后，利润开始减少。这时精明的企业家便开始转移生产能力，抛售库存，开发具有特色的新商品。

2. 消费流行与消费水平有关

众多消费者有能力购买的商品，才会成为流行商品，超越当地消费水平的商品，则迟迟形不成消费流行。

3. 消费流行受消费心理影响

新潮时装往往由于影视明星、体育明星或其他知名人士穿戴，而成为流行商品。也有的是由于时装模特充分展示了商品的特性，而形成流行。这往往和崇拜名人模仿消费的消费心理有关。名人、明星具有一定的社会地位，受到社会的尊敬，他们的社会生活的各个方面受到人们的注意，由于"爱屋及乌"的心理影响，他们使用的商品、穿戴的服装就成为很多人模仿消费的商品，而形成消费流行。

4. 消费流行对社会生产有重大的影响

企业推出一种新产品，能不能成为流行商品，具有一定风险，一种商品成为流行商品以后，由于市场广阔，销量增长迅速，销售时间集中，能给企业带来巨大的利润。如果对消费估计不足，产品大量积压，将会给企业带来很大的损失。因而在生产过程中，推出新商品，并希望它成为流行商品，需要对市场进行认真的调查和反复测试，掌握消费心理变化，切忌盲目生产，大量投入市场。

5. 消费流行给市场带来巨大的活力

消费流行的商品是市场的重点、骨干商品，销售迅速、购买活跃，产销双方都能获得较多的利润，在流行商品的带动下与此有连带消费关系的商品，以及其他许多类商品也会大量销售，使市场购销活跃，繁荣兴旺。消费流行也会给市场带来巨大的压力，如果生产不能及时满足市场需求，或者是流通环节阻塞，消费流行就会受到一时的抑制，由于消费心理的逆反作用，越是短缺的流行商品，越是急于购买，因此巨大的商品购买能力会给市场带来巨大的压力和冲击。许多人持币待购，到处问询，也会给生产部门带来扭曲的市场信号。

消费流行是一种重要的经济现象，研究消费流行，目的是要因势利导，促进经济的发展和生产水平的提高，同时追踪消费心理的变化轨迹，为市场营销服务，为经济建设服务。

二、消费流行的分类

从现象上看消费流行的变化十分复杂，流行的商品、流行的时间、流行的速度都不一样，但是从市场的角度考察，消费流行仍有一定的规律性。

（一）按消费流行的性质分类

按消费流行的性质分可分为吃、穿和用的商品的流行。

1. 吃的商品引起的消费流行

这种消费流行是由于吃的商品的某种特殊性质而产生的，而这些性质包含的内容比较广泛，流行的商品数量、种类也比较多，而且流行的时间长、地域广。流行食品的价格，往往要高于一般食品。

2. 用的商品引起的消费流行

用的商品由于给生活带来巨大的便利而产生消费流行，如电视机丰富了人们的生活，使人们足不出户而知天下事，坐在家里就能欣赏戏剧、音乐，观看电影、电视剧。电冰箱具有食品保鲜、冷冻的特性，人们不必天天采购商品，可以节约时间。用的商品引起的消费流行，往往是性质相近的几种商品，流行的时间与商品的生命周期有关，流行的范围也比较广泛，时间也较长。但比起吃的商品引起的消费流行，在地域和时间上要稍逊色一些。消费流行中用的商品一般价格较高。如果这些流行商品具有可替代商品，其价格往往要高于替代品几倍，甚至十几倍，如果没有相应的可替代品，其价格只是稍稍高于其价值。

3. 穿着类商品引起的消费流行

这类商品引起的消费流行，往往不是由于商品本身具有的性能，而是由于商品的附带特性而引起消费者的青睐。如时装由于其颜色、款式、面料而形成流行。但流行的穿着类商品比较狭窄，仅少数几种，甚至只有一两种颜色、款式的商品，流行的时间也较短。这种消费流行，因流行商品的替代品较多，所以价格往往要大大高于非流行商品，过了流行期，价格会大大下跌。

（二）按消费流行的速度分类

按消费流行的速度分类，有迅速流行、缓慢流行和一般流行。商品流行的速度和商品的市场寿命周期有关，也和商品的分类性质有关。由于社会生产力不断发展，科学技术的迅速进步，商品的市场生命周期有逐渐缩短的趋势，因而导致消费流行的速度不断加快。但就消费流行本身而言，其流行的速度还是有快慢之分的。

1. 迅速流行

有些商品，市场生命周期较短，因而消费流行速度很快。这种现象是由消费心理引起的，市场生命周期较短的商品，消费者为追赶流行趋势，希望迅速购买，因而使流行速度加快。

2. 缓慢流行

有些商品市场生命周期相对较长，因而流行速度较慢。市场生命周期较长的商品，消费者需要有个比较、鉴别的过程，稍迟一些时候购买，也能赶上流行期，因此购买过程发展较慢，消费流行速度也较缓慢。

3. 一般流行

有些商品市场生命周期无严格界限区分，流行速度介于上述两者之间。

消费流行速度与商品价格形成相关现象。流行商品价格高，流行速度慢；商品价格低，流行速度快。这是因为消费者在购物过程中，消费心理倾向于购买价格高、贵重的商品，选择时间较长，购买比较慎重，而价格低使用频率高的商品决策时间短、购买迅速。

（三）按消费流行的范围分类

按消费流行的范围分类，有世界性、全国性、地区性消费流行，还有消费阶层性的消费流行。

1. 世界性的消费流行

这种流行范围大、分布广，一般来源于人们对世界范围一些共同问题的关心。如健康食品、保健食品的流行，来源于人们对环境问题的关心和担忧。仿古商品的流行，来源于人们对古代田园式生活情感的留恋。这种流行对发达国家的社会生产、人民消费产生的影响较大。

2. 全国性的消费流行

所谓全国性的消费流行并不能涵盖所有的消费地区和消费人口，而只是就大部分地区而言。全国性的消费流行有的是受到世界市场消费流行的影响而形成的。如健康、方便食品的流行。但是这种消费流行从总体而言，速度慢、时间长，有时受到消费习惯的制约或经济发展水平的影响，流行只停留在某些经济发达地区和高收入阶层。

全国性消费流行一般起源于经济发达地区、沿海城市，是根据中国的经济发展水平和生活条件而选择的某些商品。这类商品一般符合公众的消费习惯和消费心理。有些全国性的消费流行由于流行速度快，呈现出明显的波浪式，在一些地区是流行高潮，在其他地区可能是低潮，过一段时间后，高潮地区转变为低潮时，低潮地区反而变成了高潮。时装的流行就具有这种鲜明的特点。

3. 地区性的消费流行

从现象上看，这种消费流行是最普遍、最常见的。从实质上看，这种消费流行有的来源于全国性的消费流行，又带上了地区色彩，有的纯粹是一种地区性流行。全国性消费流行在地区上的反映，其特点是流行起源于大中城市经济发达地区，流行的商品相同或相似，流行的原因不完全反映商品在该地区的消费特点。有些全国性的消费流行由于流行速度不同，在某个地区形成流行高峰，而在其他地区是低谷。因而给人一种地区性流行的感觉。纯粹的地区性流行是由地区消费的特点所产生的。

4. 阶层性消费流行

按照市场细分化的原理，有高、中、低档收入的阶层，有婴幼儿、儿童、青年、中年、老年人市场，有大学、中学、小学、低文化阶层的市场，有工人、农民、干部、知识分子市场等。有些商品只在某个市场部分引起很大反响，形成一种流行趋势。这种消费流行由于职业、年龄、收入的差异，只限于在某个阶层流行，但有时其影响力也超出阶层的范围。

（四）按消费流行的时间分类

按消费流行的时间分类，有长期流行、中短期流行和短期季节流行。按时间分类，并无严格的界限，由于各地区情况不同，即使是同一种商品流行，流行时间也有长有短，因此分类比较复杂，但就消费流行本身而言，可以做出上述的简单划分。

1. 长期流行

长期流行，只是相对而言，一般流行时间在 3～5 年以上，就称之为长期流行。长期流行只是笼统的消费趋势，流行商品的种类较多，凡是符合这一消费趋势的，都进入流行商品的行列。例如，健康食品流行的种类就很多，从矿泉水饮料到主、副食品，从天然添加剂到无污染蔬菜，无公害食品、绿色食品风靡世界。这种消费流行已持续多年，目前仍方兴未艾。

2. 短期季节流行

短期季节流行，如一种新款式、新颜色的时装，流行期很短，长的也就是两三年短的只有一个季节。这种消费流行时间短、来势急，市场反响大。有时也由于气候、季节、环境的影响，形成一两种商品的短期季节流行。

3. 中短期流行

中短期流行，是介于长期流行和短期流行之间，它既不像长期流行时间那样长，又不像短期流行时间那样急促。

第二节 消 费 心 理

消费心理是指消费者在个人消费活动中发生的各种心理现象及其外在表现。客户的消费心理与消费流行有着密切的关系。既要看到消费心理对消费流行形成与发展的影响，也要看到消费流行引起消费心理的变化，物业管理需要消费流行。

一、消费流行与消费心理

（一）消费心理对消费流行形成发展的影响

消费心理与社会阶层密切相关，对消费流行产生影响的主要有以下两个社会阶层：

1. 高收入阶层

由于收入高，消费水平也高，这一阶层人士生活消费支出有很大的选择自由，生活消费表现为高层次、多样化，对购买新商品态度坚定。社会地位较高阶层，如作家、画家、影视演员、歌星等，由于其职业而受人尊敬，他们的生活消费也比较注意选择，并具有一定的倾向性。但并非这两个阶层中的全部人员都能够对消费流行产生影响作用。从消费心理角度考察，这部分人中那些具有良好的商品认知行为，购买商品追求新颖、美观、名牌、多功能心理的消费者，对消费流行的形成影响作用大。由于他们对生活消费有较大的选择自由，因而对市场上新商品比较敏感，勇于购买使用。当一种商品进入市场后，符合这些人的消费心理，这种商品就会形成一种消费流行浪潮，产生消费流行的第一阶段。

2. 中等收入阶层

对消费流行发展影响较大的还有一部分消费者，收入中等或中等偏上，也具有某种社会地位但不如前一部分人社会威望高。还有些人是刚刚进入较高收入的人员，他们的消费选择是攀比心理、模仿消费，这种消费带有较大的盲目性。他们的模仿消费心理带动了社会其他阶层从众消费心理，从而使消费流行经历了发展的第二阶段。

（二）消费流行引起消费心理变化

在一般情况下，消费者购买商品的心理活动过程存在着某种规律性。例如，在购物的搜集信息阶段，心理倾向是尽可能地多收集有关商品的信息，在比较中进行决策。在购物后，通过对商品的初步使用，产生对购买行为的心理评价。这些心理活动有一种正常的发展过程，循序渐进。但是，在消费流行的冲击下，消费心理发生了许多微妙的变化，考察这些具体变化，也就成为研究消费心理，搞好市场营销的重要内容。

1. 认知态度的变化

按正常的消费心理，顾客对一种新商品，往往开始持怀疑态度。按照一般的学习模式，对这个事物有一个学习认识的过程。有的是通过经验，有的是通过亲友的介绍来学习，还有的是通过大众传播媒介传输的信息来学习。当然，这种消费心理意义上的学习过程，不同于正规的知识学习，而只是对自己有兴趣的商品知识予以接受。

但由于消费流行的出现，大部分消费者的认知态度会发生变化，首先是怀疑态度取消，肯定倾向增加；其次是学习时间缩短，接受新商品时间提前。在日常生活中，许多消费者唯恐落后于消费潮流，一出现消费流行，就密切注视着它的变化。一旦购买条件成熟，马上积极购买，争取走入消费潮流之中，这样消费心理就从认知态度上发生了变化。认真分析可以看到，这是消费流行强化了客户消费者的购物心理。

2. 驱动力的变化

人们购买商品，有时是由于生活需要，有时是因为人们为维护社会交往而产生的消费要求，如对自行车作为代步工具，手表作为计时手段的需求。由于这两种需求产生了购买商品的心理驱动力，这些驱动力使人们在购物时产生了生理动机和心理动机。

在消费流行中，购买商品的驱动力会发生新的变化。如有的人明明没有消费生理需要，但看到很多人购买，也加入了购买商品的行列，对流行商品产生了一种盲目的购买驱动力。这种新的购买驱动力是一种从众心理动机。

前几年房地产事业蓬勃发展，在人们的消费构成中，置业占了相当一部分比例，当人们碰到多年不见的老朋友会脱口而出："你买房了吗?"有不少人都受这种从众心理的影响，2006年房价已经涨得非常高了，但有人因为：一方面担心别人买了，自己还没买会被认为落伍，另一方面还害怕房价继续上涨，所以买了房子；而当国家出台了房价调控政策后，2008年底房价已经下跌不少的形势下，原先有购买欲望的人却依然继续观望，担心买后房价继续下跌。一般来说人们普遍具有买涨不买跌的心理，这种心理是比较典型的从众心理，而从众心理将明显影响人们的消费行为。

3. 发生反方向变化

(1) 放弃实用、便利、求实的心理

在正常的生活消费中，消费者往往要对商品比值比价，心理上进行评价和比较以后，再去购买物美价廉、经济合算的商品。但是在消费流行的冲击下，这种传统的消费心理受到影响。一些流行商品明明因供求关系而抬高了价格，但是，消费者却常常不予计较而踊跃购买。相反，原有的正常商品的消费行为有所减少。

(2) 放弃惠顾和偏好的心理

在购买商品中，有些顾客具有惠顾和偏好的心理动机。由于对商品的长期使用，产生了信任感，或者对口碑好的厂家、商店经常光顾，购物时非此不买，形成了购买习惯。在消费流行冲击下，这种具体的消费心理发生了新变化，虽然这些人对老产品、老牌子仍有信任感，但整天不断耳濡目染的都是流行商品，不断地受到家属、亲友使用流行商品炫耀心理的感染，也会逐渐失去对老产品、老牌子的惠顾心理。这时，如果老牌子、老产品不能改变商品结构、品种、形象，不能适应消费流行的需要，就会有相当一部分顾客转向流行商品，如果老牌子、老产品企业赶不上流行浪潮，就会失去老顾客。

这些常见的客户消费心理在消费流行中发生的变形，综合来看，其变化的基础仍然是原有的心理动机，形成强化或转移的形式，并未从根本上脱离消费心理动机。

二、客户消费心理

随着房地产事业的蓬勃发展，物业客户的消费需求会发生相应的变化，也就给物业服务工作提出了更高的要求。

作为物业服务人员为了更好地掌握客户需求、更好地满足客户需求，就必须对客户的心理有足够的了解。因为"心"支配了一个人的思想、意志，同样也支配了一个人的购买行为。俗话说"攻心为上"，因此，物业服务人员都要紧紧围绕物业客户的"心"展开工作。通过透析客户心理掌握客户心理，了解不同消费群体的消费心理，提高物业服务的质量。

(一) 单身贵族客户的消费心理

这些客户多为高收入、高学历的白领单身者。他们的消费心理随着社会进步发展迅速，单身一族对住宅物业要求较高。

由于多是知识阶层的消费者，所以对物业的要求相对苛刻，有时愿花较多的钱，也不愿购买廉价粗糙的物业。由于"单身贵族"特立独行的意识较强，为体现其"贵族"风范，所以对珍贵、稀有、精致的物业有浓厚的兴趣。

对于这部分客户应该充分利用他们的"贵族"心理，物业服务时尽量考虑仔细，比如：在大楼的走道上摆放些四季常青的绿色植物、每个季节换放不同的花卉，让他们享受春天的温暖；在电梯里挂放各种时尚物品的广告，及时给他们提供各种信息，以满足他们的"贵族"心理。

（二）老年客户的消费心理

目前，中国老年人消费市场日益扩大，其消费心理和消费能力与年轻人相比，更加理性和开放，在现代大都市，随着人口老龄化的加快，老年人的消费资源会比较充裕，尤其是现代都市里知识型老人已基本脱离了要子女代劳的传统，希望社会生活安稳、便捷，消费谨慎小心，不会过分的奢侈。

物业服务部门针对这部分客户要持谨慎态度，楼梯扶手旁不放东西（包括植物、花卉类）以保持道路通畅；雨天在大门口中应摆放防滑地毯；报栏处可提供老花镜和放大镜；物业服务人员可以主动上门收取物业费用，并同时听取他们对物业部门的建议，使他们感到居住在这样的小区温馨、安全、便捷、放心。

（三）投资客户的消费心理

拥有了新房后，一部分客户是自己居住，希望享受高档舒适的环境和完美的物业服务；但也有一部分客户的物业在于出租，追求收益。所以，这些客户对物业服务的要求不高，只求安全，服务费用越低越好。

（四）老板族客户的消费心理

老板族不一定是企业家，据最近的统计资料显示，中国私营企业家中，农民出身的占70%。这一群体的客户文化差异较大，有文化层次较高的，也有文化层次较低的，由于拥有大量财富，所以会有超出一般市民的消费心理，选择物业服务时，也要体现其"高档"身份，以示自己与常人不一样的"差异性"。

他们在买物业时，包装得越多、价格越高、广告做得越多的楼盘，有可能是他们购房的决定因素，这也将成为他们炫耀的依据，也是他们购房的决定因素。我们可以充分利用他们好面子的心理给予高档的有偿服务，用"文化"包装物业的公用部位，也可以向他们提供一些有文化品位的装饰品，满足他们的炫耀心理和要"面子"心理。

（五）工薪族客户的消费心理

目前在大都市的工薪族，有置业能力的多数是白领及少数的高级蓝领，该群体大多数具有较高的文化素质、专业知识；其中有些年轻人来自祖国的不同地区，甚至有的来自经济比较落后地区，面对现代化都市的生活，他们跟潮流心理较重，追求生活品味，追求生活质量，文化品味高雅精致。

面对这些客户物业可以提供比较前卫的服务，满足他们的跟潮流心理，尽情享受生活的品味和文化的高雅，协助他们提高生活的质量。

（六）知识分子客户的消费心理

这些客户具有较高学历，从事着专业性较强的工作，多数人已具有事业基础或专业成果，职业相对较稳定。事业成就、身份、自我价值是他们自尊心的体现。他们的消费要求明明白白、物有所值。

对这部分客户，物业人员在为他们服务时尽量要体现出对他们的尊重，经常听取他们的意见；凡收费的项目一定要讲清原因，告知明细账，提高服务效率。

在物业服务中需要根据客户的消费心理，针对不同客户的心理及服务需求，有效开展物业服务工作，有利于化解矛盾，得到较好的效果。

【练习与思考】
1. 什么是消费心理？
2. 消费心理有哪些类型？
3. 什么是消费流行？
4. 有哪些类型的消费流行？
5. 消费心理对消费流行有什么影响？
6. 物业客户有哪些消费心理？

【案例分析】

【6-1】

某小区里有青年教师、中老年教授、年轻技工、政府公务员还有下岗工人。由于他们的地位身份不同，消费心理不同，对同一个问题的看法、解决方法、答复的方式满意程度也是不同的。当遇到的业主是某高校教师，其丈夫是市区某街道副处级公务员时，有人上门去收楼梯间的路灯分摊电费，这家女主人对楼梯间的路灯分摊电费增加2分钱不满意，于是，她就写了一封信给该物业公司要求答复。一封挂号信0.80元，加上信纸信封和写的时间，对于2分钱的楼梯间的路灯分摊电费来说，这封信的成本是够高的。按这些费用可以分摊若干次电费，可她要的是"讨个明确的说法，要的是明确消费"。她的这种做法，虽然，人们不能说她有什么不对。但通过这个案例恰恰说明：物业服务人员对不同类型的客户、不同消费心理的客户，不能采取简单的同一种方法。

【6-2】

一天早上，一家业主把新买的洗衣机外包装放在过道里（以防机器有问题可以换）去上班了，可是等业主下班回来时却发现那包装盒不见了。业主一着急马上拿起对讲机与物业的监控室联系，监控室的同志说："我们问问看，你们最好自己再去物业办公室反映。"业主说："你们物业内部进行沟通吧！我身体不太好。"第二天晚上业主再次跟监控室联系想询问结果。此时对方说："我们问过保洁工了，没人看见你家东西，你东西放外面叫谁替你看着的？再说走道是公用部位，你怎么能放东西呢？"业主听后非常生气地说："按理说，不管你们是否找到东西，应该主动给个回信。你们监控室的职责是什么？再说你们物业还有公共秩序维护人员不都是管安全的吗？你们怎么能这样说话呢！走道是公用的，但是我也出钱买了，有我的份，我怎么就不能放东西了呢？再说我又不是长期放，只放了一天就不见了，肯定是保洁员把它当废品给卖了！这些都是你们物业的管辖范围，即使走道上不能放东西，你们也得先跟业主打个招呼，再没收啊！先礼后兵是最起码的道理你们都不懂！真差劲！你们只知道收钱……"

业主放在走道里的东西没有了，业主肯定首先要问物业服务部门，因为业主认为我缴物业费了，物业应该为我提供这种服务。物业应该满足业主这种消费心理，这种服务也是应该的，所以，物业人员必须首先满足这种最起码的消费心理。像这位监控人员的服务态度和处事方法千万不可取。

总之，物业消费不是一般性的消费，物业服务有它的特殊性，物业消费有它的持续性，物业服务人员必须认真研究不同客户的消费心理，善于针对不同层次客户的心理，采取适当的方法，让客户满意，提高物业服务工作的效率，争取赢得客户的长期信任。

第七章 客户服务中的公共关系

【知识要求】

通过本章的学习，了解客户服务中的公共关系与物业管理公共关系，掌握客户服务中公共关系的构成要素、组织机构及从业人员。同时了解公共关系及客户服务的发展。

【技能要求】

通过本章的学习，要求学生运用其基本原理，进行物业管理的公众分类和客户构成分析。

第一节 公关与物业公关

公共关系（简称公关）是什么？近百年来有"形象说"、"传播说"、"管理说"等多种流派，他们分别从不同角度阐述了公共关系的本质内涵。物业管理作为一个新兴行业，生产"服务"这一特殊的"商品"，以满足现代人们的消费需求。随着物业管理行业的蓬勃发展，公共关系理论在物业管理的实际操作中得到了具体运用，物业管理公共关系就应运而生了。

一、公共关系与物业管理公共关系

（一）什么是公共关系

公共关系一词是舶来语，其英文为 public relations，简称为 PR。"public"可译为形容词"公共的"、"公众的"。"relations"可译为"关系、联系"。由于 relations 是 relation 的复数形式，因此公共关系表示的是多种复杂关系的总和。公共关系是社会组织通过形象塑造、传播沟通、协调关系等方法，提高知名度、信誉度、和谐度，促成社会组织与其相关公众之间复杂关系和谐发展的科学和艺术。

对于公共关系的定义国内外还有许多版本，同一性质的社会组织从不同的角度界定公关，不同的社会组织又从不同的需求界定公关。在此，介绍几种经典的定义，协助理解其本质和极其丰富的内涵。

（1）《韦伯斯特 20 世纪新辞典》1976 年第二版对公关定义为："公共关系指通过宣传与一般公众建立的关系，公司、组织或军事机构等向公众报告它的活动、政策等情况，企图建立有利的公众舆论的职能。"

（2）1978 年 8 月在墨西哥城召开了世界公共关系协会大会，会议的宣言对公关的定义为："公共关系是一门艺术和社会科学，旨在分析发展趋向，预测其影响，为机构领导建议并贯彻既符合团体利益又符合公众利益的行动方案。"

（3）英国公共关系学院对公关的定义为："公共关系实践是一种有目的、有计划、坚持不懈的活动，旨在建立和维持一个组织与其公众之间的相互了解。"

（4）《不列颠百科全书》对公关的定义为："公共关系是指在传递关于个人、公司、政府机构或者其他组织的信息，以改善公众对他们的态度的一种政策和活动。"

（5）《有效的公共关系》一书的作者斯科特·卡特利普认为："公共关系是以相互满意的双向传播为基础，以好名声和负责任的行为影响舆论的有计划的努力。"

（6）美国公共关系教育与研究基金会提出这样一个定义："公共关系是一种独特的管理职能，它帮助建立与维持一个组织与其公众之间的相互传播、了解、接受与合作；参与问题与纠纷的处理，协助管理者对民意保持灵通及采取反应；明确及强调管理者为公众利益而服务的责任，协助管理者顺应并有效地利用变化着的环境，担任早期预警系统的角色，协助预测未来趋势；它使用有效的传播沟通技术和研究方法作为基本工具。"

（7）中国公共关系研究者居延安阐述："公共关系是一个社会组织运用传播的手段使自己与公众相互了解和相互适应的一种活动或职能。"

（二）什么是物业管理公共关系

公共关系有三个基本类型，即主体或部门型公关、功能型公关、对象型公关。主体或部门型公关主要研究企业公关、商业服务业公关、事业或团体公关、政府公关等；功能型公关主要研究日常事务型公关、矫正型公关、征询型公关和宣传型公关等；对象型公关主要研究员工关系、消费者关系、股东关系、媒介关系、政府关系、国际关系和社区关系等。

物业管理公共关系属于主体或部门型公关，主要研究物业服务企业公共关系问题，是物业服务企业运用传播沟通的手段实现与其相关公众之间的双向交流，使双方相互了解、和谐、信任的科学与艺术。

二、公共关系的表现形式

（一）公共关系从静态角度看是一种关系状态

公共关系状态是指一个社会组织所处的社会关系和社会舆论的状态，即这个社会组织在公众心中的现实形象。

（二）公共关系从动态角度看是一种活动

公共关系活动是指一个社会组织为创造良好的社会环境，争取公众舆论支持而采取的政策、行动和活动，主要采用协调、传播、沟通等手段，以创造良好的公共关系状态为目的的一种信息沟通活动。公共关系活动是一个社会组织长期进行社会交往、沟通信息、广结良缘、树立自身良好形象的过程，它表现为日常公共关系工作和专项公共关系活动两大类。

（三）公共关系从精神实质角度看是一种观念

公共关系观念又称公共关系意识、公共关系思想，是一种现代化经营管理和行政管理的思想、观念和原则。

（四）公共关系从操作角度看是一种技术

公共关系不是一般意义上的工作或活动，而是一种以传播沟通为手段的工作或活动，是一种运用传播沟通手段使组织与公众互相适应、信任的活动。公共关系的发展是和传播沟通技术的发展紧密相连的。

（五）公共关系是一门艺术

公共关系是一门帮助社会组织树立良好信誉、塑造美好形象的艺术；是一种通过社会组织的创造性工作实现组织内求团结、外求发展的艺术。随着社会的发展，人们的社会生活和心理活动都趋向复杂性、多变性，因此，讲求艺术性、创造性便成为公共关系的必然。

（六）公共关系是一种职业

公共关系作为一种职业最早产生于20世纪初的美国，1904年艾维·李与帕克合作成立宣传事务所，以收费的形式为组织进行公共关系策划，公关职业由此正式诞生。艾维·李也被誉为"公共关系之父"。目前，公关作为一种职业在全球范围被广泛认可，有越来越多的人加入这一职业。从1999年起，原中国国家劳动和社会保障部正式将公关列入中华人民共和国劳动大典，成为中国的一个新职业，职业名称定为公关员，随后又颁布了《公关员国家职业标准》。

（七）公共关系是一门科学

《公共关系学》是一门综合性的应用科学，产生于20世纪20年代的美国，1923年成为一门学科，20世纪80年代初才传入中国。

三、公共关系的产生和发展

公共关系是一种客观存在，其原始形式是伴随着人类交往活动的出现而出现的。人类的公共关系思想和活动的起源可以追溯到古代，自形成人类社会之日起，人类就在相互依存中结群而居，成队耕猎，否则就会被大自然所吞噬。这种相互依存、友好共处的观念可以说是最古老悠久的公共关系思想之一。直到19世纪末20世纪初公共关系才作为专门的职业而萌芽。公共关系的形成经历了无意识阶段、职业化阶段、科学化阶段。

（一）公共关系的无意识阶段

公共关系思想和原始的公共关系活动自古已有。考古学家在伊拉克发现公元前1800年巴比伦王国的农场公告，公告告诉农民怎样播种、灌溉、收获、防治鼠病，很像现代农业组织发布的宣传材料。这一发现被称为人类历史上最早的公共关系活动痕迹。在古希腊，一些精明的统治者和学者也已经注意到了沟通技术影响公众及其舆论的重要性。亚里士多德的《修辞学》一书，详尽地概括了运用语言来影响民众思想的艺术，被后人誉为最早问世的原始公共关系学的理论书籍。

在中国的古代，自发的公关活动也是广泛存在的。传说在尧舜禹时代，政府在宫廷外树立"诽谤木"，鼓励世人向政府进谏。人类历史上的任何统治者使用宣传舆论与诱导劝说等多种沟通传播手段，都是为了树立自身的良好形象和巩固自身的政治地位，以争取民众的支持。但在大众传播事业及其技术尚不发达，以竞争和开放为特征的商品经济尚未出现之前，这些早期的公共关系活动只能是无意识且不成体系的，远没有成为专门职业，更不可能成为一门学科。

（二）公共关系的职业化阶段

19世纪中叶新闻报刊业在美国得到了社会各界的关注，有了长足的进步，当时风行一时的"报刊宣传代理活动"是指一些公司或企业为了自己的利益，雇用专门人员在报刊上进行的宣传活动，挖空心思"制造新闻"，根本没有职业道德的顾忌。报纸为了扩大发行量，也推波助澜，以"编造"的"新闻"吸引读者，以离奇的故事引起公众的好奇和对自己的注意。当时最具代表性的人物费尼斯·巴纳姆以制造"神话"而闻名。巴纳姆时期主要奉行"凡宣传皆好事"的信条，完全不把公众放在眼里。因此，这就使整个巴纳姆时期在公共关系的历史上成了一个不太光彩的时期，有人则称之为"公众受愚弄"的时期。

这些现象理所当然地引起公众与新闻界的不满，使社会矛盾日趋激化。新闻界率先掀起了一场揭穿政府或资本家的某些丑行和骗局的运动，即美国近代史上著名的"揭丑运动"（又称为"扒粪运动"、"清垃圾运动"）。据统计在1903～1912年的10年间，有两万多篇揭丑文章发表，同时还有社论和漫画。一批年轻正直的记者和律师，勇敢地充当了揭丑斗士，直指那些不顾公益只重私利的不法垄断巨头以及政府的腐败行为，他们的新闻宣传将其丑恶行径暴露。这标志着巴纳姆时期的结束，一个以"实事求是、说真话"为信条的艾维·李时期的到来。

艾维·李

艾维·李（1877—1934）是美国佐治亚州一个牧师的儿子，毕业于普林斯顿大学，曾就学于哈佛大学法学院。他早期受雇于美国的《纽约时报》和《纽约世界报》当记者。1903年，他开办了第一家宣传顾问事务所，成为向客户提供劳务并收取费用的公共关系职业第一人。1906年，艾维·李向新闻界发表了著名的具有里程碑性质的《原则宣言》，郑重提出"凡是有益于公众的事务必有益于企业和组织"的观点。他认为，揭丑是一种消极的做法，一个组织要获得良好声誉，就必须把真情告诉公众。艾维·李作为"公共关系之父"，首创了"公共关系"这一专门职业，而且将"公共利益与诚实"带进了公共关系的领域，使公共关系从对一些简单问题的探讨上升为对带有某些规律性的原则和方法探究。

揭丑运动使经济界开始正视新闻界与公众对企业发展的重要影响。许多企业开始走出封闭的"象牙塔"，修建开放透明的"玻璃屋"，增强企业经营的透明度。一些企业还纷纷聘请新闻专家来兼任自己企业的"新闻代言人"，委托他们进行传播沟通活动，增进与公众的联系，塑造和改善自身在公众中的形象。于是，公共关系活动变得日趋频繁而重要。许多公司或企业都为其聘请新闻代言人，实行厂区开放、参观介绍等公关措施，利用大众传播手段来修建"玻璃屋"，实施开明经营。

（三）公共关系的科学化阶段

使公共关系由一种活动、社会现象变为一门科学的杰出人物是爱德华·伯尼斯。伯尼斯1891年出生于维也纳，刚满1岁时，移居美国。第一次世界大战前，伯尼斯是一个新闻记者，第一次世界大战时期，他参加了格尔的公众情报委员会，战争结束后，他预见到被他称为"公众支持发动机"的公共关系行业可以成为他的终身职业。

1923年，伯尼斯出版了被称为公共关系理论发展史的"第一个里程碑"的专著，即他的代表作《公众舆论之凝结》（又叫《公众舆论的形成》）。1952年，他出版了《公共关系学》教科书。伯尼斯公共关系思想的重要特点就是他提出的"投公众所好"的信条。由于伯尼斯将公共关系引上了科学的轨道，被世人誉为"公共关系泰斗"。

1952年，现代公共关系教育之父美国的斯科特·卡特利普出版了一本具有权威性的著作《有效公共关系》，提出了"双向平衡"（双向对称）理论和公共关系四步工作方法等。卡特利普认为，公共关系是一种管理职能，它用以认定、建立和维持某个组织与各类公众之间的互利关系，而各类公众则是决定这一组织事

爱德华·伯尼斯

业成败的关键。要实现这种互利关系必须做到一方面向公众传播和解释组织的想法和信息；另一方面又要把公众的想法和信息向组织进行传播和解释，目的是建立一种组织与公众之间的和谐关系。《有效的公共关系》一书不断再版，成为公共关系的畅销书，在美国被誉为"公共关系的圣经"，该书的作者成为享有声望的理论权威。至此，公共关系正式进入学科化阶段。一门充满时代特征的、具有强大实用性的新兴学科以其崭新的身姿崛起于学科之林。

第二节 物业管理公共关系构成要素

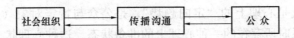

公共关系的构成是由社会组织、公众、传播沟通三要素构成。公共关系的主体是社会组织，客体是公众，联结主体和客体的是传播沟通。物业管理公共关系也同样由三要素构成，即主体——物业服务企业、客体——公众、媒介——传播沟通。

一、物业管理公共关系主体——物业服务企业

（一）公共关系主体——社会组织

社会组织是人们有计划、有组织地建立起来的一种社会机构，它有领导、有目标，成员间又有明确的分工和职责范围，还有一整套工作制度。社会组织本身又是因社会分工的需要而建立起来的，社会组织所要完成的社会分工的任务构成了社会组织的工作目标，比如工厂的目标就是生产和推销产品，学校的目标就是培养人才，物业服务企业的目标就是提供优质的服务。它是一个与"个体"相区别的概念，它具有以下特点：

（1）群体性社会组织是多数人的集合，是一个群体。

（2）导向性社会组织所有成员都必须指向一个目标，这个群体靠这一共同目标来维系，其行为具有目标导向性。

（3）系统性社会组织是以系统的形式构建起来的，为共同目标的实现增强凝聚力。

（4）变动性社会组织是社会发展的产物，其存在受到社会环境的制约，不是一成不变的，社会组织若要实现共同目标必须动态运作适应环境。

（二）物业管理公共关系主体——物业服务企业

物业管理公共关系主体是物业服务企业。物业服务企业是具有独立的企业法人地位的经济实体，是直接从事地上建筑物、基础设施及周围环境管理，为业主和非业主使用人提供良好的生活或工作环境的专门机构，属于第三产业中的服务行业。物业服务企业是自主经营自负盈亏的经济实体，以服务为宗旨，以经营为手段。它还具有以下特点：

（1）经营化 物业服务企业的服务性质是有偿的，即推行有偿服务，合理收费。物业管理的经营目标是保本微利，量入为出，不以高额利润为目的。物业服务企业可以通过多种经营，使物业的管理定于"以业养业、自我发展"的道路，从而使物业管理有了"造血"功能，既减少了政府和各主管部门的压力和负担，又使得房屋维修、养护、环卫、公共秩序维护、管道维修、设备更新的资金有了来源，还能使业主得到全方位、多层次、多项目的服务。

（2）专业化 随着社会的发展，社会分工渐趋于专业化，物业服务企业对物业的统一管理是通过设置分专业的管理职能部门来从事相应的管理业务。物业服务企业也可以将一些专业管理以经济合同的方式交予相应的专业经营服务公司。如机电设备维修承包、园林绿化、环境卫生都可以承包给专业公司。

二、物业管理公共关系客体——公众

(一) 公共关系客体——公众

社会组织的形象是由公众评定的，公共关系工作对象统称为公众。公众作为公共关系的基本构成要素，是公共关系学中一个相当重要的概念。公众是指因面临共同的问题而与特定的公共关系主体相互联系及相互作用的个人、群体或组织的总和。

(二) 公众的心理定势

所谓心理定势就是心理上的"定向趋势"，是公众与特定对象（人或物）发生认知、行为和各种社会关系时所存在的一种心理上的准备状态。这种心理状态在人的认知和情绪活动中起着决定性的作用，会影响信息接收、态度变化及行为举止，使其不自觉地沿着一定方向或模式去感知事物、思考问题和解决问题。

(1) 首因效应，又叫优先效应或"第一印象"效应。它是指当人们第一次与某人或某物相接触时会留下深刻印象，它会成为一种难以改变的心理定势，影响今后的心理和行为。第一印象良好，就容易对其产生信赖感或迷信心理；第一印象不好，则容易使人产生厌恶感，从而给以后的接触造成障碍。因此，在与客户沟通的过程中首先要重视第一印象，设法在公众中留下一个良好的第一印象。其次要警惕首因效应的影响，避免用首因效应开展宣传和利用首因效应欺骗公众。

(2) 近因效应，这是与首因效应相对的一种公众心理定势，表现为一个人或事物最后一次（最近一次）给人留下的印象有很深刻、很强烈的影响。一般说来，在同陌生人（或组织）交往时，首因效应有更大的作用，而在同熟人（或组织）交往时，如果熟悉的人（或组织）在行为上出现某种新异的东西，那么近因效应起的作用更大。因此，在与客户沟通的过程中要依据近因效应原理，加深和强化公众对组织及其传播的信息的了解和认识。

(3) 晕轮效应，又叫光环效应，是指一种片面的知觉。晕轮效应就是人们对对象形成的一种总体的幻化印象，尽管产生这种幻化印象的某一感知特征是真实的，但总体印象并不真实。晕轮效应是一种普遍的公众心理定势，在与客户沟通的过程中一方面要广泛利用晕轮效应，如导入CIS、实施名牌战略等来进行宣传，以提高组织的知名度、美誉度，树立良好形象；另一方面要尽力避免利用晕轮效应来欺骗公众，当出现危机时应当及时、妥善处理，避免形成不利的晕轮效应。

(4) 刻板效应，又叫定型作用或经验效应，是指固定僵化的印象对人的影响，是公众个体在对对象进行认知时，经常凭借自己的经验对对象进行认识、判断、归类的心理定势。也就是说，公众在认识他人或他物时，会不自觉地根据自己的经验产生一种心理准备状态，这种准备状态使他对对象做出定型或定势分析。因此，在与客户沟通的过程中首先要利用公众的刻板印象来巩固社会组织在公众心目中的良好形象；其次要尽力传播新观点、新意识改变公众心目中受损的组织形象。

(三) 物业管理公共关系客体——公众

公众是物业管理公共关系的客体，是物业管理公共关系的工作对象，它指因面临共同

的问题而与物业服务企业发生关系的社会群体,如业主。它们是一个集合体,是一个公众的网络系统,具有以下特点:

(1) 共同性。公众的形成是由社会组织性质确定的,具有"共同意识",面临着共同的问题要解决。如某小区内的污水泛滥,该小区的居民就是管辖该小区物业服务企业公共关系管理的特定公众。这一特定公众的形成是因为他们面临了污水泛滥这一共同问题。

(2) 相关性。公共关系所指的公众不是抽象意义的大众,而是公众因面临一定的问题而与物业服务企业相联系,组织决策和活动对公众所面临的问题的解决具有实际或潜在的影响力、制约力,公众的意见和行动对物业服务企业的目标和发展也具有实际或潜在的影响力、制约力。例如物业服务企业代收电费,和电力公司之间就形成了联系。

(3) 多样性。公众的多样性体现在它具有多层次的立体结构,这种多层次和多元化,就决定了公共关系是一种多样的社会关系。公众的多样性还体现在公众与社会组织之间的利益关系上。有的利益一致或基本相同,就易形成和谐关系;有的利益互为补充,因而关系紧密;有的利益彼此背离,因而相互关系紧张和排斥。公众的存在形式不是单一的,而是复杂多样的。"公众"仅是统称,具体形式可以是个人或群体。即使是同一类公众,也可以有不同的存在形式,比如业主,可以是松散的个体,也可以是特殊的利益群体——业主委员会。

(4) 变化性。公众不是封闭僵化、一成不变的对象,而是一个开放的系统,处于不断变化发展的过程中,任何组织面临的公众都在不断地变化。例如,某航空公司的一次空难事件形成的受难者家属公众,会因问题的解决而消失。再如某一个人可以有多重公众身份,对商店来说,是顾客公众;对学校来说,是家长公众;对工厂来说,是员工或股东公众。物业服务公司公共关系的客体往往会由于环境条件的变化而产生或消失、扩大或缩小,这种变化表现在公众的数量和结构上。如某小区的居民或某酒店的租客。

物业管理公共关系公众按不同的划分标准,可分为不同的类型:

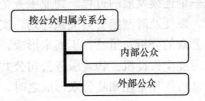

内部公众主要是指物业服务公司自身员工,外部公众主要是指对物业服务公司生存发展有利害关系的公众中除去内部公众外的全部公众。

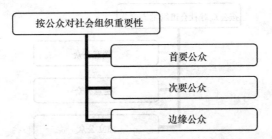

一般来说,首要公众是物业服务公司公共关系管理中最为关键的,投入的时间和人力、财力也往往是最多的。但对物业服务公司来说,今天的首要公众可能会变为明天的次

要公众，明天的次要公众也可能成为后天的首要公众。这种变化，一方面来自于物业服务公司的需要，另一方面也来自于环境和条件的变化需要。

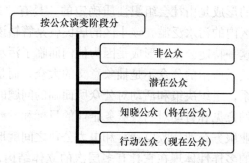

非公众是公共关系中的特殊概念，它指在社会组织的影响范围内，不受社会组织各项方针政策和行为的左右。同时，他们的行为和要求也不影响组织的社会群体。研究非公众的目的，是为了减少公共关系工作的盲目性，避免不必要的浪费。潜在公众指的是将来可能与某组织发生关系的群体，或者因为问题尚未显露，公众没有意识到其中的利害关系，但随着问题的逐步发展，迟早会使这一群体成为该组织的现在公众。潜在公众对组织有有利的一面，也有不利的一面。对组织有利的潜在公众，应促其尽快成为现在公众。对组织不利的潜在公众，如组织遇到形象危机时，应争取主动，通过媒介向其说明情况，使问题解决于萌芽状态，既照顾公众利益，又不损害组织形象。知晓公众又称将在公众，是由潜在公众发展而来的，已经知道自己的处境，明确意识到自己面临的问题与特定组织有关，迫切需要了解信息。公关人员应刻不容缓地与其沟通，主动传播有关信息，让公众对组织产生信赖感，以控制舆论局势，向有利于组织的积极方面发展。行动公众又称现在公众，就是现实地出现在组织面前的公众，是由将在公众发展而来的，它包括组织所面临的所有公众。

从非公众到行动公众是一个连续发展的过程。物业服务企业公共关系人员应随时关注公众的形成和发展变动方向，以便及时制定公共关系计划，实施公共关系行动。物业服务企业公共关系应重视对潜在公众的分析，虽然意识尚未形成，但若等其发展到知晓公众和行动公众时再采取措施，就可能坐失良机。物业服务公司公共关系的重点是对知晓公众的管理。因为公共关系管理的良机往往是在知晓公众形成之时，这主要是由于知晓公众已意识到问题的存在，故他们往往急于获得有关信息，而物业服务公司公共关系的原则之一就是要将工作做在知晓公众变为行动公众之前。

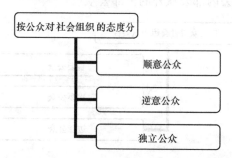

顺意公众指那些对组织的政策、行为和产品持赞成意向和支持态度的公众对象。逆意公众指对组织的政策、行为或产品持否定意向和反对态度的公众对象。独立公众则是指对组织持中间态度，观点和意向不明朗的公众对象。公众的态度是制定传播政策的又一依据。将顺意公众当作组织的财富悉心维护和"保养"，做好逆意公众的转化工作，耐心细致地争取独立公众，引导他们成为顺意公众。

（四）物业管理公共关系中主要公众分析

公众是物业管理公共关系工作的对象，一个组织只有正确地认识和分析自己的公众对象，把握公众的心理，才能"有的放矢"地制定公共关系的目标，采取相应的公共关系策略和方法，使组织的公共关系工作建立在科学的基础上，取得良好的公共关系效应。

（1）员工

利润是企业追求的目标，文化是企业发展的灵魂，人才是企业的资本。物业管理是一种全方位、多功能的管理，同时也是一种平凡、琐碎、辛苦的服务性工作。无论是智能型大厦、大型展览中心，还是住宅小区；无论是商场、饭店宾馆，还是工业厂房，都要求物业管理必须拥有一批素质高、技术硬的管理队伍。尤其是住宅小区的物业管理，管理人员要面对数百以至数千的住户，房屋所有人和使用人不仅分布在各行各业，而且他们的经济状况、文化素养、生活品位以及生活习惯都存在着差异，因此物业服务企业必须以优质的服务态度和优质的服务水平来适应各项管理工作的要求。物业服务企业应具有管理型和技术型两类人才，其从业人员不仅应具有较高的管理水平、文化水平和专业技术水平，而且还要有良好的思想作风、职业道德和服务观念。员工是构成组织的"细胞"，员工既是物业服务企业内部公共关系工作对象，又是物业服务企业开展外部公共关系工作的依靠力量。

（2）业主

业主不仅仅是所购房屋的所有权人，同时依法享有物业共用部位、共用设施设备的所有权或者使用权。按照中国现行《物业管理条例》规定，业主在物业管理活动中，享有下列权利：

1）按照物业服务合同的约定，接受物业服务公司提供的服务；
2）提议召开业主大会，并就物业管理的有关事项提出建议；
3）提出、制订和修改业主公约、业主大会议事规则的建议；
4）参加业主大会，行使投票权；
5）选举业主委员会委员，并享有被选举权；
6）监督业主委员会的工作；
7）监督物业服务公司履行物业服务合同；
8）对物业共用部位、共用设施设备和相关场地使用情况享有知情权和监督权；
9）监督物业共用部位、共用设施设备专项维修资金（以下简称专项维修资金）的管理和使用；
10）法律、法规规定的其他权利。

（3）行业主管部门

根据1993年12月国务院批准的有关原建设部职能的文件明确规定，原建设部是国务院综合管理全国建设事业（工程建设、城市建设、村镇建设、建筑业、房地产业、市政公用事业）的职能部门，因此从全国范围来讲，原建设部是物业管理的行政管理部门。物业管理的相关行政管理部门各省、市都有明确规定。

1）建设、电力、公安、物价、工商等有关部门

建设、市政、规划、环保、公用、环卫、园林、住宅等有关行政管理部门，按照有关

法律、法规和行政规章的规定，按职责分工，负责主管房地产开发建设、配套交付使用、环境环卫管理等各环节，协助监督物业管理区域的管理。

电力、公安、工商、物价等部门对用电照明、社会治安、道路交通、物业服务企业经营、收费价格确定等实施行政管理，按分工依法协助和监督。

当物业使用出现损害房屋、设备、设施的禁止行为，业主委员会和物业服务企业劝阻无效时，相关行政机关应给予处理。

2）街道办事处、乡镇人民政府

物业管理与社区管理紧密联系，街道办事处、乡镇人民政府要协助有关行政部门对物业管理进行监督，对物业管理与社区管理、社区服务的相互关系进行协调。物业服务企业要与物业所在地街道和乡镇政府机关保持密切联系，接受指导，互相配合、支持，构筑高效优质的社区管理服务系统。

(4) 新闻界（媒体）

新闻界是指报刊、广播、电视台等大众传播界。新闻界公众是指服务于报社、电台、电视台等部门的记者、编辑、节目主持人、专栏作家等。在物业管理公共关系中，新闻界既是物业服务企业建立良好形象的工具，又是物业服务公司重要的外部公众。物业服务企业应与新闻界保持良好的联系，尊重新闻规律、掌握新闻价值、学会制造新闻。

三、物业管理公共关系手段——传播沟通

公共关系传播是社会组织通过报纸、广播、电视、网络等大众传播媒介，辅之以人际传播的手段，向其相关公众传递有关组织各方面信息的过程。

（一）传播的构成要素

传播的构成要素包括信源、信宿、信息、信道、媒介、噪声、共同经验范围、时空环境、心理因素、文化背景、信息质量。

(1) 信源：信息发布者，也叫信息的源头、传者或主传者，信息的基础。公共关系传播的信源一般指某一个具体社会组织。

(2) 信宿：信息到达的目的地，信息的归宿，信息的传播对象，也叫信息的归宿、受众或受传者。一般称为公众，可以是社会组织，也可以是个人。

(3) 信息：从公共关系角度看，信息应该是指具有新内容、新知识的消息、信号、编码、符号、观念、情感、态度等，是由信源向信宿传递的内容。

(4) 信道：信息传递的途径、渠道。

(5) 媒介：指信息传播过程中所应用的中介物，传播的工具。

(6) 噪声：噪声是附加在所传递的信息上，使信息传递失真，对所传递信息的真实性产生破坏的信号。

(7) 共同经验范围：指信息的传播者与信息的传播对象之间所具有的共同语言、共同经历、共同感兴趣的问题。即信息传播双方对传播所应用的各种符号应有基本相同的理解。

(8) 时空环境：指传播的时间环境和空间环境。

"时"——包括时间、时机。公共关系传播要选择适当的时间和时机。如开业、易名、传统节日等。物业管理公共关系活动掌握利用好时间、时机，会收到事半功倍的效果。

"空"——指空间，物业公共关系传播要创造良好的空间环境，主动把握有效空间。

包括视觉空间（光线、色彩、造型）、听觉空间（音量、音调）、感觉空间、心理空间（接受、反对）等。

心理因素：主要是指信息接受者的情感心理状态。

文化背景：传播是一种文化现象，它反映了广泛的时代文化背景，又受到文化特质的制约。

信息质量：指信息对于信息接受者的价值。

（二）传播的划分

（1）以传播所使用的媒介及人体器官作标准，可以划分为口语传播、动作传播、实物传播、文字传播、电子传播等。

（2）以传播所涉及的主客体关系及规模大小作标准，可以划分为自我传播、人际传播、小群体传播、组织传播、公共传播、大众传播等。

（3）按照传播对象和手段来划分，可将传播媒介分为个体传播媒介、群体传播媒介和大众传播媒介三种。

（4）按照传播过程中所选媒介的物质构成形式和表现态势来划分，可将传播媒介分为符号媒介、实物媒介、人体媒介三种。

第三节　物业管理公共关系社会功能

公共关系作为一门"内求团结，外求发展"的经营管理艺术，在许多方面都发挥着其他学科所不及的功能。

一、物业管理公共关系的基本原则

物业管理公共关系活动应以真实诚信为基础，从公众需求出发运用科学的方法为其树立良好的组织形象。

（一）诚实守信，以事实为依据

诚实守信是物业管理公共关系的核心。作为一个物业服务企业，要把培养自身树立信誉观念，作为企业建设的一件大事来抓，要让企业内每一个成员都明白，信誉来自于自身的思想和行为。信誉不仅是一种道德规范，也是一种具有修养的文明行为。诚实守信就是要求社会组织做到以事实为基础，以信誉为目标，尊重客观现实，塑造物业服务公司的社会形象。公共关系专家认为，组织公共关系成功百分之九十要靠组织本身具有过硬的事实，百分之十靠宣传技巧。事实是公共关系产生的根源，是公共关系工作得以开展的动力。要想实现"内求团结、外求发展"塑造组织良好形象，必须诚实守信，以事实为依据。

（二）平等互惠，以需求为出发点

物业管理公共关系主体的物业服务公司在为其相关公众提供物业管理服务的过程中，双方都希望得到尊重与信任，具有强烈的平等意识；希望在平等的基础上满足双方的需要，具有明确的互利意识。因此，平等互利以需求为出发点是物业管理公共关系实践活动必须遵循的原则。

（三）服务公众，以科学方法为指导

物业服务企业将组织目标与服务公众相结合，注重社会效益、环境效益、经济效益的实现，不能仅凭经验、直觉，必须运用科学方法。一方面，组织自内向外传递信息；另一方面，从组织外部反馈信息。前者是信息输送过程，目的是使公众认识和了解组织；后者是信息反馈过程，目的是通过吸收舆论和民意来调整和改善组织行为。为了科学地实施组织与公众之间的沟通，可采取访问法、座谈讨论法、社会调查法、抽样分析法、问卷调查法等定量或定性分析。

二、物业管理公共关系的社会功能

（一）树立形象

组织形象是社会组织向社会介绍自己的名片，通过公关活动物业服务企业可以有效地引导舆论和强化舆论，甚至可以制造舆论，让公众了解组织，同时也让组织了解公众，从而获得公众的理解和支持。组织形象不仅仅是产品的形象，更是总体文化的表现，只依靠广告宣传是不够的，还需要组织通过科学的公关调查和策划，采取既可行又富有创意的公关活动，才能获得成功。如组织开业之际，或改变名号、与其他组织合并，或推出新产品和新服务之时，企业要想办法向公众传播有利于自身生存发展的信息，要让公众了解自己的经营方向与经营理念，使企业的产品和服务深入人心。公关活动肩负着把服务推向市场、扩大组织知名度、帮助企业树立良好的形象的任务。当企业由于种种原因而陷入困境，出现危机时，为了消除各种危机事件的不良影响，纠正企业在公众心目中的片面或错误印象，企业更需要运用有效的公关策略去力挽狂澜，进行危机公关，重新树立组织形象，形象管理应贯穿于组织发展的始终。

（1）组织形象定位

形象定位是指组织根据环境变化的要求、本组织的实力、竞争对手的实力，选择自己的经营目标、经营理念，为自己设计出一个独具个性的形象定位。

（2）传播形象

企业经过正确的定位和设计确立之后，不能束之高阁或只是张贴于墙上作为一种摆设或装饰，而是要通过形象传播真正被内部公众理解，切实落实在内部员工的行动中、被外部公众知晓和理解，提升企业在内外部公众心目中的形象。企业形象传播分为内部传播和外部传播。企业形象的内部传播就是要让全体员工充分理解和认同企业所设计的企业形象，切实落实到员工的行动中。企业形象外部传播的目的是要让更多的外部公众知晓和了解企业的形象定位，从而产生对企业的好感、认同感和信心，支持企业。

（3）巩固形象

使企业在公众心目中一直保持良好的形象，就需要不断地加以巩固，才能确保形象以永葆青春。巩固形象需要不断改进和提升产品和服务的品质，利用一切的时机，进行企业形象的传播维系。

（4）形象更新

随着时代的发展，同行企业在进步，公众需求在变化，社会组织需要随着这些变化而不断地改进和更新形象，以适应环境的变化和要求，永远保持自己的形象地位，并不断地进步。企业形象的更新是通过内在企业理念、领导者观念、员工素质、质量水准等方面的更新提高来完成的。

（5）形象矫正

组织形象在其发展中常常会遇到因自身失误损害了公众利益，导致公众的不满，或公众对组织的认识不够全面有所误解，从而影响认知度和美誉度，影响组织形象，此时就必须对形象加以矫正。

（二）服务功能

物业管理的产品是服务，公共关系工作的成效也需要以其服务的质量和水平来衡量。物业管理公共关系在组织内部为各个业务和职能部门服务。公共关系在组织内部运用各类传播沟通手段为各个部门服务，协助处理那些需要各方面介入和配合的纷繁事务，执行那些需要宏观协调和控制的边缘性职能，提供信息性、事务性的辅助和支持。使各个职能部门之间的配合更加融洽，使整个组织机体工作更加协调，使组织的专业职能发挥出更好的效果。在组织外部提供社会服务。公共关系作为一种经营管理功能，是组织中社会性、公众性、服务性最强的一个工作部门。它不仅使用语言、文字，而且运用"行动"这种传播力最强的手段去为组织树立形象。"服务"就是一种最好的"公关行为"，是一个组织树立形象的实际行动。

第四节 公共关系组织机构与从业人员

随着社会政治、经济和文化的发展，公共关系的作用越来越得到人们的承认，公共关系的专门组织机构也应运而生，许多公共关系公司的业务逐渐展开，经验日趋丰富，社会组织内部的公共关系职能部门也开始显示出其独特的作用。实践证明，公共关系是应用性、实践性很强的科学，公共关系工作的成功，取决于公共关系机构的健全和公共关系从业人员的良好素质。

公共关系机构作为一个具有特定职能的社会组织具有双重身份。首先，作为一个社会组织，其本身也存在着需要不断解决的公共关系问题，这是公共关系主体的身份；其次，作为一个专业从事公共关系工作的机构，以代理特定的组织处理其公共关系问题，进行有效的形象管理，这是实施者的身份。公共关系机构中，主要分为两类：一类是为社会上各类组织提供咨询和技术服务的公共关系咨询公司（或称公共关系顾问公司）；另一类是各企事业单位内部的专门从事公共关系工作的公关部（或称公关处、公关科）。

一、公共关系部门的类型和模式

在实际工作中，公共关系部门的规模大小主要取决于以下三个因素：一是本组织的规模。一般来说，小规模的组织和企业，公共关系部的规模就不能过大。二是高级管理层对公共关系工作的认识和重视程度。一般来说，上级和领导越重视，公共关系机构就越完善。三是本组织对于公共关系工作的特定要求。

（一）公共关系部门可分为三类

大型企业的公共关系部门。一般直接隶属于企业最高决策层的公共关系部负责人下面，其业务范围分别为：一是社区关系部。其具体业务是进行各项礼宾接待，协调与相邻单位之间的关系，企业向社会各界提供赞助和捐赠等业务。二是企业服务部。重点负责协调公司或企业的股东、金融关系，对外从事广告宣传和咨询服务等业务。三是公关调查部。主要从事舆论调查、民意测验、信息搜集和新闻分析等业务。四是政府关系部。主要从事对政府所制定的政策、法令的研究分析，向政府报告企业的有关情况，以及有效地取得政府对企业工作的支持。五是编辑服务部。承担对内部员工进行教育和感情联络，出版对外宣传品，以及对外策划传播等业务。

中型企业的公共关系部门。由于企业规模的关系，中型企业的公共关系部门在组织结构上比大型企业的公共关系部要简单、精干得多。一般中型企业的公共关系机构主要分为社区关系、企业服务、编辑服务三方面。

小型企业公共关系部门。小型企业公共关系机构的结构最为简单，公共关系部下设社区关系和新闻媒介关系两个岗位，专门从事处理企业最为敏感的公共关系业务。

（二）公共关系部门的模式主要有三种

（1）直接隶属型（领导隶属型），即公共关系部直接隶属于企业最高管理层的管辖，由组织的高层管理者担任公共关系部的负责人。公共关系部的一切工作都要汇报到企业的最高管理层，一切计划安排与实施都要由企业的最高管理层讨论、批准。公共关系部门作为高层次的管理机构，其部门负责人有直接向决策层汇报、提建议和参与决策讨论的权力。在组织内部，任何其他部门无权干扰公共关系部的工作，无权对公共关系部下达命令，公共关系部直接由组织最高领导层负责；在组织外部，公共关系部应具有代表组织发布信息、处理组织与外部环境事务的权力。

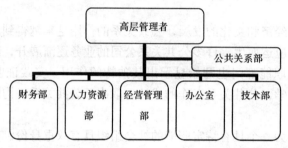

（2）部门并列型，即公共关系部门同组织内部其他职能部门处于平等地位，公关部的负责人同其他部门的负责人一样作为中层管理层的，在对内对外的交往中有一定的指挥权，并能独立开展各项公共关系工作。

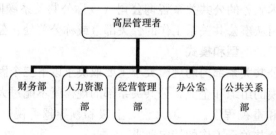

（3）部门隶属型（职能隶属型），即公关部门同企业内部其他职能部门相比处于较低层次，并受某一个具体职能部门的管辖。但公关部的负责人可以与企业最高管理者保持经常密切的联系，并能应邀列席最高决策层的必要会议。

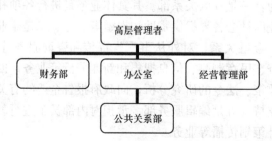

公关部处于第三个层次的组织机构，根据企业的性质等不同，可以有以下几种隶属情况：一是公关部隶属于经营管理部门。这种隶属强调公关工作在组织整个经营管理工作中所具备的特定管理功能，把它应用于财务、服务的各环节，能够全面配合企业各项业务的开展。二是公关部隶属于广告宣传部门。这种隶属侧重于公关的传播功能，主要将公关部作为企业的对外发言人，配合广告与宣传工作，树立组织的形象，扩大组织的知名度。但这种隶属容易忽视公关在经营管理其他各环节上的重要作用。三是公关部隶属于办公室。这种隶属便于接受最高领导的直接指挥，也不过分偏重于某一方面的功能，属于一种比较灵活、便于掌握的形式。这是针对组织公共关系机构尚不成熟，职能尚不突出，而其他职能部门又编制整齐的情况下的选择，将公关工作暂放在办公室，便于直接领导和管理。四是公关部隶属于外事接待部门。这种隶属突出了公关工作的外交功能。随着商品经济的发展，组织的日常接待事务日益增多，需要有专门的机构代表企业出面安排，公关部无疑是责无旁贷的。但把公关工作仅局限于迎来送往，交际应酬，就束缚了公关工作在其他方面的功能，降低了公共关系在企业中应有的地位。

二、公共关系部门的任务

公共关系各种形式的工作不是截然分开的，而是层层递进、相辅相成的。各种社会组织的具体情况不同，公共关系组织机构应以适应本组织发展为标准开展工作。

（一）长期工作

(1) 社会组织整体形象的策划、调整、传播、评估。

(2) 管理好社会组织的无形资产。

（二）日常工作

(1) 监测社会组织环境，搜集公众的各种意见，接待投诉。

(2) 撰写新闻稿、演讲稿。

(3) 与媒介及记者、编辑保持联系。

(4) 设计、筹划、监制社会组织的各种宣传品和馈赠品。

(5) 注册互联网上本社会组织的域名，设计网络上的主页，管理电子信息。

(6) 采集竞争对手的公关活动情况信息。

(7) 同主管部门、政府有关部门的人员保持联系。

(8) 培训员工。

(9) 同有业务来往的公关机构、广告机构保持联系。

(10) 制定危机管理预案，设计预警系统。

（三）公共关系的专题活动

(1) 组织新闻发布会、记者招待会等。

(2) 组织安排各种大型庆典活动。

(3) 组织企业或组织内部的听证。

(4) 编辑、联系印刷组织的内部刊物。

(5) 参加各种组织内部会议，采集组织内部的信息。

(6) 同社区的代表及互联网上的"虚拟社区"公众保持联系。

(7) 组织安排全体人员的集体娱乐活动。

(8) 总结、评价公共关系活动的效果。

(9) 处理危机事件。
(10) 筹划、安排"制造新闻"活动。
(11) 组织、举办、参加展览会。
(12) 安排来宾参观访问，组织新产品介绍会。
(13) 安排筹款、赞助活动。

三、公共关系部门的优劣势

社会组织内部设置公共关系部门，承担组织的公共关系工作，相对于委托专业公共关系公司而言，有一定的优势，但也存在一定的劣势。

(1) 从工作优势上看，组织内部设置的公共关系部熟悉本组织的内部情况与外部环境，容易抓住本组织现有公共关系问题的症结提出建议；能够及时提供公共关系服务，随时为决策者提供咨询建议，并可对突发事件作出快速反应；有利于组织内部公众的沟通与协调。

(2) 从工作劣势上看，公共关系部在开展工作的过程中，很难摆脱习惯势力的影响，对组织本身的公共关系问题往往也缺乏足够的职业敏感性；受组织内部人事关系的制约，对情况的反映和处理可能不客观和公正；工作人员的经验范围较狭小，公共关系工作的创新性受到限制。

四、公共关系公司

公共关系咨询公司是由各具专长的公共关系专家和各种专业技术人员组成的，专门从事公共关系技术、咨询业务，或受客户委托为其开展公共关系活动提供服务性工作的盈利性组织。公共关系咨询公司的业务范围比较广泛，它包括政治、经济、文化、宗教、军事等领域。

公共关系公司是随着公共关系作为一种职业的出现而产生和发展起来的。由于它为不同社会组织提供公共关系方面的服务，越来越多的客户，尤其是一些具有较强经济实力或较大规模的客户，通常愿将组织的一些公共关系业务委托给公共关系公司代理。在现代市场经济条件下，各种各样的社会组织都存在着公共关系协调、沟通问题，都不同程度地需要专业化的公共关系机构为之服务，因此，为了最大限度地发挥公共关系公司的作用，为了使社会组织能选择适合的公共关系公司，正确地认识其类型及优势是非常必要的。

(一) 公共关系公司的类型

(1) 按照服务技巧和服务对象的不同，将公共关系公司分为三大类：一是专门提供某种公共关系技术服务的公司。其业务内容主要有：为客户采集信息，做公关形象调查，制定公关计划方案；为客户制订和实施传播计划，设计公关形象，并寻求实现公关形象的基本途径；为客户设计广告，提供广告方面的技术服务；为客户编辑公关杂志并代理发行；为客户制作公关媒介资料；为客户撰写新闻稿件，并与新闻界建立联系；为客户提供专题公关活动的系列服务等。二是专门为特定行业提供咨询服务的公关公司。这类公司主要有：为政治组织服务的公共关系公司；为经济组织服务的公共关系咨询公司；为教育文化组织提供服务的公共关系咨询公司等。这些公司的业务活动是利用其公司里的专家、学者、顾问所拥有的专业知识和丰富的实践经验，为客户提出建议和忠告，策划公关活动，纠正其不合适的行为。三是兼有以上两类职能的公共关系公司。这类公司的人才比较齐全，技术较全面，资金较雄厚，既有为特定行业提供咨询服务的专家，又有为各种类型组织提供技术服务的专家。这类公司的工作人员其技术水平也比较全面，能提供综合性的全面服务。

（2）按照经营方式的不同，将公共关系公司分为三类：一是公关与广告合营的公司。它既经营公关业务，又经营广告业务。这是在公共关系事业和广告事业得到迅速发展过程中出现的一种公司类型。公关公司和广告公司联合经营的情况产生于20世纪20年代初，到了40年代中期，美国已拥有75个广告事务所对外提供公关服务。其主要原因是商业广告在工业发达国家的经济生活中一直占据着重要的位置，各类经济组织在经营中主要依靠商业广告维持生存和发展。而起步远远晚于广告公司的公关公司，无论是职业水平，还是经营经验都很难与有丰富经验和较高专业水平的广告公司相比。二是单独经营，开展综合性公关业务的公司。这类公司，全面提供公关业务项目，既包括公关技术服务项目，又包括公关行业服务项目。从而要求其工作人员知识结构全面、合理，既要有行业公关专家和专业人才，又要有技术公关专家和专业人才。三是单独经营，开展专项公关业务的公司。这种公司只提供专项咨询服务。如媒介公司，是专门为客户提供媒介关系咨询服务的公关公司；设计宣传资料的公司，是为客户提供各种宣传资料的文字图片设计服务工作等。这类公关公司在规模上要比综合咨询公司小得多，因此，在筹建上节省资金，对专业性的要求比较单一。

（3）按照公司的规模可划分为6人以下的小型公司，7~25人的中型公司，26人以上的大型公司等。

（二）公共关系公司的优势

与公共关系部门相比，公共关系咨询公司具有不可比拟的优势。

（1）信息全面。作为公共关系咨询公司，一般都采集大量的信息和资料，这是公共关系公司能够顺利地开展业务的基本条件，也是检验公共关系公司质量水平的一大标志。

（2）判断准确。公共关系公司长期与各式各样的组织打交道，处理各种各样的公关问题，久而久之，积累了丰富的公关工作经验。趋势判断是公共关系策划工作的重要组成部分，它是由各具专长的公共关系专家依据丰富的公关信息结合公关实务方面的经验，通过对未来形势进行全面的分析，而提出的环境预测。这种预测具有权威性、准确性，容易受到决策者的高度重视。

（3）业务广泛。公共关系咨询公司的经营业务比较广泛，尤其是综合性的公关公司，可以为各行各业、各个地区的客户提供各种公关技术业务咨询服务。伟达公司是世界上最大的公共关系咨询公司之一，总部设在纽约，另有五十多个办事处分布于世界各地，公关服务点遍及美洲、欧洲、亚洲和大洋洲。美国500个最大的企业机构，至少有三分之一是伟达公司的客户。卫星通信系统的应用，使公共关系公司的各个分支系统之间、总部与分部之间、公司派出的顾问与客户之间的联系不断加强。随着航空事业的发展，使人们经常会面的可能性不断增加，从而促使公共关系公司工作方式更加灵活，业务范围更加广泛。

（4）专业性强。公共关系公司承担着向各种企业、组织的公关人员提供咨询与工作指导的任务。因此，要求公关咨询公司中的工作人员要有较高的职业水平。一个专业的公共关系公司在人员的选用上十分"挑剔"，达不到标准要求的，决不让其独立工作，必须经过专门培训和协助专家工作之后才能独立承担任务。因此，各公关咨询公司的工作人员，其专业知识、职业水平一般都高于各种企业、组织内部的工作人员。

(5) 公正客观。由于公关咨询公司承接公关事务时,是站在第三者的角度去调查、分析和处理问题的。公关咨询公司的"局外人"身份,使他们在面对事实、诉说真情、提出建议方面,往往能够摆脱错综复杂的人事关系和或隐或现的权势压力等因素的影响。因此,公共关系咨询公司能够公正、客观地处理问题,赢得客户的信赖。

五、公共关系从业人员

公共关系人员从狭义上讲是指从事公共关系职业的专职人员。从广义上讲泛指组织内部和外部直接从事公关工作、公关理论研究和公关教学的人员,以及在公关协会等公关组织机构工作的人员。公关人员是公共关系事业的主力,是组织形象的主要策划者和传播者,其素质的高低优劣直接影响到公共关系的效果。公关人员应具备较好的基本素质,良好的知识结构和能力技巧,并具备良好的职业道德,这样才能成为一个合格的公关人员。

(一)基本素质

(1) 自信　自信是公关人员人格魅力不可缺少的组成部分,要说服别人,首先需要相信自己。公共关系是一项创造性的劳动,在手法、技巧上要敢于走前人没有走过的路。当一个创造性的新方案一时得不到大多数人的理解与支持时,要有较强的自信心,敢于坚持用实践去检验真理,很可能就会成功。如果缺乏自信心,怀疑自己的根据,不敢承担必要的风险,也许一个天才的设想,就会被平庸所扼杀。

(2) 乐观　公共关系本身就是一种开放型的工作,因此要求公关人员具有乐观的心理。公关人员在同公众打交道时会遇到各种各样的人,应该善于进行角色转换,从各种角度去考虑问题,善于"异中求同",与各种类型的人建立良好的关系,要不断提高自己的情商,做到应付自如、游刃有余。

(3) 热情　公共关系行业是服务行业,往往不能自由选择公众对象。另外,公共关系行业在很大程度上是一门中介行业、代理行业,一个公关人员如果不能迅速转换角色,迅速投入新领域,就无法工作。一个公共关系人员能否胜任工作,是否受公众欢迎,关键在于是否具备热情工作的心理素质。

(4) 成功感　成功的欲望,需要有成功的动力。俗话说:"不怕做不到,就怕想不到。"想不到,就不会成功,可如果连渴望成功的愿望都不具备,就根本不可能成功。策划一个大型公关活动,是对现代人才心力、体力要求极高的考验,只有物质追求,而无精神追求的人是很难胜任的。

(二)知识结构

公共关系人员的知识素质是指其知识结构与水平。知识结构与水平在很大程度上决定了一个人的业务能力和思维能力。

(1) 公共关系相关知识:心理学、传播学、广告学、管理学、新闻学。

(2) 操作技术:电脑操作、礼仪规范、网络应用、应用文写作、法律。

(3) 行业知识。

(三)能力

1999年原人事部提出公共关系的职业能力特征是:较强的口头与书面语言表达能力,协调沟通组织内外公众关系的能力,调查、咨询、策划和组织公关活动的能力。

(1) 创新能力:从本质上讲,每一次成功的公共关系活动都是一次创造性的劳动。公共关系工作要想做得与众不同、令人难忘，就要不断创新。没有创造性，公关工作就会失去价值。

（2）沟通能力：公共关系工作在很大程度上是一种劝说工作，因此公关人员须具备一定的沟通能力，要能清晰准确地发布信息、表达思想，而且要幽默机智、谈吐风雅、令人信服。

（3）组织能力：在举办各种公关活动时，公关人员应能控制进度、把握全局，擅长指挥调度，遇事沉着机敏，使整个活动有条不紊地进行。

（4）学习能力：21世纪知识更新很快，有人做过统计，绝大多数学科知识的更新周期都从20世纪50年代的30年缩短到现在的3~5年。如果不善于学习，已有的知识很快就会老化、被淘汰。公关人员若没有较强的学习能力将无法适应社会的发展。

（5）挫折耐受力：公共关系工作包含繁重的日常事务和各种专项活动，工作量大，当遇到突发情况时，作为工作人员必须有耐心、毅力、自制自控力才能在工作中有最佳表现。

（6）表达能力：公关人员担负社会组织对内外的宣传、塑造组织形象任务，要编写组织宣传材料、撰写新闻稿件、编写组织刊物、为发言人和领导撰写演讲稿、起草活动计划方案以及各种报告和总结，这些工作都要依靠公关人员的文字功夫。

（7）交往能力：公共关系大量的日常工作都要同方方面面的公众打交道，社会交往能力是打开工作局面的基本能力。因此，公关人员要有意识地培养自己与人的交往能力，提升自己的人格魅力，培养自己的气质风度，掌握打开人际关系之门的钥匙。

（四）职业道德

公共关系人员的职业道德准则是一定社会调整人们之间以及个人和社会之间的关系的行为规范的总和。

（1）遵纪守法：这是每一个社会公民都应该具有的道德规范，而公共关系从业人员有着比较广泛的社会交往和人际网络关系，经常参与各种社会活动，因此也更容易受到各种不正之风的影响和诱惑。因此，公共关系从业人员应时刻保持清醒的头脑，自觉遵守法纪，注意摆正国家、社会、集体和个人之间的利益关系，决不利用自己的职权和关系资源谋取私利，乃至损公肥私，贪污受贿，决不做出违法的事情。

（2）行业道德：早在1923年，爱德华·伯尼斯在他的第一本公关专著中就提出了公关从业人员的职业道德。此后，各国的公关协会、国际公关协会都制定了公共关系的职业道德和行为准责，在众多公关组织制定的职业准则中，《国际公共关系道德准则》的影响最大。1989年9月27日中国省、市公共关系组织第二次联席会议以中国社会公认的道德规范和公共关系实际为出发点，并借鉴了《雅典准则》、《威尼斯准则》及国外一些有参考价值的文件，提出了《〈中国公共关系职业道德准则〉草拟及实施方案》。

（五）公共关系意识

公共关系意识是物业服务企业公共关系人员必备的基本素质之一，是指自觉塑造企业形象、传播沟通、争取公众理解与支持等观念。包括以下内容：

（1）塑造形象意识。塑造形象意识是公关传播工作的核心。在市场经济体制下，物业服务企业是自主经营、自负盈亏的经济实体，物业管理市场竞争日益激烈，物业服务企业的形象与品牌是公司的无形资产。

（2）传播沟通意识。传播沟通意识是一种重视信息、平等民主的意识。物业服务企业为了塑造良好的企业形象，应该做到重视信息传播，使其具备民主意识。公共关系竞争是开发信息资源、开发舆论力量、开发智力的竞争，只有具备传播沟通意识，才能自觉传播，赢得公众理解和支持。当企业与外界发生矛盾时，要有意识地主动与公众沟通，在沟通中寻求理解与支持，在沟通中谋求和谐发展。

（3）尊重公众意识。尊重公众意识是一种投公众所好、公众优先的意识。"公众就是上帝"、"业主至上"、"公众永远是对的"等口号就是这种意识的表现。在物业服务企业的工作中，要主动投公众所好、尊重公众的需求、为公众提供热情周到的服务。

（4）创新审美意识。公共关系作为人类精神文明的成果充分反映了对美的追求。塑造组织形象的过程不能是以往或他人已有的活动形式的简单重复，应是有所创新的策划与设计。有创新的活动才能塑造具有个性的组织形象，有创新的活动才能使组织的良好形象打动公众、征服公众。

（5）全员公关意识。全员公关意识又称"全员 PR"，是指组织全体人员都要具备公共关系的意识。在物业服务企业中，公共关系的对象有小区的业主、住户、商户、发展商、政府各职能部门、行政管理部门、街道居民委员会、公共事业部门（如供电、供水、供气等）、新闻传媒、周边辖区居民等等。公共关系对象的广泛性要求物业服务公司要具有全员公共关系意识。培养全员公关意识有利于塑造维护良好的组织形象和提高员工素质，使公共关系策划能顺利实施，使物业服务企业长足发展。

第五节　客户服务的发展

在现代市场激烈的竞争下，外延产品的竞争才是获得优势的关键。公共关系能够为物业服务企业带来机遇，在物业管理客户服务中发挥作用。

一、什么是客户服务

客户服务这一概念和理念，在西方出现于 19 世纪末 20 世纪初，在中国则出现于 20 世纪 90 年代中期。它是随着商品的丰富和卖方市场向买方市场的转化而诞生的，客户服务的理念是市场运作日益精细化、多元化的产物，任何能提高客户满意度的项目，都属于客户服务的范畴。客户服务，是一种了解和满足客户需求，以实现客户满意为目的的企业全员全过程参与的一种经营行为和管理方式。

（一）客户至上

客户至上所倡导的这种理念，不是从具体的一时一事来界定的，而是从抽象意义上界定的。在企业为客户服务的过程中，自然应以被服务者的需要和意志为转移。况且，这里所说的客户不是指单个具体的人，而是把客户作为一个整体来看待的。企业为整体的客户服务，不应该挑剔个别客户的个别不当言行举止，更不能因为个别客户的个别不当言行影响对客户整体的根本态度。

（二）亲情视客

在为客户提供服务过程中，不能单独地把企业与客户的关系视为金钱关系、利益关系，而应该看到企业与客户之间存在着相互支持、相互信赖、相互促进的亲情关系。

（三）尊重客户

客户是企业的主宰，尊重客户权利是企业的天职和义务，企业应该根据经营目标、客户的需求来选择经营策略，满足客户的需求。

（四）服务理念

理念支配人的行为，服务理念决定企业的服务特色和服务品位。因此应强化现代服务理念，从而提升服务品位。

二、什么是物业管理客户服务

物业管理客户服务是指物业服务企业为提高其服务质量，在企业与客户之间进行的，从客户的需要出发，以提供满足客户需要的服务作为企业责任和经营目的的活动。物业管理提供的产品是服务，是无形的产品。物业服务企业凭借对业主的服务获取业主的满意度和忠诚度，从而实现盈利的目的。物业服务企业只有建立独特的经营理念，把自己的产品（服务）做好，进入可持续发展的良性循环，才能将意识真正从管理业主彻底地扭转到服务业主上来，开拓多种经营服务。

（一）有形展示

服务本身是无形的，是顾客在消费之前无法感知的，所以必须将服务这种产品有形化，利用语言、文字、图形、多媒体等工具将服务全面地展现在顾客面前。如将企业提供的具体服务张贴在物业项目的公告栏上、丰富小区的各种标识、公布各种服务质量要求等，使业主清楚地知晓物业服务企业具体能为自己提供什么服务，质量如何。

（二）动态管理

物业服务企业服务业主的同时，服务产品应动态管理，改进自己的服务方式，使产品与市场形成良好的互动关系。如物业服务企业推出一项新的有偿服务，这种服务应建立在可行性研究的基础上，当业主的需求发生变化时应依据业主的意见和建议及时调整。

（三）个性化

物业管理服务是一种动态的产品，是很多小细节的综合体，它会随着顾客的不同、环境的不同而发生改变，进行不同细节的组合，以达到服务个性化的目的。如物业管理项目中业主的兴趣爱好广泛，而且各不相同，所以物业管理不能完全是统一的模式，应该更多地了解业主的不同需求对提供的服务进行不同的组合，提高业主的满意度。

（四）服务差距

业主所期望得到服务与物业公司所提供的服务永远都会存在差距，因为两者所站的立场不同，关注的利益点不同，最好带着服务的意识通过沟通找到企业与业主之间的平衡点来弥补差距。如定期召开业主大会，每月举行业主座谈会，每季度一次上门拜访，每半年举行一次顾客满意度调查等。

（五）客户满意度

物业服务企业若要提供良好的服务，首先要有能提供良好服务的员工，要让员工感觉到企业管理者的良好服务。只有基层员工得到了良好的服务，才能将良好服务传播给业主，所以内部公众满意度的高低将决定着为业主服务质量的高低。物业服务公司的全体员工都必须树立为内、外部公众服务的意识，将服务意识建立在企业的每个角落。

三、客户关系处理技巧

客户服务就是与人打交道，在现实生活中，由于客户在个性、个人需求等方面都存在较大的个体差异，因此处理好与客户的关系是客户服务中不可回避的问题。

（一）以"和"为贵

协调客户关系的基本原则是以"和"为贵，追求客户与物业服务企业服务实现"双赢"的目标。所谓"双赢"，即通过"和为贵"的公共关系处理原则，让客户有收获，只有这样，服务人员才能营造一个与客户之间的良好的公共关系氛围。

（二）真诚道歉

物业服务企业员工与客户间发生矛盾后，最简单也是最有效的方法是真诚道歉。现代客户服务理念中，有一种说法认为"客户永远是对的"。这种说法也许让许多人难以理解，因为客户也完全可能犯错误。但是，在为客户提供服务过程中，客户是来接受服务的，不是来接受"批评"和"刁难"的。客户很反感服务人员说他们不对，更反感服务人员让他们承认自己不对。在处理物业客户关系中，员工为客户提供服务时应将工作与个人的意气截然分开，避免带着情绪工作，尤其是当客户对自己的服务表示不满时，应平静地面对，主动真诚地向客户道歉。

（三）委婉拒绝

物业服务企业员工与客户交往的过程中，常常会遇到一些"两难"问题，如客户提出超出服务人员职责范围的要求，服务人员既不便直接拒绝，又不能满足客户的要求。这时就需要客户服务人员学会根据不同的情况委婉拒绝。

（四）赞美

在客户服务中，赞美是融洽客户关系的润滑剂。恰当的赞美能让客户获得心理满足，可以消除怨恨。物业服务企业员工应掌握赞美的技巧，适时使用恰当的赞美，为客户提供优质服务。

（1）真诚自然发自内心。缺乏真实情感的赞美往往显得苍白无力，因此赞美别人不能勉强，而应该发自内心。

（2）知其所长，避其所短。每个客户都有自己的优缺点，也可能对自己的优缺点有一定的认识。因此应在赞美客户时，知其所长，避其所短，给予真诚的赞美，不用"但是"等转折词语淡化赞美之意。

（3）因人而异。客户在个性、年龄、学历、经历等方面都存在差异，在赞美客户时，应根据客户的具体情况和喜好选择赞美之辞。投其所好的赞美还应依据事实，不可盲目夸张，否则适得其反。

（五）客户维系

客户是企业生存和发展的基础，市场竞争的实质就是客户资源的竞争。在竞争激烈的买方市场，增加客户份额的手段可以吸引新客户和留住老客户。争取新客户的成本显然要比保持老客户昂贵得多，因此需要运用提高客户保持率、分析客户的转换成本、了解客户的爱好和情感等客户维系策略来建立不同程度的企业与客户间的联系。

客户维系策略有三个层次，无论在哪一层次上实施客户维系策略，都可以为客户提供不同的个性化服务。第一层次，维系客户的手段主要是利用价格刺激来增加客户的财务利益。第二层次，维系客户的手段主要是既增加财务利益，又增加社会利益，而社会利益要优先于财务利益。第三层次，维系客户的手段主要是在增加财务利益和社会利益的基础上，附加了更深层次的结构性联系。所谓结构性联系即提供以技术为基础的客户化服务，从而提高对客户服务的效率和产出。

四、客户管理的商业价值分析

（一）客户忠诚分析

由于"知识经济"的兴起以及经济全球一体化进程的日益加快,使得世界经济环境发生了巨大的变化。忠诚的客户是最能给企业带来利润的,也是最值得企业管理者关注的。忠诚是一种心理状态,是一个主观概念,不同客户所具有的客户忠诚差别很大。因此仔细分析客户的忠诚类型,了解客户的忠诚度对于企业来说是极其重要的。

(1) 垄断忠诚。指客户别无选择,企业常是垄断经营。客户的特征是低依恋、高重复购买。

(2) 惰性忠诚。指客户由于惰性而不愿意去寻找其他的供应商。客户的特征是低依恋、高重复购买。

(3) 价格忠诚。指客户忠诚于提供最低价格的零售商。客户的特征是对价格敏感、低依恋、低重复购买。

(4) 激励忠诚。当企业有奖励活动的时候,一些客户会来购买;当活动结束时,这些客户就会转向其他有奖励或有更多奖励的公司。客户的特征是低依恋、高重复购买。

(5) 超值忠诚。客户的特征是对企业高依恋、高重复购买,并愿意为企业进行正面的口头宣传,给企业带来推荐效益。

(二) 客户的生命周期

客户管理的理念要求企业完整地认识整个客户生命周期,提供与客户沟通的统一平台,提高员工与客户接触的效率和客户反馈率。因此,研究客户生命周期的形成和特点十分重要。

(1) 潜在客户。当一个客户在询问企业的业务时,就表现出对该业务的兴趣,就有可能成为该企业的潜在客户。其主要特征是询问。在这个阶段,客户由于需求产生了需求意识,客户最需要的就是建立对企业业务或产品的信心。对业务或产品的信任程度或认可度,决定了潜在客户上升为新客户的可能,但也可能就此丧失信心,从而让企业失去这个潜在客户。潜在客户进入新客户阶段会受到外界评价、客户层次、客户所属行业的影响。

(2) 新客户。当客户经过需求意识、信息收集、评估选择后,对企业业务有所了解或者在别人的推荐下,将某种产品和服务的期望同自己的价值观联系在一起,决定使用或者购买这一产品或是服务时,他就由潜在客户上升为新客户。这时客户还是处于初级,需要逐步培养信心和信任感。新客户阶段会受产品服务质量、客户对价值的感知、企业竞争者的信息、客户的需求情况的影响。

(3) 老客户。客户对企业培养起基本的信任感,接受其产品和服务也持续了一段时间,从而成为该企业的老客户。这时客户的忠诚度、满意度和信誉度是企业关心的焦点,这意味着能否将该老客户发展成为超值忠诚客户,能否让老客户对新的业务感兴趣。老客户阶段会受企业的服务情况、客户新的业务需求、企业竞争者信息的影响。

(4) 新业务的新客户。这里所指的新业务的新用户,是由原来的老用户发展而来的,即原有的老客户由于建立起对企业的信任感,进而开始接受新业务,这是建立在一种相互信任的基础之上的,不同于纯粹新客户对新业务的接受。当客户进入这一阶段时,客户的生命周期就进入了循环阶段。新业务的新客户阶段会受原有业务的运行情况、新业务的发展情况、客户的满意程度、企业的发展状况的影响。

总之,在整个客户生命周期中,各个环节的各个因素是互相作用和影响的,对客户产生综合的作用。企业只有了解和掌握客户生命周期不同阶段客户的消费行为和特点,才能提供适合不同阶段的个性化服务,提高客户的忠诚度和满意度,为企业带来丰厚的利润。

【练习与思考】
1. 什么是公共关系？
2. 什么是物业管理公共关系？
3. 什么是物业管理客户服务？
4. 简述公共关系的产生和发展。
5. 物业管理公共关系构成要素是什么？
6. 物业管理公共关系公众的类型都有什么？
7. 公共关系机构的比较？
8. 公共关系从业人员的基本素质是什么？

【案例分析】

【7-1】

一天早晨，秩序维护员小田巡查到某楼3单元时，忽然发现102室的防盗门上插着一串钥匙。小田认为，这一定是业主一时疏忽，开门后忘记把钥匙取下来了，楼上还有好几家正在装修，万一被进进出出的人拿走……想到这里，小田走过去按响了102室的门铃。轻轻按了几遍，都没有动静。小田有点急了，最后按的一下时间稍长了一点。这一次铃还没有响完，就听到里面有一个人大声问到："谁啊，大清早，干什么？"业主有些发脾气了，但还是打开了门。小田简单说明情况后，把那一串钥匙双手递给业主。或许业主还没有摆脱被惊扰的不快，不冷不热地说了声谢谢就回房里去了。想一想，小田心里挺不是滋味的。第二天巡楼的时候，小田又与这位正在家门口锻炼身体的业主不期而遇。"您早，先生！"小田想打个招呼就离开。这位业主却快速走了过来。塞给小田一百元钱，还说昨天还没有醒过神来，没有好好谢谢你，不好意思，这是一点心意，别嫌少。小田把钱硬塞回去，说了句"关注和保障您的安全，是我们应该做的。"就转身跑开了。

【案例思考】
与公众沟通为什么需调整好心态？

【7-2】

一日，某小区业主王先生来到物业公司，一进门就大声叫喊，要物业公司帮忙，说他家原来那伙装修工人赖着不走，不让别人干活。保安主管一面安慰业主不要着急，一面安排秩序维护班长先到现场。随后，秩序维护主管陪王先生一起回家。只见业主房内有七八名装修工人和一名工头，另外还有一名女士，该女士情绪激动，百般纠缠，主管反复劝说数十分钟仍然无效。这时，业主强烈要求管理处帮助把人请出家门。在此情形之下，秩序维护员听从了业主要求，动手推拉那名女子出屋，当即遭到谩骂，但秩序维护员坚持骂不还口，非常理智。其他几名装修工人也被劝出房间。那名女子被请出房外后，变本加厉，污言秽语跟业主对骂，并辱骂秩序维护员，还恶人先告状，拨打110报警。警察到后，该女子态度仍很蛮横，毫无收敛之意，还与业主动了手。在调解不成的情况下，警察将该女子与那名工头一起带离现场，其后，王先生和秩序维护主管也被叫到派出所作了问讯笔录。一场风波总算平息。然而，事情过去两月后，该女子将业主王先生作为第一被告，物业公司作为第二被告，告上法庭。要求赔偿医疗费、误工费、恢复名誉。后经法院判决：

此事物业公司无过错。

【案例思考】
对待首要公众的沟通技巧？

【7-3】

一天下午就要下班时，某小区服务中心来了两位女士，一位是韩国驻华大使馆的外交官夫人，一位是她的翻译。那位年轻一点的翻译小姐上来就发脾气："你们通知8月中旬通煤气，怎么又说要推迟，中国人办事就是拖拖拉拉。"负责接待的工作人员笑着解释："很对不起，我们原来接到煤气公司的通知是8月中旬通气，现在他们又发来了延期的通知。"翻译小姐仍一脸的不高兴："这位可是外国朋友，耽误了她的时间简直太不像话！"在旁观察了一会的服务中心主管这时走过来，示意接待人员暂停解释，先对韩国女士点头致意，然后看着翻译小姐说："小姐，您也是中国人吧？"（这句问话很有艺术性，不卑不亢、不轻不重，明是无心、实是有意）翻译小姐脸腾地红了，低下头。主管接着说："由于不可预见的因素而导致事情拖延的情况在中国有，在国外也有。现在的情况是管道煤气确实通不了，这肯定会给大家的生活带来不便。如果您需要用罐装液化石油气过渡，我们物业公司会尽全力给你们提供帮助。"翻译小姐怔了一下，回头对韩国妇女复述。韩国女士脸上的神情稍稍变得轻松一些，她和翻译交流时，语言中偶尔夹杂着几句英语。主管见机主动用英语与她对话，说："十分抱歉给您带来不便，当您需要时，我们会尽可能地帮助您。"说着还将物业公司的联系电话写在纸条上递给她，"请您理解我们工作的难处，我想我们今后一定会愉快地共处。"韩国女士惊讶中露出愉快的神情，也用英语回答："很抱歉错怪你们，希望您理解我的心情。我担心我丈夫吃不上可口的饭菜，所以十分着急……"说着大家都笑了起来。第二天上午，那位韩国女士又给服务中心打来致歉的电话，电话中双方谈论得非常愉快。此后，彼此成了朋友。

【案例思考】
物业管理从业人员的基本素质？

【7-4】

某开发区内十几个通用厂房厂区物业管理费收缴率参差不齐。年终总结时，公司领导请收缴率达96％的某通用厂房厂区的管理员介绍经验，该管理员说了这样一件事：厂区内有十几家业户，一天，其中一家只租赁了一个层面通用厂房的某企业部门总管来找管理员，管理员张冠李戴，把对方的名字叫错了。来人顿时拉下了脸："看不起我们小公司啊！"此后一连几个月都拖缴物业管理费。管理员从此吸取教训，把厂区内十几家业户、近百位"要员"（上自总经理，下至与物业公司有关的一些部门主管、经办人）的姓名都背得滚瓜烂熟。当有新公司进场，管理员就通过各种渠道了解业主的姓名，碰面时主动打招呼，对方连连称赞物业管理到位。

【案例思考】
对外部公众的尊重从哪里开始？

第八章 客户服务中的公关职能

【知识要求】

通过本章的学习，掌握客户服务中公共关系的采集信息、咨询建议、参与决策、协调沟通和教育引导职能，充分了解物业服务公司的公共关系职能。

【技能要求】

通过本章的学习，要求学生运用其基本原理，进行物业管理职能的分析。

公共关系以树立社会组织的良好形象为工作目标，围绕这一目标开展的具体活动和工作形成了它的职能。同时，公共关系又是"内求团结，外求发展"的艺术，这门艺术必须有对内和对外两方面的作用。在一个物业服务企业中，公共关系并不直接介入服务产品的生产过程，但公共关系可以为其创造一个和谐的内外关系环境，从而保证企业的正常工作运行和良好工作状态。

职能是指组织和个人所发挥的作用和功能。公共关系职能是指公共关系机构或公共关系从业人员在社会组织中所发挥的作用。公共关系的职能广泛而复杂，国内外的专家学者对此的观点不尽一致，国内外的公共关系职能部门的职责范围也有一定差别，在物业管理客户服务中的公关职能表现为采集信息、咨询建议、参与决策、协调沟通、教育引导。

第一节 采 集 信 息

一般认为，公共关系的职能是以信息的采集开始的。任何社会组织的生存和发展都离不开信息，它也是物业管理公共关系活动的基础。

一、采集信息的内容

信息是同物质和意识同等程度的概念，因此，信息的种类是极其广泛的，即使只对物业服务企业来说有用的信息所涉及的内容也是近似无穷的。从公共关系工作的角度来看，有四类信息是它职能范围内应当注意优先采集的。即社会组织基本信息、社会组织形象信息、社会组织环境信息、社会组织运行状态及其发展趋势信息。

（一）社会组织基本信息

物业服务企业最基本的"细胞"是员工，员工在企业中从事着各项活动，因此，企业中的各项变化都可以通过其员工予以反映。对企业内部信息的掌握，主要是通过对员工的了解来把握各项活动，乃至把握企业的发展。从这里可以反映出企业的人、物、财变动状况，企业的过去、现在乃至将来的变动情况。物业服务企业要想更好地适应社会环境的变化首先必须了解自己。

（二）社会组织形象信息

公众对社会组织在运行中所显示的行为特征和精神面貌的反应就是社会组织形象信息。公共关系工作目标是建立社会组织的良好形象，因此了解物业服务企业在公众中的形象是公共关系活动的基本内容之一，组织形象信息的采集是公共关系活动过程的重要环节。组织形象信息一般包括以下内容：

(1) 公众对社会组织产品质量的评价。
(2) 公众对社会组织领导机构的评价。
(3) 公众对社会组织内部员工的评价。

(三) 社会组织环境信息

一个社会组织身居于社会环境之中，要适应这种环境，就必须要掌握环境的变化，掌握环境变化的信息。在当今社会，获得信息的渠道之多、信息量之大，如果一个社会组织不通过多种方式了解社会信息，就会被社会淘汰。社会组织掌握环境信息主要包括以下内容：

(1) 资源环境。
(2) 政府环境。
(3) 市场环境。
(4) 国际环境。

二、采集信息的渠道

社会组织公共关系从业人员采集信息的渠道主要有以下七个方面。

(一) 新闻媒介的宣传报道、舆论导向

新闻媒介具有发布信息的权威性、及时性，社会组织通过分析新闻媒介在一定时期内的报道重点和舆论导向，可以捕捉一切重大的信息，公共关系人员在日常工作中应连续地关注新闻媒介的报道，以保证对有价值的信息能够系统地掌握。

(二) 内部员工的信息反馈

社会组织中的每一位员工都是一个重要的信息源。通过组织内部的信息反馈，可以了解内部员工的思想情绪、对管理层的看法、对组织发展的意见与建议等。这些信息有助于组织的管理层与决策层有针对性地制定各项方针、政策，并采取相应的工作策略。

(三) 业主的反映

在物业服务企业中，业主是主要的公众，业主也是物业管理的服务对象，通过对业主的了解分析，物业服务企业能够全方位的采集信息加强管理。

(四) 政府有关部门和上级主管单位的文件与简报

上级主管部门对下属机构的管理大多数是通过印发的文件和简报加以实施的。这些文件和简报一般是根据政府的方针、政策和一定历史时期的工作重点做出的。社会组织据此可以了解政府乃至主管部门的工作重点，掌握政策的稳定、行业状况及发展方向等。

(五) 公共关系从业人员的社会交往

进行广泛的社会交往，是公共关系从业人员的分内职责。通过各种社会交往，公共关系从业人员可以捕捉到各方面、各种类的信息，增加社会组织的信息来源渠道。

(六) 同行业之间的评价

社会组织掌握行业信息的有效渠道有行业展览会。一般来说，每个行业每年都要举行一至两次的行业集会。在行业集会上，组织可掌握本行业国内、国际的先进水平和发展趋势，分析本组织在同行业中所处的地位，从而为调整和完善社会组织的方针政策提供依据。

（七）专家分析

在社会发展中，每个行业都有自己的专家，他们与政府有关部门联系密切，甚至直接参与制定和讨论即将出台的政策。因此，专家们掌握着大量专门化、权威性的信息。如果社会组织能聘请专家，倾听专家们提供的思路，这对社会组织的发展是有益的。

信息的采集应当而且必须通过多种渠道和运用各种传播媒介。只有这样，采集的信息才是比较全面的。

三、采集信息的方法

公关人员收集信息的方法很多，主要有民意调查、公众座谈会、登门访问和接待来访、收集报刊资料等。

（1）填设意见卡。设计简单明了、对物业服务企业服务有帮助又能引起业主兴趣的意见卡，投放到公众意见箱里，定期加以回收，并及时加以整理。

（2）适时召开座谈会。物业服务企业公关人员或管理人员与业主通过面对面地交谈，达到相互理解，取得共识的目的。

（3）登门访问和接待来访。物业管理公关人员或管理人员主动登门拜访，以感情的沟通达到工作上的互谅互让。真诚接待来访和投诉，从中分析问题加强管理。

（4）收集报刊资料。注意新闻媒介对物业服务企业的相关报导。在搜集信息时，公关人员应特别注意对信息及时加工处理，识别真假信息。在这个过程中，真实和迅速信息的作用十分重要，虚假的信息会给物业服务企业经营带来极大的危害，而得到了有用的信息却不及时处理，也会使其丧失价值。

第二节 咨询建议

公共关系的咨询建议就是指社会组织公关从业人员向决策层和各管理部门提供公共关系方面的意见和建议，使决策更加科学化、系统化，并满足公众的利益。有公共关系专家认为，公共关系的重点在转移：20世纪50年代是产品推销与宣传，60年代是理好股东和财政关系，70年代是树立企业信誉，八九十年代是为企业决策层提供咨询服务。尽管这种观点只是一家之言，而且也不完全适合中国国情，但是从中可以看出咨询建议职能是公共关系中不可缺少的。为了实现物业服务企业的经营目标，企业的决策部门必须得到公关部门的咨询建议。

一、物业管理公共关系咨询建议的内容

物业管理公共关系咨询建议是由物业管理人员向企业领导者提供有关公众方面的可靠性情况说明和意见。

（一）提供有关公众方面的咨询

业主是物业服务企业最重要的公众。业主对物业管理服务的需求程度与喜爱程度，对企业具有决定性的影响。因此，应特别重视向决策者提供业主需求及其变化方面的咨询。业主因环境、文化、年龄、职业、民族、观念等方面的不同，会形成需求差异，从而构成了不同的消费动机和消费行为。社会组织中的公共关系人员应直接与业主打交道，分析研究业主的心理，根据业主心理分析本企业的服务在市场上受欢迎的程度，进而提出有效建议。

(1)一般情况咨询主要提供物业服务企业与公众关系状态的一般情况说明，如业主对物业服务企业服务的反映、新闻媒介的社会舆论、同行们的评价等。根据不同的需要，这类咨询可以是定期的，也可以是不定期的，其目的是使决策层及时了解和掌握公众的一般情况，以便适时调整本企业的运行机制，为实现组织目标创造有利条件。

(2)公众专门情况的咨询建议。专门情况咨询主要提供与物业服务企业拟举办的某项专题活动相关的情况说明和意见，以便专题活动能更有的放矢地开展。

(3)公众心理变化的咨询建议。心理变化咨询主要是物业服务企业在对公众信息的长期收集和积累的基础上，对公众心理变化及时进行分析并做出预测，结合企业的中、长期规划，适时向决策层通报。这类咨询常能有效地为企业中、长期战略规划的判定和变更提供可靠的根据。

(二)提供有关方针、政策和行动咨询

社会组织所制定和执行的方针政策，既要考虑社会组织自身的利益，又必须符合公众的利益，并使二者实现和谐的统一。公共关系从业人员要分析和评价本组织的方针、政策将会给公众带来哪些利益，是否有带来危害和遭到公众反对的可能。对这种分析和评价要做全局的考虑。在分析评价的基础上，公共关系人员应该对此提出建设性的修改意见，使组织的方针、政策、行为与公众的利益及各项要求尽可能达成一致。

(三)提供有关社会组织知名度和信誉度方面的咨询

当今市场竞争日趋激烈，组织形象越来越引起更多社会组织的重视，使之成为促进或制约其发展的重要因素。一个社会组织通过自身的努力会给公众留下不同的印象，这种印象往往是由组织自身的变化和公众评价标准的变化而产生的。因此，公共关系从业人员就应当根据近期所搜集到的信息对组织形象进行及时而准确地评估，并报告给组织的决策层。尤其是出现了不利于社会组织的社会舆论时，更应提出建设性意见，建议决策层适当地通过公共关系活动的开展，转变社会舆论，引导公众，以维护和完善组织的信誉和形象。为社会组织公共关系战略、经营销售战略和广告宣传战略、CIS战略、组织文化战略提供咨询建议，使其形成一个系统，并制定出科学的实施方案使社会组织的知名度、信誉度双重指标有机统一，获得公众的信任、理解与支持。

(四)提供社会组织开展公关活动的咨询

关于社会组织公关活动的策划与实施工作，属公共关系从业人员的基本职责。社会组织在不同的发展时期，面对变化万千的市场环境，围绕着社会组织总体战略目标，应当开展哪些公关活动，公关人员要有计划、有目的、有针对性地提出建议，并为实施公关方案创造必要的条件。作为社会组织的决策者，应当积极、认真地考虑公关人员提供的各项咨询建议。对组织生存环境的有关发展变化进行咨询，掌握相关有效的方案，以适应这些变化。

咨询建议总的来说是公关从业人员有选择、有分析地向企业决策层转送与公众有关的信息的过程。

二、公共关系咨询建议的实施

(一)确立决策目标

社会组织决策的第一步是确立目标。公共关系咨询的角度不同于人事、财务、技术等专业，而是一种相对超脱的、客观的角度，即从公众的角度去评价决策目标的社会制约因素和社会影响效果,努力使决策目标与公众利益和环境因素相容。特别是现代社会组织的决策日益专门化,整体的决策目标体系需要分解为各个职能部门的专业决策目标,如服务决策目标、项目开发决策目标、财务决策目标、市场营销决策目标等。各职能部门将决策的焦点高度凝聚于本部门的专业目标,往往疏忽从全局和社会的角度考虑决策所可能导致的社会效果。因此,需要公共关系部门站在公众和社会的立场上,综合评价各职能部门的决策目标可能引起的社会问题,从公众利益的角度去观察企业的缺陷,敦促有关部门依据公众需求和社会价值及时修正可能导致不良社会后果的决策目标,使组织决策目标既反映组织发展的要求,也反映公众的需求,使公共关系本身成为整体决策目标系统中的组成部分。

(二)为决策提供信息服务

公共关系咨询建议还表现在为决策提供各种社会信息,完善各种公众咨询渠道,建立各种信息来源,包括广泛的外源信息和及时的内源信息,并根据决策目标将各种信息整理、归类、分析、概括,提供给最高管理层或各个专业部门作为决策的客观依据。

(三)协助拟定和选择决策方案

决策方案是实现决策目标的各种方法、措施的总和。公共关系的咨询表现为运用公关手段为决策者评价、选择和实施有关的决策方案,特别关注决策方案在经济效益和社会效益方面的统一和协调,督促决策者重视决策行为的社会影响和社会效果。同时,运用公关手段,征询公众的意见,促进决策过程的民主化和科学化。

(四)决策效果的评价

公共关系的咨询表现在分析、评价决策实施的公众影响和社会后果,以及这种后果对决策目标的制约作用。运用公众网络和公关渠道,对那些付诸于实施的决策方案进行追踪和反馈,使组织能够及时了解情况,并根据反馈的情况来调整决策目标,完善决策方案。

第三节 参 与 决 策

参与决策作为公共关系的职能是指确定社会组织运行具体目标以及实现目标的方法步骤。决策是社会组织对自身条件和外界环境经过周密考虑所做出的决定性选择。由于社会组织的自身条件和外界环境都包含了公众因素,因此,在组织的决策过程中,公共关系的参与是理所当然的,并且它发挥着相对独立的作用。

物业服务企业的经营决策势必受到社会环境的影响,并与各类公众直接或间接发生利益关系。如何才能使经营决策符合物业服务企业的长远目标和利益、使其适应社会并最终产生社会效益、使公众理解和接受,这是物业服务企业管理者必须考虑的。物业管理公共关系从业人员的工作,由于关系到物业服务企业的信誉和形象,关系到企业上下、内外的信息交流,关系到企业的战略目标和企业整体效益,因而在企业中的地位很重要。

一、公众利益受到决策层的重视

物业服务企业在决策过程中,既要考虑自身利益又要照顾公众利益,为此,它要受到两方面的制约,即外部制约(社会舆论)和内部制约。物业管理公共关系参与决策就是代表各种公众从组织内部对社会组织及其决策进行约束,这种作用是独立的,不可取代的,是组织决策正确性的一种保障。参与决策就是代表各种公众进行制约,要求企业在决策中必须考虑公众利益，必须在决策方案中反映公众的利益和需求，从而有效地避免企业决策中单纯只顾自身利益的片面性倾向。

二、站在公众立场上发现决策问题

所谓决策问题就是社会组织面临的客观现状与多种选择目标之间的矛盾。要寻找决策问题可以从各种角度、各个方面去考虑，站在公众角度去寻找，往往能使问题表现得更加明显和直观，更能接近问题的实质，而且这种作用是其他角度代替不了的。如当物业服务企业要推出一项新的服务项目时，必须要考虑到业主的特定需要和认可程度，这样它的服务才能推广下去，也才能最终实现组织目标。

三、在决策中确立公关目标

物业服务企业的决策是根据各部门自身任务和企业总任务的规定来确定方案的。物业公关参与决策必然使企业决策包含两个新的内容：其一是树立企业良好形象；其二是树立企业良好形象的具体措施。这样，公关目标进入决策方案，使企业总目标与公关目标连在一起，公关人员的工作与其他职能部门人员的工作既协调又独立进行，才能保证企业运行的健康完善。同时，物业公关参与决策，也只有在决策方案中形成了自己的工作具体目标及具体的完成措施，才能从整体上真正体现出它的意义。

物业管理公共关系参与决策的以上三个方面是紧密联系在一起的，其中，在决策中确立公关目标是最主要的。只有在决策中确立公关目标，才能自觉地让公众利益进入决策视野，也才能站在公众的立场和角度去发现决策问题。因此，在现代社会中，公共关系参与决策是社会组织生存和发展的重要条件。

第四节 协调沟通

社会组织的决策方案一经确立，就进入运行阶段。在运行中，社会组织必然要同现实环境发生关系并产生矛盾，社会组织与这些因素之间的矛盾的大小、摩擦的多少，在很大程度上决定着社会组织的运行是否顺畅，因而也在很大程度上决定着社会组织预定目标是否能顺利实现。因此，社会组织协调沟通以减少同现实环境的摩擦就成为公共关系的一项专门职能。

一、协调沟通的分类

社会组织通过不断的协调沟通，可以协调各种关系，为组织创造和谐的氛围。协调沟通一般分为组织内部的协调沟通和组织外部的协调沟通两种。

（一）组织内部的协调沟通

在社会组织内部，有各种各样的关系，概括起来即为上下级之间的协调沟通、平级之间的协调沟通、立体交往的协调沟通。

（1）上下级之间的协调沟通。这是一种处于非同一等级状态下人与人之间的交往沟通。这种沟通，主动者应该是上级，被动者应是下级。优秀的管理者在员工心目中应该拥有良好的形象，可以通过多与属下沟通而获得。

（2）平级之间的协调沟通。这是一种处于同一等级状态下人与人之间的交往沟通。这种沟通，无主动与被动之分。一个拥有良好内部环境的组织，在组织内部运作规程中，一般对内部员工之间的沟通、管理者之间的沟通都有特定的规定，如定期组织沙龙、研讨、茶会等活动，主要是为了创造良好的沟通环境，便于员工之间的沟通，以增进友谊，协调关系。

(3) 立体交往的协调沟通。现代社会组织的发展，越来越需要信息的交叉流通，以使组织各环节之间能够更好地协调配合。这种信息的交叉流通是通过人们之间的沟通网络来实现的。在一个组织内部，如果信息能交叉流动，可以使组织内部各成员、各层级、各部门、各环节之间更多地了解对方，更多地考虑组织全面发展的问题。因为一旦某一环节发生问题，都会影响整个组织的发展。这就像人们讲的"木桶原理"一样，一个木桶，其盛水多少，不取决于这个木桶最长的那块木板，而取决于这个木桶最短的那块木板。如果一个木桶所有的板材都等高，则这个木桶容量将是最大的。因此，一个好的组织机构，绝不应该出现其内部结构参差不齐的状态，而应该是共同进步。这种状况，只有通过组织内部交叉的沟通、交流，互相关照与提携才能实现。

因此公共关系必须发挥承上启下的作用。一方面，公共关系从业人员要经常向领导者反映下级员工的情绪、意见和要求，并根据下级员工的实际情况提出调动他们积极性的建议，从而使上级领导不断地了解和把握下级员工，及时地调整自己与下级员工之间的关系；另一方面，公共关系从业人员要积极做好上传下达的工作，要及时向员工介绍宣讲组织的目标和管理方针政策，传达领导层的意见和决定等，消除可能产生的误会。使上级领导的意向、组织的现状和发展方向能随时为下级员工所了解，从而能为社会组织创造和谐的发展环境。

(二) 组织与外部的协调沟通

与社会组织外部协调沟通是公共关系日常的工作内容。社会组织在其运行中，要与各种公众发生联系。在一般情况下，公共关系的外部协调工作要把与组织目标直接相关的公众作为协调沟通的重点，因为这类公众作为组织产品和服务的消费者，最有权对社会组织及其产品和服务做出评价。在这里协调的方式是多种多样的，其中最根本的一种是反馈调节，即根据反馈信息来调整组织的运行。

(1) 组织与客户的沟通。一个经济组织在对外活动中，交往最多，沟通最频繁的对象是客户。与客户沟通的好坏，直接影响到组织对市场的占领、组织自身形象的建立。如"让顾客满意活动"的开展就是在与客户进行沟通。组织与客户的经常沟通，可以增进了解、赢得信誉、开发市场，即实现经济利益和社会利益的共同发展。

(2) 组织与政府的沟通。只有通过沟通才能让各级政府更多地了解组织，信任组织。这种沟通多表现于汇报工作，报送组织各类宣传材料，如内部刊物、工作总结、组织发展战略报告等。让政府了解组织，可以为组织争得更多的发展机会和更有利的市场环境。

(3) 组织与社区的沟通。社会组织要想得到环境的接纳，首先要被社区公众所接纳。社区关系是组织的邻里关系，可以使组织得到有利于自身发展的环境。只有通过沟通，才能创造一种和谐的氛围，建立组织良好的公共关系状态。

(4) 组织与媒介的沟通。现代社会组织的发展与媒介关系越来越密切。良好的媒介关系，是组织无形的巨大财富。社会组织若想与媒介建立良好的关系，必须让媒介更多地关注组织、指导组织，对组织产生好感，使组织为社会创造更大的价值。当社会组织拥有良好的基础工作、开展有利于社会的公关活动、创造出巨大的社会效益时，媒介才接受社会组织的沟通行为，给予相应的回应。

二、协调沟通的时机

协调沟通是公共关系的核心职能,连接组织与公众的桥梁和纽带。利用沟通的手段可以疏通渠道,发展关系,广交朋友,为组织生存、发展创造良好的内外部环境。因此说,只有具备了双向或多向沟通的传播过程,才是公共关系发展的完备过程。

(一)组织初创时期,要通过沟通,树立良好的第一印象

隆重的开业典礼就是一种典型的沟通方式,告知公众,树立形象。沟通的关键是如何以新颖独到的方式取得良好的传播效应。

(二)组织发展时期,通过沟通,巩固维系形象

巩固维系时期的沟通主要有两种方式:低调沟通方式和高调沟通方式。

低调沟通方式是通过各种媒介,以较低的姿态,持续不断地向公众传播组织的信息,使组织形象潜移默化在公众的长期记忆系统中,一旦需要,公众就可能首先想到,并接受。如节假日的宣传推广活动,大型建筑物上的霓虹灯形象宣传牌,参与社会活动等。

高调沟通方式是通过各种媒介,以较高的姿态传播方式,以求在公众心目中强化原有的形象。如举行盛大的周年庆典活动等。

(三)组织危机时期,通过沟通,挽救形象,重塑形象

组织发展处于危机时期,形象面临严重挑战和损害,组织处于公众舆论的极大关注中,这时,要通过沟通,澄清事实,采取有力措施,挽救组织,挽救形象。

三、协调沟通的方法

公共关系的协调工作主要是通过信息沟通双方的了解,建立起相互信任、相互合作的融洽关系。在社会组织运行中,由于各种关系状态不同,公共关系要沟通协调的重点和运用方法也不一样。

(1)当双方关系处于和谐状态时,沟通的重点就应当是通过不断传播社会组织方面的业绩来保持和强化公众方面的良好形象。

如美国的南地公司(位于得克萨斯州达拉斯市)是全美第六大零售商,在社会上有良好的形象。但该公司从1981年开始又开展了一项说服自己的顾客、特别是青少年改掉酗酒陋习的社会活动,这一社会活动通过各种传播媒介的宣传,为南地公司赢得了进一步的声誉。由于这方面的工作有着比较好的社会基础,因此如果开展得法,往往能取得事半功倍的效果。

(2)当双方关系处于不和状态时,沟通的基点应该首先是解剖组织自身,反省自己的责任,然后才是客观地分析关系状态,提出改进关系状态的具体意见和措施。

双方关系之所以会产生不和,一般有内外两方面的原因。内部原因是由于组织自身工作没有做好,危及公众利益,这当然首先要自责,然后根据关系状态的现状,改进自身的运行机制,同时把自己的改进情况尽力向社会作出通报,以期扭转被动局面;外部原因是由于公众的误解或他人的陷害等造成了对组织形象的损害,这时社会组织也应当首先自问哪些工作还存在问题,然后才是在改进工作的前提下向公众进行必要的解释,以澄清误会,或对他人的陷害,如冒牌产品等,加以揭露。

(3)当双方关系处于不明状态时,沟通的原则首先是用善意的态度来表达自己的明确主张,竭力使对方消除紧张或戒备心理,为双方的信息交流创造正常平衡的心理条件。

在此基础上,还应当把双方关系格局中含有的双方利益关系交代清楚,使对方对关系

状态的实质及趋势能够心中有数，这样才能减少双方关系发生摩擦。总之，在这种关系状态下，作为公共关系主体的社会组织要向公众交真实的沟通，努力使双方明确关系状况，为未来关系的建立和发展奠定基础。

第五节 教 育 引 导

教育引导是公共关系要发挥的基本职能，即采集信息、咨询建议、参与决策、协调沟通，达到内求团结、外求发展的目标后，就必须对公众进行教育引导，培育市场。组织公共关系的教育引导职能主要表现在对内、对外两个方面。对内，公共关系的主要职能是传播公关意识，传播公共关系的思想和技巧，进行知识更新，不仅要对每个员工进行教育引导，也要说服组织领导接受公共关系思想。对外，组织公共关系主要是对公众进行教育引导。如对企业精神、企业行为认同的引导，消费观念、服务模式的引导等。随着科技的突飞猛进，产品极大丰富，公共关系还需要对公众进行商品知识、安全保险等方面的教育和引导，使公众与组织的认知保持同步。

一、教育引导的内容

教育引导公共关系职能主要表现在组织内部的教育引导和组织对公众的教育引导这两个方面。

（一）组织内部的教育引导

教育引导的职能是公共关系职能发挥作用的一种延续，其主要对象是内部员工，使其统一认识，统一行动，形成内部巨大的合力。一般来说，经济组织的员工身居于生产或服务工作的第一线，各自从事着本职工作，其工作的活动空间小，交往的范围受到一定程度的限制，因此，对一些问题的认识不可能像管理者那样有一定的深度。为使其员工增强热爱组织的信念，必须对其开展教育引导工作。组织对内部员工实施教育引导，主要从经营理念和文化工程的角度入手。一个企业的经营理念是这个企业的经营哲学和基本精神的结合体，反映了企业为长远经营与繁荣发展的战略目标，构成了统合企业员工精神力量的基础，形成了企业成员的市场行为和社会行为的规范准则，也是塑造企业形象最基本、最重要的要素。

企业经营理念的确定有不同的途径。有的企业委托资深专家来挖掘企业的特定内涵，并由此形成企业的经营理念系统；有的企业经营理念经管理层多次酝酿、加工而成；有的企业经营理念则由全员参与，广开思路、各抒己见、认真筛选而成。但企业的理念系统其深刻的思想内涵不可能全部被全体员工都读懂、接受，因而，需要有一个教育引导的过程。

企业的理念系统发挥着导向功能、凝聚功能、识别功能、激励功能、规范功能、辐射功能。在对员工实施教育引导的过程中，应该保证使其理念系统的功能得到充分的发挥，从内心深处对企业产生认同感、归属感和自豪感，使其认识到树立组织的良好形象必须从每位员工的具体工作做起。公关部门对员工的教育引导工作主要包括以下两个方面。

（1）重视本组织的形象和声誉。公共关系从业人员要教育全体员工，使每个人都懂得，组织的形象和声誉同员工的切身利益紧密相关，组织形象的好坏足以使其健康发展或是破产倒闭。而良好企业形象的建立不仅仅是少数领导和公关人员的事，还必须经过全员的共同努力。如中央电视台的焦点访谈节目报道了南京冠生园食品公司用陈年月饼馅做月饼的消息,这一报道使这家著名的老字号企业顷刻间陷入灭顶之灾。不但南京的冠生园最终破产倒闭,全国其他20余家冠生园食品厂也受到了连累,月饼产量大幅下降,经济效益受到严重的影响。因此,组织要使每一个员工处处都考虑企业的形象和声誉,以实际行动维护组织形象。如服务性企业,要教育全体员工端正服务态度,提高服务质量,真正把"顾客是上帝"的观念落实到为顾客一点一滴的服务中去,接待中的热情周到、细节上的体贴入微、想尽一切办法使顾客满意。

(2) 开展全员公关知识培训。员工应掌握一些基本的公关知识和技能,以便在公众面前树立一个良好的形象。在员工中进行公关知识讲座,提高员工的公关技能,是内部公关工作中一项经常性的工作。如北京饭店的员工掌握的必要的公关知识,日本、中国香港等地区的客人对某些数字有特殊的禁忌,反感4,喜欢6与8;欧洲人讨厌13、星期五,亚洲人则很少有这样的忌讳。在工作中尽力满足其需求,从而使服务质量大幅度提高,得到了世界各地嘉宾的赞扬。

(二) 组织对公众的教育引导

这是公共关系对外传播的一种延续,其功效在于引导公众充分认识组织行为的价值,使组织真正能发挥服务社会的作用。组织对其外部实施教育引导的对象是外部公众。在一个经济组织中,外部公众主要有顾客公众、社区公众、金融公众、媒介公众、政府公众等。因为科学技术的不断进步,使新产品和服务大量呈现,任何一种新的产品或服务是否能满足公众的需求,满足了公众怎样的需求都需要企业在进行信息传播中对其进行教育引导。

二、教育引导的途径

(一) 广告传播

广告是传播产品信息和服务信息最有效的手段之一。现代社会的广告传播中,融知识性与趣味性于其中的广告越来越多。广告既可以使使用者掌握必要的使用方法和生活中的知识,又可以引发其对产品或服务的兴趣,从而产生购买欲望。

(二) 新闻传播

有些企业从客户需求出发开发的新服务项目具有超前性,顾客对其极其陌生,为使顾客接受新事物,并使其对新产品产生浓厚兴趣,可通过媒介的传播达到对顾客教育引导的目的。有些企业通过大型公关活动引发媒介的关注,使其对活动进行报道,达到新闻传播的目的。

(三) 传单传播

有些企业在进行教育引导时,常常印发一些宣传单或传单,逐门逐户或在户外分发,可以在短期内起到一定传播效果。

(四) 样品赠送

人们对于新产品或服务的自然接受一般都需要一个过程。为了缩短这个时间,有些企业让公众尝试,免费接受产品或服务,也可以获得一定的效果。

(五) 人际传播

在所有的传播活动中,人际传播在一定的范围内可以发挥出巨大的功效,而且给人一种真实感和可信性。可以通过座谈会、研讨会、演示会、展览会及各种参观活动等形式进行传播。如消费者协会曾创办的"消费教育学校",旨在普及消费知识,指导消费行为。"学校"利用双休日免费为市民开门办学,受到了各类公众的一致好评。这些实例不仅是成功的公关活动,更是对公众进行的很好的教育引导,同时,也是打开市场、扩大经营的极好方式。对公众进行教育引导,实际上是在服务社会,通过对公众的教育引导,对社会尽一份义务,提高人们的思想、素质,充分认识社会发展的先进成果,推动整个民族经济的进步。

【练习与思考】
1. 简述客户服务中公共关系的职能。
2. 简述公共关系采集信息的渠道。
3. 简述物业管理公共关系咨询建议的内容。
4. 协调沟通的时机如何把握?
5. 简述教育引导的途径。

【案例分析】
某租住户想要搬出一部分家俬,他千方百计联系正在国外的业主,但就是联系不上。按照管理规定,租住户搬出家俬,必须有业主的书面许可证,而没有业主的书面许可,管理处不予放行(这一规定有必要,现实中确实发生过个别租住户拖欠业主房租、搬走业主家俬而偷偷溜之大吉的事情)。急于搬出家俬的租住户万般无奈,找到管理处领导,恳请给予特殊照顾。管理处的领导考虑,若简单放行,恐怕损害业主的利益;若拒不放行,又会使租住户不便。鉴于租住户只是搬出部分家俬,管理处提出了一个变通办法:租住户列出所搬出家俬清单,并暂交与家俬价值相当的押金,管理处做好记录,并开具收取押金的收据,一旦租住户能够提供业主的书面许可,管理处立刻全额退回押金。这位租住户觉得管理处的建议合情合理,便欣然接受。时隔不久,该租住户拿到了搬出家俬的业主书面许可。在到管理处换取押金时,还对管理处既对业主负责又为租住户着想的做法赞许有加。

【案例思考】
在物业管理日常工作中如何实现协调沟通?

第九章 客户服务中的公关程序

【知识要求】

通过本章的学习，了解公共关系的工作程序，掌握四部工作法（如图9-1）的具体内容。

【技能要求】

通过本章的学习，要求学生运用其基本原理，进行物业管理的专项调查和专项活动策划。

公共关系是一种传播沟通、协调关系的活动，以科学、合理、有效的方式加以处理与调整，程序包括四个步骤：公共关系调查、公共关系策划、公共关系实施、公共关系评估。

物业公关的目的是在组织和公众之间建立一种和谐、协调的关系。而这种关系的产生和形成，不是自发和自觉的，它需要经历一个特定的公关操作程序。其具体步骤是：公共关系调查、公共关系策划、公共关系实施、公共关系评估。

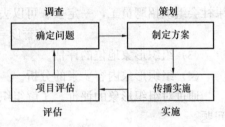

图9-1 公共关系四部工作法

第一节 公共关系调查

一、公共关系调查内容

（一）社会环境调查

社会环境调查的目的就是要了解社会组织生存和发展的社会环境和变化趋势，为其决策提供依据。

(1) 国际环境调查。

(2) 国内环境调查。

(3) 行业环境调查。

（二）公众意向调查

(1) 权力公众意向调查。

(2) 首要公众意向调查。

(3) 新闻媒介意向调查。

(4) 社区公众意向调查。

（三）公众状况的调查

(1) 外部公众的调查。

(2) 内部公众的调查。

（四）社会组织信息传播状况的调查

（1）组织内部传播状况调查。

（2）组织外部传播状况调查。

（3）视觉识别基本要素传播状况调查。

（4）视觉识别应用要素传播状况调查。

（五）社会组织形象调查

（1）认知度的调查。非常了解社会组织人数的百分比、比较了解社会组织人数的百分比、知道社会组织人数的百分比、听说过社会组织人数的百分比、不知道社会组织人数的百分比。

$$认知度＝认知人数/被调查人数$$

（2）信誉度的调查。对社会组织的印象是最好的、好的、较好的、还是差的、较差的、很差的；认为社会组织管理的水平是一流的、二流的、三流的还是根本不知道的；如果社会组织招聘员工，一定去、可以去、不去、还是不知道。

$$信誉度＝信任人数/认知人数$$

（3）组织形象地位的评估。

（4）组织形象内容要素的分析。

通过对组织形象的评价，了解组织形象的现状，进一步分析原因，从而提出建议解决问题。

选择组织形象构成的指标体系，如组织规模、工作效率等，运用"语意差别分析法"制作调查问卷，将认为重要的属性（指标体系）分别以其语意的两极分为两个极端，如非常好和非常不好，再根据实际情况设置若干中间程度的档次（五档或七档），如稍微、相当等，然后将该表发给特定公众填写，最后统计汇总分析，提交报告。

下面给出实例。

关于××××××的调查问卷

×××：

您好！

这份问卷是为了了解您××××××程度，旨在××××××提供相关参考意见。本问卷采取不记名方式填写，您所填的资料仅供××××××之用，不对外公开，敬请放心。麻烦您按照实际情况填写问卷，请您选出最适合您的答案。多谢您的合作！

××××××

×年×月×日

此问卷所有问题均为单项选择题，请您在认为适合的答案前打"√"。

1. 本社会组织规模（　　）。

A 非常大　B 相当大　C 稍微大　D 中性　E 稍微小　F 相当小　G 非常小

2. 本社会组织工作效率（　　）。

A 非常高　B 相当高　C 稍微高　D 中性　E 稍微低　F 相当低　G 非常低

3. 本社会组织管理科学化程度（　　）。
A 非常大　B 相当大　C 稍微大　D 中性　E 稍微小　F 相当小　G 非常小
4. 本社会组织创新程度（　　）。
A 非常大　B 相当大　C 稍微大　D 中性　E 稍微小　F 相当小　G 非常小

感谢您的帮助！

调查问卷统计结果

	非常	相当	稍微	中性	稍微	相当	非常		现实值	期望值
组织规模大				25	60	10	5	组织规模小	35.5	50
工作效率高					30	65	5	工作效率低	17.5	50
管理科学化强				10	15	50	25	管理科学化弱	16	40
创新程度高				25	45	25	5	创新程度低	24	50

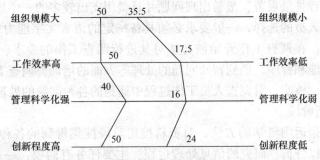

对这份调查表进行综合评估，所勾画出的该社会组织形象内容是：该社会组织规模有待发展、办事效率低、缺乏创新精神，管理科学化程度平平。总的形象是：这是一家认知度和信誉度都不很高的社会组织。

二、公共关系调查程序

公共关系调查是一种对社会组织的公共关系现象进行科学考察的认识活动。它必须根据人的认识过程和认识规律，科学地安排运作程序。公共关系调查的一般程序可以分为以下五个基本阶段：制订方案、资料搜集、研究分析、报告写作、总结评估。

（一）制订方案阶段

（1）确定调查的目的。调查的目的可分为配合性调查目标和问题性调查目标。

（2）确定调查对象。调查对象是否真正载有调查者所需要的信息是最为重要的。根据社会组织的实力将调查对象的具体构成，包括调查对象的总量、分布地区、背景，以及对问题的知晓程度进行分析，综合社会组织的内部资源确定公共关系调查的对象。

（3）确定调查项目、制定调查提纲和调查表。确定调查项目应该注意：调查项目应是调查任务所需要又能够取得答案的；项目答案具有确定的表达形式；项目之间应尽量遵循内在逻辑关系。

（4）确定调查的时间和地点。调查时间的确定包括调查起止时间、时间分配和调查进度计划。

(5) 确定调查的方式和方法。调查方式有普遍调查、抽样调查、典型调查、重点调查、个案调查。调查方法有科学观察法、询访调查法、量表测量法、文献信息法、民意测验法、问卷调查法。

(6) 确定调查分析方法。对调查所取得的资料进行研究分析，包括对资料进行分类、编号、分析、整理、汇总等一系列资料研究工作。如因果分析、相关分析。

(7) 确定提交研究报告的方式。主要包括调查报告书的形式和份数，报告书的基本内容，报告书中图表的大小等。

(8) 制定调研经费预算。在进行调研经费预算时，一般需要考虑如下方面：调研方案设计费与策划费、抽样设计费、实施费、问卷设计费、问卷印刷装订费、调研实施费（包括调研人员的劳务费、礼品费、交通费、误餐费以及其他杂费）、数据录入费、数据统计分析费、调研报告撰写费、资料费、复印费等办公费、管理费、税金。

(二) 资料搜集阶段

资料搜集阶段也称为具体调查阶段，是整个公共关系调查过程中最为重要的阶段。资料搜集阶段的主要任务有两项：一是实际搜集资料，二是争取多方支持。

资料搜集的过程是最艰苦、最易出现问题并且费用支出较多的一个环节，必须认真组织、管理。对调查人员的选择，一般要求必须具备一定的语言文字能力、社会交往能力、心理学知识等素质。在调查工作开始前必须对其进行调查工作的要求、问卷的理解与解释、调查的基本技能和程序、遇到特殊问题的处理等方面的培训。调查工作的管理包括对完成的问卷的审查、核实，对调查人员工作过程中遇到的各种问题的处理。

(三) 研究分析阶段

研究分析阶段是运用科学的方法，对资料搜集阶段搜集得到的各种调查资料进行归类、排序等，并加以分析、研究的信息处理过程。主要任务有两项：一是整理调查资料，二是分析调查资料。

分析资料应该注意以下几点：

(1) 过滤问卷，就是看哪些问卷是符合标准的，是可做进一步统计分析的。弄清楚被调查者是否回答了所有的问题，检查答案有无前后矛盾的现象，剔除无效问卷。

(2) 将有效问卷的答案转换成能做统计处理的数字，并将这些数字输入电脑，此时应该特别小心不要犯人为错误。

(3) 进行统计分析，要善于运用统计表、统计图（如直方图、排列图）等工具来帮助分析调查的结果。

(四) 报告写作阶段

在公共关系调查中，当完成了调查资料的研究分析后，一般要写调查报告。所谓调查报告是指用以反映公共关系调查所获得的主要信息成果或初步认识成果的一种书面报告。调查报告实质上是公共关系调查者对调查所获信息资料的一种高级处理工作过程。调查报告的形式体例应当完备，一般来讲，应包括题目、目录、概要、正文、结论、建议和附件等。

(五) 总结评估阶段

总结评估阶段，是公共关系调查的最后阶段，通常集中于两个方面：评估调查成果和总结调查工作。评估调查成果主要是指评估调查成果的学术价值和应用价值。总结调查工作实际上是对整个公共关系调查活动的工作过程和有关情况进行回顾和检查。

三、公共关系调查方法

公共关系调查的方法是多种多样的，可以从多角度、多方面进行分类。

（一）按调查对象范围分类

基于调查对象范围变量的分类，是指固定其他变量，只以调查对象范围变量作为依据的公共关系调查方法分类。可以分为普遍调查、抽样调查、典型调查、重点调查、个案调查五种。

（二）按资料搜集方式分类

基于资料搜集方式变量的分类，是指固定其他变量，只以资料搜集方式变量作为依据的公共关系调查方法分类。可以分为科学观察法、询访调查法、量表测量法、文献信息法、民意测验法等。

（三）按一手资料收集方式分类

（1）面谈访问法。面谈访问法是最常用的调查方法，调查人员可以按调查表问题的顺序发问，也可以自由交谈；既可以采用个人访谈，也可以采用集体面谈；既可以安排一次面谈，也可以进行多次面谈。这种方法的优点是调查对象、时间、人数、形式由调查人员掌握，较为灵活，并且调查了解问题回收率高，可提高调查结果的可信度；其缺点是费用大，时间长，对调查人员要求高。

（2）邮寄访问法。邮寄访问法是调查人员把事先拟定好的调查表邮寄给被调查者，请其按照要求填写调查表，再寄回给调查者的方法。随着电脑的普及，可以通过电子邮件在网上进行访问调查。这种方法的优点是调查区域广，成本低，被调查者有充分的时间考虑，而且不用署名，调查结果的可靠性高；其缺点是回收率低，回收时间长，调查者不易控制回答过程，出现模糊答案也无法当面明确。

（3）电话访问法。电话访问法是指调查人员通过电话向被调查者询问了解有关问题的一种调查方法。其优点是取得信息的速度快、时间省、回答率高；缺点是不能看到对方的表情、交谈时间不宜太长、不宜收集深层信息。

（4）留置访问法。留置访问是指调查者将调查表送给被调查者自行填写，再由调查人员定期回收调查表的一种调查方法。其优点是回收率高，可以避免由于被调查者误解调查内容而产生的误差；缺点是这种访问法多用于有组织的调查对象，因此对象较为集中，被调查者容易相互影响，使调查结果失真。

四、问卷调查法

问卷调查法是指由公共关系调查者向调查对象提供统一设计的问卷并请其对问卷中的问题作答而搜集所需的公共关系信息资料的公共关系调查方法。

（一）问卷设计原则

问卷调查法是目前公共关系调查中普遍运用的一种方法。问卷法可用邮寄、报刊刊载、个别发送、集体分发等多种方式发送，问卷的回收一般采取有奖的方式来调动被调查者的积极性。问卷的设计是该调查方法成功与否的关键，问卷设计应依据以下原则。

（1）用书面的形式说明调查的目标。

（2）决定样本的大小。

（3）说明调查目的并保证匿名。

（4）尽可能多用封闭式（多项选择）答案，答卷人在勾画答案时要比在开放式（自由回答）问卷中撰写答案容易和省时。

（5）问卷要设计得易读、句子易懂、卷面整洁。

（6）问卷的问题不超过 25 个，否则会降低回收率。

（7）选择若干代表先阅读问卷并提出改进意见。

（8）在问卷末尾留出空白，供答卷人写意见和看法。

（二）问卷设计的注意事项

（1）问题要具体，不要抽象。

（2）问题要单一，不要复合。

（3）用词要通俗、易懂，不要用公众感到陌生的专业术语。

（4）用词要简洁，尽量不要用形容词、副词修饰。

（5）语义要清晰准确，尽可能用量词，尽量不用副词。

（6）要客观中立，不要渗入影响对方回答的观点。

（7）要保护答题者的自尊、自我个性和隐私，不要提侵略性的问题。

（8）问数字要准确，不要交叉。

（9）选择题所列项目要穷尽各种情况，不能穷尽的要加一项"其他"。

（10）要有时间观念，要问近期之事，不要问难以回忆的事。

（11）答卷时间最好不要超过 20 分钟。

（12）要将容易的问题放在前面，比较难答的问题放在后面，尤其是问收入问题时一定要慎重。

（13）设计完问卷要先进行试调查，试调查可大可小，不要贸然发出去，否则一旦出了问题悔之晚矣。

试调查是一个不可忽略的环节，用问卷在几十人的小范围内作试调查。试调查有两大好处：其一，可以找出问卷中存在的问题。其二，可以测试问卷的信度与效度。信度是指问卷的可靠性与一致性；效度是指问卷的有效性和正确性。

（14）要有防伪检测装置，不要一概都相信，应能去伪存真，排除无效问卷。

（15）填答形式越简单越好，不要让被调查者感到烦躁，尽量少用复合式提问。

（三）优缺点

问卷调查法是有结构的、间接的、书面的调查，这就决定了问卷调查法既有许多突出的优点，又有许多明显的缺点。

（1）优点：可以突破时空的限制，对不同地点的众多调查对象同时进行调查；可以节省时间、经费和人力；具有较好的匿名性，有利于搜集真实的信息；可排除人际交往中可能产生的对调查的干扰；所获得的信息资料便于定量处理和分析；可以较好地避免调查者的主观偏差，减少人为误差。

（2）缺点：回收率一般较低；只能获得书面的社会信息；不适于对文化水平低的公众进行调查；由于被调查者填写问卷时调查者一般不在场，因而所获得的信息资料的质量往往难以保证；调查者对问题回答的真实程度和可靠程度也难以做出准确的判断。

（四）分类

通常问卷分为自填问卷和代填问卷。自填问卷是由被调查者自己填写的问卷，代填问卷是由调查员根据被调查者的口头回答来填写的问卷。自填问卷依据发送的方式又可分为邮寄问卷、报刊问卷和发送问卷，特点如下表所示。

自填问卷和代填问卷的特点 表 9-1

	自填问卷			代填问卷
	发送问卷	报刊问卷	邮政问卷	访谈问卷
调研范围	较窄	较广	较广	较窄
调研对象	可控制和选择、对象过于集中	难以控制和选择、代表性差	有一定控制和选择、代表性难以估计	可控制和选择
影响因素	有一定了解、控制和判断	无法了解、控制和判断	难以了解、控制和判断	便于了解、控制
回答质量	较低	较高	较高	不稳定
回复率	较高	很低	较低	高
投入人力	较少	较少	较少	较多
费用	较低	较低	较高	高
时间	较短	较长	较长	长

（五）问题设置

所谓"问题"是向被调查者提出而要求其给予回答的事实、态度、意愿、需要等。

（1）填答式问题，即在有限的空格内填写答案的问题。

（2）封闭式问题，即在事先列出的可供选择的答案中选择答案的问题。

（3）开放式问题，即由被调查者自由回答的问题。

（4）半封闭半开放式问题，即可供选择的答案中选择答案，同时进行简单的自由回答的问题。

（六）答案设置

答案设置是问卷的另一项核心内容，设置科学与否，直接影响调查的效果。答案设置形式如下。

（1）单项选择，即是与非的答案。

（2）多项选择，即问题后面列出多于两项的备选答案，而且备选答案之间必须互相排斥而彼此不包容。

（3）排序选择，即问题的后面列有多种备选答案，而备选答案是有程度或次序等方面的差异，调查对象在选择时依据自身的情况对备选答案排出顺序给出回答。

（4）自由填写，即答案由调查对象根据自己的理解、领会填写。

（七）问卷结构

调查问卷一般包括主题、说明信、指导语、调查内容、结束语五个组成部分。

（1）主题。

（2）说明信。主要作用是引起被调查者的重视和兴趣，争取合作，内容包括：调查的目的和意义、对被调查者的希望和要求、问卷调查的匿名性和保密原则、回复问卷的时间和方式，以及主办调查的组织或个人的身份等。

（3）指导语。主要作用是明确答题方式和要求。

(4) 调查内容。调查的问题。

(5) 结束语。问卷的结束语力求简短，有些问卷也可不设结束语。

（八）调查报告结构

(1) 封面。

(2) 目录。

(3) 调查目的。

(4) 调查时间、地点、范围。

(5) 调查方法。

(6) 调查内容。

(7) 调查数据统计。

(8) 调查数据分析。

(9) 调查结果。

(10) 建议与意见。

(11) 附件。

第二节 公共关系策划

一、公共关系策划步骤

（一）设立领导组或指定负责人

无论是大型公关活动，还是日常小型活动，都应有领导人专门负责。大型活动需要成立专门领导组，从最高决策层，到公关策划人员，乃至其他各部门的相关管理人员。小型活动则要指定专门的负责人，如公关部部长等来负责。

（二）落实专项经费

公共关系活动实施前，必须先将经费问题落实。社会组织在进行实施工作中，对组织的财务状况要有认识，并有通畅的调动资金的渠道。

（三）进行人员培训与安排

要求实施人员统一标准、完全规范地执行任务，要收敛个性化或随意性。要让所有实施人员给目标公众统一的印象，从中体现出组织高度的组织化和纪律性，保证公关活动方案的成功实施。

（四）公关活动的预演和展示

预演对于公共关系活动成功举行十分必要，在预演过程中，既获得了展示活动时的经验，又强化了活动参加者的印象，并能及时对方案中的一些不完善的地方进行调整。

（五）指派专人与新闻媒体联络

新闻媒体是组织重要的目标公众，在公关活动的实施中，媒体的对外宣传发挥着重要的功能，指派专人去联络并安排媒介公众的特殊要求，创造方便全面的报道条件，以使公关活动顺利实施。

（六）准备必要的设施

在进行较大型和重要的公关活动时，设施的安排和配备是不可或缺的，需要的设施主要有会场布置的设备、会议资料、展览的设施、礼物等。

二、公共关系策划内容

公共关系策划方案由确定策划目标、设计策划主题、确定并分析公众、设计活动项目、媒体整合、时空选择、人员分配、预算经费、审定方案九个内容组成。

（一）确定策划目标

每一项公共关系活动必须有具体目标，确定公共关系具体目标是制定公共关系方案的前提。公共关系活动所要解决的问题就是公共关系工作的具体目标。公共关系目标一般分为长期目标（5年以上）、中期目标（3~5年）、短期目标（1~3年）、近期目标（1年以内）；一般目标（面向所有公众）和特殊目标（面向某一类公众）。公共关系方案的目标还应具有可行性和可控性。所谓目标的可行性是指目标能够实现，不能太高也不能太低，经过努力可以达到；所谓可控性是指目标要有一定的弹性，留有余地，以备条件变化时灵活应变。

（二）设计策划主题

公共关系活动主题是对公共关系活动内容的高度概括，对整个公共关系活动起着指导作用。公共关系活动主题的设计应考虑三点：公共关系目标、信息特性和公众心理。

（1）公共关系活动主题必须要与公共关系目标一致，充分表现目标，应该是一句话即点出活动的目的或表现活动的特色。

（2）表现公共关系活动主题的信息，要简明扼要，独特新颖，有鲜明的个性，突出本次活动的特色，表述上也要有新意，词句要能打动人心，并使之具有强烈的感召力。

（3）公共关系活动主题的设计要适应公众心理的需要，主题要形象，既富有激情，又贴切朴素。

（三）确定并分析目标公众

确定目标公众是公共关系方案制订的基本任务。只有确定了目标公众，才能确定如何使用有限的经费和资源，更好地选择媒体和工作技巧。一个成功的公共关系方案必须考虑到互利的要求，必须明确目标公众的权利要求，将其作为方案制订的依据之一。

目标公众权利要求结构表　　　　　　　　　　　　　　　　　　表 9-2

社会组织的目标公众	目标公众对社会组织的期望和要求
员工	受到尊重；合理的工资福利，工作安全；培训和上进的机会；人际关系和谐；参与表达、晋升的机会
股东	参加利润分配；参与股东表决和董事会的选举；优先试用新产品；了解社会组织经营状态，有权检查账目和转让股票；有合同所确定的各种权利
政府	保证各项税收；遵纪守法；承担法律义务；公平竞争；保证安全等
客户	产品的质量保证和适当的寿命；合理的价格，优良的服务态度，认真解决公众的投诉，完善的售后服务；"消费者权力法"规定的各项权力
竞争者	遵守由社会或本行业确定的竞争准则，平等的竞争机会和条件；竞争中使用的手段和现代社会组织风范
社区	向社会提供必要的生产和生活服务及就业机会；保证社区环境和秩序；关心和支持当地政府；支持文化和慈善事业；赞助公益活动，促进社区各项事业的发展
媒体	提供真实的有价值的信息；尊重其职业尊严；保证记者采访的独家新闻不被泄漏，提供采访便利

（四）设计活动项目

设计活动项目是方案的主体部分，其内容是根据公共关系的目标和针对公共关系活动的目标公众设计本次的活动内容。

（五）媒体整合

媒体即公共关系信息传播的载体。要想达到预期的传播效果，公共关系策划者必须知晓各种媒体，了解各种媒体各自的优缺点，并善于通过合理组合，进行优势互补，达到整合性传播效果。各种媒体各有所长，根据公共关系目标、目标公众、传播内容、经济条件进行选择，才能取得较好的效果。

（六）时空选择

公共关系策划需要充分选择运用合理的时间和空间进行。

时机具有不可逆转性，公共关系策划必须抓住机会，迅速果断地采取对策。时机又具有机会的均等性，它公平地赐予每一个社会组织和公共关系活动策划者。选择时机有以下注意事项：

（1）尽量选择能引起目标公众关注，又具有新闻"由头"的时机。

（2）善于利用节日，但又要学会避开节日。

（3）尽量避开国内外重大事件。但国内外大事发生之时，又是组织借势之机，关键看你是否能借题发挥。

（4）重大的公共关系活动不要同时开展两项以上，以免分散人们注意力，削弱或抵消应有的效果。

（5）尽量避开目标公众难以参与的时机。

（6）尽量避开因其他重要新闻而使组织信息上不了媒体的时机。

（7）选择时机时，要考虑当时当地的民情风俗。

公共关系策划，对于空间场景的利用也非常必要。一方面应尽可能地考虑如何充分利用环境的有利条件，另一方面是尽量去选择方便实施公共关系活动的场所。

（1）空间大小：空间大小以活动参与者与活动所需物资的多少大小为转移。场地无穷大既浪费也无美感，会使活动气氛显得冷清；过小则显得拥挤、混乱，易造成事故。

（2）空间位置：活动空间的地理位置很重要，选择位置要与活动内容相吻合，大型活动还要考虑与机场、港口、车站的距离。

（3）空间环境：主要指公共关系活动场地设置的建筑环境、交通环境、生态环境等。

（4）空间条件：主要指组织活动场所应当具有的基本设施和基本条件，如通讯设施、医疗急救条件等。

（5）备用空间：主要指为防止各种因素或条件的偶然变化，对空间作一些应急和临时性变动的考虑所预留的空间。

（6）空间审美：主要指公共关系活动地点场所给人的感官审美印象。包括建筑的造型、布局和结构、环境装潢、实物摆设、商品柜台设计、展品陈列以及活动宣传现场广告的张贴与悬挂等。

（七）人员分配

公共关系策划是靠人去实施和完成的，对人员分配的策划，一般要考虑以下几个步骤：

（1）人员挑选。根据组织公共关系活动规模的大小、内容的繁简、层次的高低、经费的多少等因素，挑选活动实施的人员。

(2) 人员培训。对于选出的人员进行策划目的、宗旨、方法技巧、应急措施等方面的培训。

(3) 人员分工。根据过去的表现和经验分配到各个岗位，尽量能做到人尽其才，既能发挥特长，又能完成任务。

（八）预算经费

经费预算既是公共关系策划的"目标"，也是对实施经费开支的控制。公共关系活动的经费开支主要包括四大内容：

(1) 日常行政经费。如房租、水电费、电话费、办公室文具用品费、保险费、报刊订阅费、交通费、差旅费、交际费、其他通信费、资料购置费和复制费等。

(2) 器材设施费。如购置、租借或维修各种视听器材、通信器材、摄影（像）器材、交通工具、工艺美术器材费，制作各种纪念品、印刷品、音像制品和各种传播行为所需的实物及用品费。

(3) 劳务报酬费。组织内部公共关系人员的薪金或工资、奖金及其他各种福利费、组织外聘专家顾问的工时报酬等。

(4) 具体公共关系活动项目开支费。包括宣传广告费、调查活动费、人员培训费、场地租用费、各种名目的赞助费以及办公、布展、接待参观的费用。

同时，公共关系策划人员还应考虑活动的不可预见费用（一般占总费用的3%～10%），以应对突发事件。

（九）审定方案

公共关系活动策划是创造性的劳动，方案未必尽善尽美，也不可能全部被采用，因此必须进行方案优化，即方案审定。

方案优化过程，就是提高方案合理值的过程，其目的是增强方案的目的性，增加方案的可行性，降低消耗。公共关系方案经过论证后，必须形成报告书，每一项具体的公共关系计划都必须见诸文字。其报告内容为：综合分析的介绍、公共关系活动的计划和方案的论证报告。最后，公共关系的方案经组织决策层审核批准，然后付诸实施。

三、公共关系策划创造性思维方法

公共关系策划的创造性思维决定了公共关系活动的整体成功。如何策划出一个富有创意的公共关系方案，既取决于策划者广博的知识面及良好的公共关系专业素质，又取决于策划者良好的创造性思维素质。创造性思维主要是指超常思维，以已有的、来源于实践的科学知识、经验、逻辑为基础，同时不受其束缚，超越思维摆脱传统思维思路，酝酿和实现奇谋异略的一种思维活动。

（一）逆向思维

逆向思维，又称反向思维，是直线性单向思维的一种，与其相对的单向思维是顺向思维。通过逆向思维，从新的角度、以新的眼光去看待同一问题，往往会有新的发现、新的收获。逆向思维可以打破思维常规，突破定势，因而是一种创造性的思维方式。

（二）多路思维

多路思维，又称多向思维，是指围绕目标进行方案选优，不同于直线性单向思维的思维方法。公共关系策划中运用多路思维，可以帮助公共关系策划人员开阔视野和思路，从多种角度考虑问题，进行创意，形成更好的活动策划方案。

（三）形象思维

形象思维，又称艺术思维，是不脱离直观形象和表象而进行的思维活动。这种思维主要采用典型化的方式进行概括，并利用图形、图表、实物等形象材料来帮助思维。形象思维通过想象的作用，可以产生非凡的创造力，因此想象力丰富的人，创造力就强。

（四）直觉思维

直觉思维是一种不受理性思维的逻辑过程约束，能够直接领悟事物本质的特殊思维方式。直觉思维的创造作用主要体现在两方面：一是科学的发现、发明艺术创造的先导；二是作为应急决策的重要工具。但是它是一种对事物的笼统认识，缺乏论证力量。

（五）群体思维

群体思维是指建筑在公共关系策划者个体思维基础上的有关群体的思维能力和思维方式。它是一种通过思维主体群体的群力弥补个体思维的缺陷，用系统科学的观点看待群体，发挥整体创造效应的创造性思维方式。公共关系人员在策划公共关系活动时，可以利用群体思维形式，发挥群体创造性。

四、公共关系策划活动类型

（一）建设型公共关系

建设型公共关系是指在新产品、新服务首次推出时为打开局面而采用的公关工作模式。其目标是提高认知度并塑造良好的"第一印象"。其工作重点是宣传和交际，使公众对新组织、新产品、新服务有所认识，引起公众兴趣。建设型公共关系的主要形式有：开业（周年）庆典、开业广告、新产品展销、新服务介绍、免费试用、免费接待参观、开业折价酬宾、赠送宣传品、主动参加社区活动等。

（二）维系型公共关系

当社会组织处于稳定发展时期，公关人员要通过多种活动维持组织在公众心目中的良好形象，始终坚持有利于提高组织认知度和信誉度的日常公关活动。它具体分为三种：

（1）硬维系。指维系目的明确、主客双方都能理解意图的维系活动。这种模式适用于已经建立了购买或业务关系往来的组织和个人，特点是靠优惠措施和感情联络来维系与公众的关系。

（2）软维系。指那些活动目的虽然明确，但表现形式却比较超脱的公关活动，它的目的是让公众不至于淡忘了组织。其具体做法有定期广告、组织报道、提供组织的新闻画片等。保持一定的媒介曝光率，使公众在不知不觉中了解组织的情况，加深对组织的印象。

（3）强化维系。指在组织有了一定形象时，为进一步巩固和发展既有形象、消除潜在危机而开展的公关活动。

（三）防御型公共关系

当社会组织出现潜在的公关危机时，要及时调整政策，改变社会组织的行为，以适应环境，防患于未然。其特点是以预防为主，与引导相结合，积极发现问题、预见问题，及早制定出防治措施。防御型公共关系主要形式有：开展公关调查和公众意见征询、组织的经营政策及行为的自我审查和自我评判、制度措施的修改与完善等。

（四）矫正型公共关系

当社会组织形象受到损害、组织公共关系严重失调时，所采用的一种公关活动模式。其特点是及时发现问题、纠正错误、改善不良形象。这种模式最大的特点就是"主动"，具体内容包括创新、合作、转移、利用机会主动出击。

（五）进攻型公共关系

当社会组织与环境发生正面冲突时，公关人员要以积极主动的姿态创造良好环境而采用的一种公关活动模式。这种模式最大的特点就是"主动"，这种模式的具体内容包括创新、合作、转移、利用机会主动出击。

（六）社会型公共关系

以开展具有公益性的社会活动为特点，通过精心设计专门活动，融洽组织与公众的关系，扩大组织的社会影响和信誉，赢得公众的支持，树立良好的社会形象的公关活动模式。它的特点是以社会公益性形式出现，主要有三点要求：一是富有公益性；二是注意长远利益和量力而行；三是注重文化性。常见形式有：赞助社会文艺和体育事业、赞助社会各种福利、慈善事业等。

（七）征询型公共关系

是一种通过公关调查，了解公众意向，搜集信息，以提供信息服务为主参与决策的公关活动模式。征询型公关活动模式可采用的形式很多，可口可乐公司正是以开展民意测验，访问重要用户，建立信访制度，设立监督电话，处理举报和投诉，进行组织发展环境的预测等征询型公关活动而获得公众认可，取得市场竞争主动权的。

（八）宣传型公共关系

通过传播媒介向外宣传，造成有利于社会组织发展的舆论环境的公关活动模式。传播方式广泛，既可以自办报刊、广播、印发宣传资料，也可以利用电视台、电台、报纸、杂志大众传播媒介发布新闻和广告等。其特点是主导性强、实效性强、传播面广、推广组织形象效果好。

（九）服务型公共关系

以提供优质服务为主要手段的公关活动模式，目的是以实际行动来获取公众的了解和好评，建立自己良好的形象。服务型公关活动模式最显著的特征在于实际行动，运用服务型公共关系，既要有服务公众的意识，还要有制度保证。

（十）交际型公共关系

通过公关活动促进社会组织与公众之间直接的人际交往，达到双向沟通目的的公关活动模式。其方式包括开团体交际和个人交往。团体交际包括招待会、座谈会、工作午餐会、宴会、茶话会、慰问、舞会等。个人交往有交谈、拜访、祝贺、个人署名的信件往来等。交际型公关活动是公关活动中应用最多，较为有效的公关模式。它具有直接、灵活的特征，可以捕捉到有价值的信息，是一种获得信息的有效途径。

五、公共关系策划方案

（一）封面

策划方案的封面不必考虑其设计的精美，但文字书写及排列应大小协调、布局合理，纸张要略比正文厚些。封面内容一般包括：题目、策划者单位或个人名称、策划文案完成日期、编号、保密程度、稿件类型（讨论稿、征求意见稿、修订稿、实施稿、执行稿）等。

（二）序文

并非所有策划方案都需加序，除非方案内容较多较复杂，才有必要以简洁的文字作为一个引导或提举。

（三）目录

目录是标题的细化和明确化，要做到让读者通过看标题和目录后，便知道整个方案的概貌。

（四）正文

正文主要内容包括：

(1) 活动背景分析。

(2) 活动主题。

(3) 活动宗旨与目标。

(4) 基本活动程序。

(5) 传播与沟通方案。

(6) 经费概算。

(7) 效果预测。

（五）附件

附件通常包括：

(1) 活动筹备工作日程推进表。

(2) 有关人员职责分配表。

(3) 经费开支明细预算表。

(4) 活动所需物品一览表。

(5) 场地使用安排表。

(6) 相关资料。如调查报告、新闻文稿范本、演讲词草稿、相关法规文件、平面广告设计草图、电视片脚本、纪念品设计图等。

(7) 注意事项。如完成活动需事前促成的其他条件、活动实施指挥者应当拥有的临时特殊权限、需决策者出面对各部门的协调、遇到特殊情况时的应变措施等。

第三节 公共关系实施

一、公共关系实施准备

（一）公共关系实施人员培训

在公共关系方案实施之前，对实施人员进行一定培训是必要的。培训的主要内容是实施工作制度教育和操作方法学习等。公共关系方案实施工作制度教育，既要进行各种规定的说明，还要对特殊规定、容易违反的规定进行重点说明与强调，同时灌输组织文化与理念，提高实施人员的思想与道德素质，增强抵御腐蚀的能力。操作方法的学习可以通过讲解、讨论、答辩、模拟训练来促使实施人员正确掌握。

（二）公共关系实施主体障碍调查

公共关系实施主体障碍调查是指在公共关系计划实施前，对来自公共关系实施主体的可能影响和阻碍实施行为的因素所进行的调查。

(1) 公共关系实施人员障碍调查。针对公共关系计划实施人员的工作责任感、积极性、职业道德素质、工作能力、身体健康状况、实施人员之间关系等进行调查。排除来自于实施人员的障碍，选择优秀的实施人员并进行严格培训，建立一套有效的激励机制和约束机制。

（2）公共关系策划的目标障碍调查。针对目标明确性、目标合理性、目标现实性、公众和社会利益均衡性、目标之间矛盾性等进行调查。公共关系目标策划时，要征求多方意见，达成共识目标，并对目标进行可行性论证和不可行性论证，切实确立明确、合理、现实的公共关系目标。

（3）公共关系策划的创意障碍调查。针对公众心理需要和行为规律、策划的传播力和吸引力、策略的可操作性、实施风险控制等进行的调查。减少创意障碍，提高公共关系策略的质量，关键在于提高策划素质，充分利用组织内外策划专家，集思广益，应用创造技法。

（4）公共关系策划的预算障碍调查。针对经费预算问题的调查。进行活动经费预算必须了解开支标准，反复测算，并留有充分余地。

（三）公共关系实施沟通障碍调查

公共关系实施沟通障碍调查是指在公共关系计划实施前，对来自公共关系实施客体的各种可能影响和阻碍实施行为的因素所进行的调查。

（1）语言障碍。公共关系传播只有借助语言才能表达情感，交流思想，协调关系。常见的公共关系语言沟通障碍有：语种差异、语音混淆、语气不当、语意误解、语法不通、用词不妥、文字差错等。

（2）观念障碍。观念是在一定条件下人们接受、信奉并用以指导自己行动的理论和观点。影响公共关系实施沟通的观念障碍有：保守观念、封建观念、落后观念、自私观念、无知观念、拜金主义、极端观念、片面观念、眼前观念等。

（3）习俗障碍。习俗世代相传，是经过长期重复出现而约定俗成的习惯。虽然习俗不具备法律的强制力，但通过家族、邻里、亲朋和舆论监督，往往迫使人们入乡随俗。常见的公共关系实施习俗障碍主要表现为违反道德、礼仪、习惯、传统、风俗等。

（4）心理障碍。心理障碍是指人的认识、情感、态度等心理因素对沟通过程的影响。按心理作用范围划分，主要有消费心理、交际心理、政治心理、工作心理、家庭心理、文化心理等。按心理产生原因划分，主要有性别心理、年龄心理、职业心理、专业心理、经济收入心理、地域心理、血型心理、民族心理、宗教心理、情感心理、籍贯心理、学历心理、职务心理等。

（5）组织障碍。合理的组织结构能够有效地进行内外沟通。公共关系实施过程中的组织障碍主要表现为：信息传递层次过多造成信息失真、机构沟通缓慢、多头领导造成信息不统一、沟通渠道单一造成信息量不足、对信息的不信任等。

（四）公共关系实施环境障碍调查

公共关系实施环境障碍调查是指在公共关系计划实施前，对来自公共关系实施环境的各种可能影响和阻碍实施行为的因素所进行的调查。

（1）政治环境障碍。

（2）经济环境障碍。

（3）科技环境障碍。

（4）社会文化环境障碍。

(5) 国际环境障碍。

(6) 自然环境障碍。

(7) 竞争环境障碍。

(五) 公共关系实施试验

公共关系策划正式实施前,将实施方案在一个典型的、较小的公众范围进行试验性的实施,目的是验证各项工作内容及操作方法是否可行。通过试验,针对实施障碍因素和既定实施方案的不足,进行修改、调整、完善。公共关系实施试验需要注意以下问题:

(1) 选择典型的目标公众和实施环境进行试验。

(2) 以发现障碍因素、调整方案为实施试验的重点。

(3) 建立试验培训的考核评价机制。

(4) 经过试验,做出实事求是的分析论证。

二、公共关系实施阶段

(一) 公共关系实施的筹备阶段

(1) 确定负责推行该项专题活动的机构和专职人员。

(2) 负责各项专门任务的专职人员要制定出筹备具体工作的详细计划。

(3) 公关活动实施的具体时间和地点应在活动实施前30天确定,并向有关方面通报,以便参加者有所准备。如有特殊情况要变更,应及时通知并致歉。

(4) 活动请柬应于公关活动实施前亲自送到或邮寄至客人手中。对重要客人除呈送请柬外,还应在公关活动实施前两天,面请或电请一次,落实接送的详细地址和时间。

(5) 编写、设计和印制宣传材料。

(6) 按照公关主题的要求布置现场。

(7) 公关活动主持人做好充分准备。

(8) 活动实施前检查好活动场所照明和音响设备。

(9) 制造社会舆论,引起社会各界对公关活动的关注。

(10) 如有必要应事先通报供电局、自来水公司、公安局、交通运输等部门,以保证活动如期正常进行。

(11) 召开全体筹备工作人员会议,进一步检查、落实各项准备工作,并提出现场工作要求。

(二) 公共关系实施现场阶段

(1) 设置总指挥一人,所有现场人员都应服从总指挥的统一领导,总指挥助理协助总指挥工作。

(2) 总指挥及全体现场工作人员应在公关活动开始前1小时进入现场;并在半小时前全部准备完毕。

(3) 设签到处、备有签到簿和笔,在客人签到后,发放宣传或礼品袋。

(4) 主持人宣布活动开始后,应按活动的内容和顺序进行。如发生意外,主持人首先应保持镇定,并根据情况采取紧急措施。

(5) 由专人负责摄影、摄像、录音等。

(6) 准备好新闻稿,争取媒体的支持和播放。

(7) 活动结束时,不要匆忙收尾,如有宴请要保证准时开餐,保持良好的气氛。

三、公共关系实施传播内容的确定

社会组织向公众传递信息的内容应根据组织不同时期的特点和目标来确定。

（一）初创时期信息传播的内容

初创时期社会组织信息传播的主要内容应该是介绍组织的投资建设状况，组织的性质、规模、设想及风格等。在信息传播的过程中，明确组织的公共关系活动主题，使公众对组织的产品、服务乃至社会组织自身产生信任感。

（二）发展时期信息传播的内容

发展时期社会组织信息传播的主要内容应该是维护组织已经形成的良好信誉和形象；经常向公众介绍组织的生产经营方针、政策、特色等；将新产品研制与开发的状况，产品价格的波动情况，商标、厂牌的命名等，及时告知公众，使公众进一步了解组织。

（三）风险时期信息传播的内容

风险时期社会组织信息传播的主要内容应该是组织生产与经营产品和服务的特色。通过信息传播，让公众对组织及其产品和服务有一个深刻的了解，认识其优点，使其被更多的公众所接纳。

（四）低谷时期信息传播的内容

低谷时期社会组织信息传播的主要内容应该是向公众说明组织步入低谷的原因。如果原因在组织外部，应该澄清事实，想办法改变处境。如果原因在组织内部，应采取补救措施，诚心诚意地求得公众的理解与帮助。

第四节　公共关系评估

公共关系评估是公共关系工作的重要环节。公共关系工作评估，可以衡量经费预算、人力、物力的配备与开展公共关系活动之间的平衡性，衡量公共关系活动的效益。

一、公共关系评估的作用

在公共关系活动流程中，公共关系评估在公共关系活动的准备阶段、实施阶段及影响效果的分析阶段均发挥着重要的作用。

（一）公共关系评估是展示效果、衡量效益的重要方式

公共关系工作实施的效果表现为一个复杂的局面，既涉及公众利益的满足，也涉及公众利益的调整。一项公共关系计划实施之后，可以使组织管理者、内部员工看到开展公共关系工作的明显效果从而增强公共关系意识，认识公共关系对社会组织形象树立发展的重要作用，使组织高层管理者更加重视公共关系工作，同时也提高公共关系人员的工作信心。

（二）公共关系评估是开展后续公共关系工作的必要前提

为进一步开展公共关系活动提供依据，公共关系评估是公共关系工作的最后一个步骤，又与新的公共关系活动的开拓首尾相连，所以也是新的公共关系活动的调查与分析阶段。

（三）公共关系评估可以为社会组织管理提供决策参考

通过公共关系评估，可以评价开展公共关系工作前后的社会组织形象状况，评估出社会组织形象各因素（如员工素质、产品质量、服务方针等）与期望值的差距，为社会组织

经营管理决策提供参考。

二、公共关系评估的步骤

(1) 设立统一的评估目标。

统一的评估目标是进行检验公共关系工作的参照物，有了参照物才能通过比较来检验公共关系计划与实施的结果。

(2) 选择公共关系评估的人员。

(3) 取得社会组织最高管理者的认可并将评估过程纳入公共关系计划之中。

评估不是公共关系计划的附属品或计划实施后的事后思考和补救措施，而是整个公共关系计划的重要组成部分。

(4) 在公共关系部门内部取得对评估研究意见的一致。

(5) 从可观察与测量的角度将目标具体化、明确化、准确化。

(6) 选择适度的评估标准。

(7) 分解评估标准。

(8) 确定搜集证据的最佳途径。方法的选择取决于评估的目的、提问的方式以及前面已经确定的评估标准。

(9) 收集原始记录。

(10) 保持完整的计划事实记录。

(11) 得出评估结论，形成评估报告。

(12) 评估结果的使用。通过评估结果的运用，问题的确定和形势的分析将会更加符合社会组织发展的要求。

(13) 将评估结果向领导汇报。可以保证社会组织管理者及时掌握情况，有利于工作的协调。可以进一步发挥公共关系活动在实现社会组织目标过程中的重要作用。

三、公共关系专项公共关系活动效果评估内容

(1) 项目的计划是否合适？

(2) 项目的目标与公共关系总体目标是否一致？项目的目标是否已经实现？

(3) 项目所要求的信息沟通范围是否与目标公众的范围一致？

(4) 在项目活动过程中是否产生了预料之外的影响？影响方向如何？影响范围多大？

(5) 项目所有的支出是否在预算之内？若超支，原因如何？

(6) 通过这项活动，组织的公共关系形象会发生哪些变化？知名度与信誉度是否有所提高？

(7) 项目活动出现了哪些预想不到的问题？哪些工作做得不妥？

(8) 对于存在的问题和发生的不利于组织的事件，应采取何措施给予补救？如何预防下次活动发生类似问题？

(9) 本次活动对组织总体发展目标起到了什么作用？

(10) 这次活动为下次同类活动公共关系目标的设计提供了哪些有价值的资料和可供参考的依据？

四、公共关系评估报告的内容与格式

(一) 公共关系评估报告的内容

(1) 评估的目的及依据。即为什么要进行公共关系评估，通过评估解决什么问题，以

及评估所依据的文件等。

（2）评估的范围。为了突出重点，缩短篇幅，利于评估结果的运用，报告书必须明确公共关系评估的范围。

（3）评估的标准和方法。在报告中，应说明评估的标准或具有可测量的具体化的目标体系，以及评估过程所采用的方法。比如直接观察法、专家评价法等。

（4）评估过程。简要说明评估过程是怎样进行的，分哪些阶段。

（5）评估对象的基本情况。在公共关系评估报告中，必须明确评估对象本身的情况，即活动或项目名称、开展时间、实施的基本情况与特点等。

（6）内容评估、分析与结论。在评估报告中写明被评估的公共关系活动、工作或项目的内容，对运行与执行情况以及效果、效益进行分析，进而得出客观、公正的结论。

（7）存在的问题及建议。评估人根据掌握的实际材料、相关情况，有针对性地提出问题，并提出有利于解决问题的建设性意见。

（8）附件。附件主要包括附表、附图、附文三部分。

（9）评估人员名单。评估负责人；参加评估人员的姓名、职业、职务、职称等。有时为了利于咨询，评估人还需要把电话、通讯地址也写明。

（10）评估时间。由于公共关系活动处于动态的状态下，不同时间评估所得出的结论会不同。因此，评估报告必须写明评估时间或评估工作开展的阶段。

（二）公共关系评估报告的格式

（1）封面。封面内容包括项目的题目、评估时间、评估人以及保密程度、报告编号。

（2）评估成员。反映哪些人参加了评估工作，负责人是谁。

（3）目录。方便阅读报告的人搜索。

（4）前言。反映评估任务或工作的来源、根据，评估的方法、过程以及其他特别需要说明的问题。

（5）正文。正文是评估报告书最重要最主要的部分，也是评估报告书的主体。它包括评估的原则、方法、范围、分析、结论、存在的问题、建议等。

（6）附件。附件是对正文内容的详细说明和补充，是正文的证明材料。

（7）后记。主要说明一些相关的问题。如报告传播的范围，致谢参加人员及相关单位等。

五、公共关系评估的方法

公共关系活动总是处于一定的社会环境之中的，它所产生的影响，可能是公关活动本身引起的，也可能是受到其他社会因素的作用。公共关系活动的效果应通过各种方法进行评估。

（一）直接观察法

直接观察法就是根据直接观察所得出的印象，对公共关系工作效果做出评价判断。直接观察法指组织的高层管理者、公共关系人员、社会组织邀请的专业人士，直接进入公共关系活动和一般社会环境来观察活动的情况和效果。这种方法简单易行，费用低廉，但是缺乏精确的量化分析，个人主观感情成分较多。

（二）公众评价法

公众评价法是由公共关系活动的参与者通过亲身感受，对公关活动给予评价的方法。

这种方法在公共关系评估中应用较为普遍,即采用问卷或提问的方法征求公众的意见、态度、倾向来对公关活动的效果进行分析评价。

(三)组织评价法

组织评价法是由实施公关活动的人员对计划和实施的进展情况进行评估的方法。这种评估能够及时、充分地利用实施过程中的实际情况,对该活动的影响效果进行判断。由于实施人员为社会组织内部公众,因此有可能无法公正客观地对活动进行评价。

(四)专家评价法

专家评价法是由公共关系方面的专家来审定公共关系计划、观察活动实施、调查活动对象,综合各方面意见对公关活动进行评价,鉴定公共关系活动成就的方法。社会组织将拟定好的评价项目、评价标准和活动背景资料送至专家手中,请专家就所掌握的资料,提出评估结果、列出评估依据,综合汇总后,形成评价结论。

【练习与思考】

1. 简述公共关系工作程序?
2. 简述公共关系调查程序?
3. 简述公共关系活动策划步骤?
4. 公共关系策划活动类型有哪些?
5. 公共关系评估的方法有哪些?

第十章 客户服务中的公关传播沟通

【知识要求】

通过本章的学习，了解客户服务中的公共关系传播沟通，充分了解掌握公关传播的模式和媒介，同时建立企业识别系统的意识。

【技能要求】

通过本章的学习，要求学生运用客户服务中的公共关系传播沟通基本原理，实现物业管理的有效传播。

第一节 传播与公关传播

一、传播与公关传播

传播是一种社会性的信息传递行为，即个人与个人之间、集体与集体之间或个人与集体之间交换、传播信息、共享信息的过程。传播学，即研究人类社会各种信息传播现象和传播规律的科学。传播学 20 世纪 40 年代末诞生于西方，70 年代末传入中国。物业服务企业要想在公众中树立良好的组织形象，提高自己的知名度和信誉度，必须重视并善于利用大众传播媒介，使其成为物业公关的主要手段之一。

（一）传播的基本类型

(1) 个体传播。又称"个体内向交流"、"自身传播"，它是人类一切传播的基础，指个体受到外界信息刺激后，信源与信宿为一体的信息交流方式。如个人的自言自语、自问自答、自我发泄、自我陶醉、自我斗争和沉思默想等。

(2) 人际传播。人际传播是指个体与个体之间直接的信息交流方式。人际传播有两种形式：一种是面对面的无媒介的沟通交流，另一种是通过媒介的非面对面的沟通交流。这种传播有其优点：双方参与性强且交流充分、传播符号多、信息反馈及时、信息真实、容易达成共识，是人类常见的信息交流方式。但也有缺点：传播范围小，速度慢。如通过电话、电报、传真 E—mail（电子邮件）、书信等媒介进行的非面对面传播。

(3) 组织传播。其主体为组织的社会组织与公众之间的信息交流方式。它是疏通组织内外沟通渠道、密切组织内外关系的重要方式。组织传播的方式一般有：下行传播、上行传播、平行传播。下行传播是自上而下的沟通形式，是上级领导将政策、命令等传达给下级。上行传播是自下而上的沟通形式，是下层员工向上级领导反映情况、汇报工作和提出建议的正常渠道。平行传播是同级之间的沟通形式，是组织内外的同级机构或同级人员之间的横向沟通。社会组织传播的手段是全方位的，视其性质和规模的大小，利用各种手段和媒介进行传播，也就是公共关系的传播。

(4) 大众传播。通过大众传播媒介将信息传播给公众的信息交流方式。随着科学的进步与发展，大众传播媒介现代化程度逐渐提高，大众传播的覆盖面与影响力也在逐渐扩大。大众传播具有以下特点：有组织化的传播机构；有组织化的专业人员制作传播内容；运用大众传播媒介；对象是广大而不确定的大众；密集、大量地传递信息。

（二）公关传播的基本类型

公关传播是为了在社会组织与公众之间建立良好的沟通，树立良好的形象而进行的一种信息交流方式。

（1）直接传播。直接传播是传播者不借助任何媒介直接向公众传递信息的传播方式。直接传播是应用最经常、最普遍且最富有成效的传播方式。它具有传递信息速度快、信息不易走样、传递内容不受限制和反馈及时等优点。如面对面的群体传播、人际传播都采用这一方式。

（2）间接传播。间接传播是传播者通过媒介发送信息的传播方式。它可以大量复制、强化信息，是组织塑造形象、控制舆论、促销的重要手段，但它容易使信息中断和失真，而且反馈慢。

（3）循环传播。循环传播是传播者把信息传递给受传者，受传者又把这一信息反馈给传播者，传播者对信息修正后再行往复的传播方式。特点是传授者角色互换，强调反馈，有利于强化、完整的传播信息。

（4）螺旋形传播。螺旋形传播是信息的传播经过一个传播循环后，不再回到它原来的起点，而是向更高层次发展的一种传播方式。特点是能产生新的发现，形成新的见解，开始新的信息交流。

（5）多级传播。多级传播是信息的传播要经过几个层次，才能达到受传者那里。这种多层次的传播很容易使信息走样，甚至传到最后受众那里的信息内容已面目全非了。

二、传播的模式

（一）哈罗德·拉斯韦尔的 5W 传播模式

美国著名的传播学者哈罗德·拉斯韦尔提出了 5W 模式，即谁传播（Who）、传播什么（Say What）、通过什么渠道（Through Which Channel）、向谁传播（To Whom）、传播的效果怎样（With What Effect）。5W 传播模式忽略了"反馈"，其走向是单向的，如图 10-1 所示。

（二）香农—韦弗模式

信息论的奠基人香农与其合作者韦弗提出了"传播的数学理论"。这是一个单向的直线运动过程，提出了"噪声"的概念，客观地反映了在传播中因受干扰而引起信息失真的情况。其缺陷是没有信息反馈，忽略了社会环境因素对传播的制约，忽略了受传者的主动性与能动性，如图 10-2 所示。

（三）施拉姆传播模式

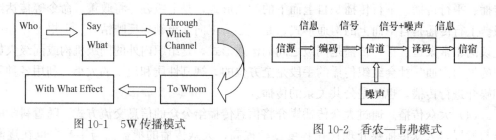

图 10-1　5W 传播模式　　　　　图 10-2　香农—韦弗模式

美国大众传播学权威施拉姆提出"反馈传播"模式,引入了反馈机制。该模式是一种双向循环式运动过程,如图10-3所示。

(四)拉扎斯菲尔的两极传播

图10-3 施拉姆模式

两极传播模式是由美国著名的社会学家保罗·拉扎斯菲尔提出的,是针对传播效果专门研究而提出的理论。信息的传递是按照"媒介—意见领袖—公众"这种两极传播模式进行的。在传播活动中,信息传播者大多通过大众传播媒介与公众沟通,但是千万必要忽略那些卓有成效地以人际传播和组织传播方式所达到的传播效果,千万不可忽略"意见领袖"的作用。

(五)克拉帕的"3S"理论

公众选择"3S"理论是美国学者约瑟夫·克拉帕提出的,它主要强调认知主体的内部心理过程,并把公众看作信息加工主体。克拉帕将公众在接触媒介和接受信息时的自我选择过程概括为:选择性注意(Selective Attention)、选择性理解(Selective Perception)、选择性记忆(Selective Retention),简称为"3S"理论。选择性注意是指公众总是愿意注意那些与自身观念一致的,或自身关心的信息,回避那些与自身固有观念有差异的信息。选择性理解是指不同的公众对同一信息做出不同意见的解释与理解。选择性记忆是指公众总是容易记住自身愿意记住的事情,这是一种选择性的记忆取舍。

三、传播媒介

(一)印刷媒介

印刷媒介指将文字、图片等书面语言、符号印刷在纸张上进行信息传播的传播媒介。印刷媒介的容量较大,可对信息做较详尽、深入的报道。它易于保留、查找,便于选择阅读。它的价格比较便宜,读者可以通过一次性购买或预购获得它们。但由于此类媒介的最终完成形式是印刷品,需要经过排版、印刷、递送(发售)等一系列操作过程,使得它们到达读者手中所需的时间较长,且每期之间有一定的间隔时间,因而时效性较差。另外印刷媒介要求受者具有相当的文化水平,加之人迹罕至之处难以定期送达,因此相当的社会人口不能成为它的受者。

1. 报纸

报纸也称为新闻纸,种类繁多,发行量大。有全国性报纸、地方性报纸、综合性报纸、专业性报纸,也有机关报、非机关报等。

报纸的优点:信息容量大;报导深入、细致,能给读者留下较深刻印象;读者的选择余地大;便于保存,便于检索;新闻性最强;制作较为容易、成本比较低;一般发行数量不受限制。

报纸的缺点:读者数量受到一定条件的制约,如文盲不会看报;传递新闻不如广播、电视迅速和及时;与电视等媒介相比,不够生动形象,感染力较差。

2. 杂志

杂志的优点:种类繁多,发行量大,读者范围广;报导的内容深入细致;带有学术和史料价值;印制一般比较精良。

杂志的缺点:出版周期较长,有周刊、月刊、双月刊、季刊等;其宣传与电视相比,较为呆板;要求读者应具有一定的文化水平和理解力,而专业性杂志还要求具有一定的专业知识和专门爱好。

(二) 广播

广播是以声音作为传播符号进行信息传播的传播媒介。广播节目的制作播出较为简便、快捷，因而在新闻报道中，它是最迅速的世界性传播媒介。它很容易与电话等其他媒介连接，与听者双向交流。广播的频道多、容量大，它的语言节目可以对新闻、社会热门话题做系统、翔实的报道与深入的讨论；它的音乐、音响节目又具有纪实性、生动性与感染力。广播诉诸听觉的单通道传播可使受者注意力集中，并同时有较大的想象空间。广播的接收机已实现了小型化，人们可随身携带，随时收听。

广播的优点：广播传播迅速，覆盖面广；以语言和音响作为传播的主要手段，视听面广；传播方式十分灵活，只占时间，不占空间；无论是筹建成本还是使用人力都比报纸和电视低廉，最易推广，而且收音机是最普通的传播媒介，易于购置。

广播的缺点：传播信息，稍纵即逝，缺少记录性；有效利用的电波频道有限，不能像使用印刷机那样无限量增加；只通过音响传播，没有图像，不能展现图片和形象。

(三) 电视

电视是使用各类视听符号进行信息传播的传播媒介。它视听兼备，音像并茂，具有最强的写实性与表现力，是为各类公众喜爱的媒介，因而它对社会生活的影响力也非常之大。在能使用各类新闻媒介的受众中，每日接触时间最长的是电视。电视新闻具有最强的形象表现力，它真实、生动，可以速报，也可以深入分析新闻事件。电视的娱乐功能在媒介中最强，目前电视与卫星结合，成为超越地域、国界的媒介，作用大大提高。有线电视迅速发展，弥补了无线电视数量有限的缺点，为电视发展开拓了广阔的空间。但是电视制作播出的设备、技术都较为复杂，这在一定程度上影响了新闻报道的速度；它的符号与接收的特点也影响了它的深度；它的节目制作费用较高，节目的多少与一国一地的经济状况有密切关系。电视接收虽然没有文化的限制，但由于接收机价格较贵，而且需要电力保证，因而对贫困地区、家庭经济拮据的公众来说，有接收障碍。

电视的优点：既有音响，又有图像，诉诸人的听觉和视觉，能给观众以真实和亲切的感觉，留下深刻印象；以电波为媒体，传播速度快，在时间上具有播放的同时性，在空间上具有同位性，普及面特别广。

电视的缺点：传播稍纵即逝，没有记录性，不便查找，信息不易保留；播放的时间和内容都是既定的，观众的选择余地小；从制作到播放，耗时、费资，不能迅速将信息变为节目，影响收看的范围和普及的速度。

(四) 手机

手机媒介被称作"第五媒体"，中国有 3.34 亿移动用户，全国城镇地区 18～60 岁的手机用户中近 40% 的人收发过各类短信息。"拇指经济"的风靡还造就了一批新兴的"短信写手"职业人。

(1) 语音信箱。语音信箱是一种新型的通信工具，它将语音信息处理成数字信号后输入计算机存储器，客户通过电话随时随地在计算机存储器即"信箱"中存、取语音信息。它将使电话永不占线，保证了与客户间的信息交流。

(2) 呼叫转移。呼叫转移可以将所有呼叫该手机的电话自动转移到临时指定的话机上，即使用户无法接听来电，也不会将重要信息或来电漏掉。

(3) 多方通话。实现多方共同通话或分别与两方通话，就像一个小型会议，在时间和空间上都不受限制。

(4) 短信息。消息的长度为每页 82 个字节，并且最多能发送 20 页之多的信息。

(5) 视频会议。可以利用无线网络随时参与单位举行的重大会议，感觉就像在现场一样，一切问题都可以通过无线网络来解决。

（五）网络

网络属于新兴电子媒介，堪称最有前途的媒介。网络通常都是指 Internet（互联网），但从计算机技术角度来看，网络的概念远远超出了互联网。

(1) 互联网提供的服务有 Telnet（远程登录系统）、FTP（文件传送）、E—mail（电子邮件）、信息检索、BBS（电子公告板系统）、聊天、Usenet（网络新闻）、即时传呼等。

(2) 网络上的形象塑造首先通过虚拟主机上网申请域名，域名是互联网世界各主机和网站的唯一标志，是组织的无形资产。中国企业可以注册的域名可以分为国际域名和国内域名。然后建立组织网站，网站是组织的门面，一旦建立，全世界都可以访问它。同时精心设计网上的组织形象识别系统（internet corporate identity system，简称 ICIS），从网页开始，全面展示组织形象，将与公众有关、公众关心的内容放上去，并及时更新，充分发挥互联网的交互式沟通功能，通过论坛、聊天、调研、招标、拍卖等实现交互优势。最后做好各种新软件的应用、内容更新、反馈信息管理、客户的日常联系等日常维护。

（六）其他

(1) 有声语言

恰当的语言表达对于公关工作来说是十分重要的。人类大脑是语言与神经网络共生演化的结果，它对语言的敏感程度大大超过了对任何其他可记忆事件的敏感程度。有声语言的有效运用包括遣词造句的应用准确、得体，表达的明晰，恰当的语音语调与适当的态度、感情。公关工作要运用语言进行谈心、接待、谈判、演说、采访、致辞等。公关从业人员应谈吐文雅，具有较强的口头表达能力与应对能力。

(2) 书面语言

书面语言是口头语言的凝练与提高。公关工作要拟写大量的文稿，如新闻稿、决议、提要、书信、电文、通知、简报、消息、简讯等。公关人员应有较深厚的文字功底，文字表达文体格式正确，选词准确，语句流畅、严谨，篇章结构恰当，表达明确无误等，要能又好又快地拟写文稿。

(3) 体语

体语是人整个身体的形象、状态，包括表情、手势、姿态、空间距离等各项内容。体语给公众留下的印象超过语言，因此应当给予相当的重视，应学会应用它来传达信息，并会观察对方的体语信息，以提高沟通的成功率。

(4) 图片、图像

图片、图像材料要在展览、会议、招贴、宣传栏、印刷品、徽章、广告等处使用，使用量大，质量要求高。图片、图像材料主要有照片（幻灯片）、图画、图表、示意图、徽标、录像片等。它是另一种语言，有构图、色彩、角度、形态、形象象征性等构成因素。公关人员应懂得图片、图像材料制作的原则及一些操作方法，并使制作出来的图片、图像材料具有较高水平的审美效果和较深的内涵寓意。

(5) 实物

实物媒介主要指凝聚着组织信息的各类实在物体。这些物体包括产品、礼品、组织办公和营业场所的各类物品摆放以及组织的建筑等。实物媒介最实在地表现组织信誉、风格、文化、追求等内容。

公关传播媒介是构成传播活动的元素，一般不单独出现，而是几个元素并存，共同构成一项活动，给公众留下一个立体、综合的印象。

第二节 如何有效利用传播媒介

一、公共关系广告

公共关系广告又称"形象塑造广告"，它通过购买大众媒介或公众传播机会，传播产品之外的各种与公众有关的组织信息来扩大组织的影响，提高组织在公众中的声誉，以期树立良好的组织形象。公共关系广告是一种特殊形态的广告，与一般的商业广告相比，具有不同的传播特征。

公关广告与商业广告的传播特征　　　　　　　　表 10-1

比较项目 广告类型	广告行为	广告性质	广告内容	制作周期	费用	认识路线
公关广告	长期	公关内容	组织信誉	长	高	公众-组织-产品
商业广告	短期	促销	产品特色	短	低	公众-产品-组织

尽管公共关系广告和商业广告的最终目的都是促进产品销售，但商业广告推销的是商品，公共关系广告推销的是组织形象。要公众"买我"还是要公众"爱我"是商业广告与公共关系广告的本质区别。

(一) 制作并推出公关广告

(1) 综合介绍型广告。

(2) 为企业开展的重大活动设计的广告。

(3) 为企业所添服务机构和服务项目而设计的广告。

(4) 节日期间公众祝贺性广告。

(5) 企业被误解时需申明真情的声明式广告。

(6) 兄弟企业开业或获奖时表示祝贺的礼仪式广告。

(7) 在本企业获得大奖后向公众通报式广告。

(二) 公关广告的种类

(1) 形象广告。以提高社会组织的知名度和树立形象为目的的广告形式。

(2) 响应广告。对政府活动或社会活动表示响应的广告形式。

(3) 公益广告。为社会提供无偿服务，义务进行宣传教育的广告形式。

(4) 赞助广告。出资赞助具有社会轰动效应的各类活动的广告形式。

(5) 倡议广告。以社会组织名义率先发起某种社会活动，或提供某种有社会价值的新意识的广告形式。

(6) 致歉广告。向公众道歉以便排除误解的广告形式。

二、新闻制造

(一) 新闻制造的重要作用

(1) 树立社会组织形象。社会组织的形象不是靠几句简单的口号宣传就可以树立起来的，而是要靠系统的公关活动逐渐在公众心目中形成。在一定程度上，社会组织形象也是靠制造有价值的新闻而树立起来的。

(2) 建立良好的社区关系。社区是社会组织赖以生存的社会环境，创造良好的社区关系是社会组织生存、发展和繁荣的基础。

(3) 帮助新产品（服务）打开市场。公众常常会由于对市场上的商品不了解而不知所措。同时，社会组织也都使出浑身解数向公众推销自己的产品（服务）。在这种情况之下，要想把自己的新产品（服务）打入市场，公关人员的新闻制造尤为重要。

(4) 有助于扩大社会组织的影响。新闻制造把机会与宣传巧妙地结合在一起，无疑就会产生最佳的传播效益。

(二) 新闻制造的注意事项

(1) 必须有重要的新闻"事件"。只有在新闻记者认为社会组织提供的信息是他们不能轻易获得的时候，他们才对这些信息感兴趣。

(2) 新闻"事件"地点最好选择在有利于新闻记者报道的地方。

(3) 做好必要的准备工作。如安排好记者的工作场所，最好有分隔开的工作间；对于新闻出版界记者进行的不同采访，如果条件允许的话，可以分别进行；要为记者安排充足的座位，有很好的视觉和听觉环境；要在请柬中注明是否提供交通工具。

(4) 在确定参加者时，要全面衡量各个媒介。

(5) 发送请柬可以根据时间采取不同的方式。

(6) 掌握好时间。除了紧急情况的现场采访外，一般情况下，一天中最好的安排采访的时间是上午10：00和下午3：00，每个星期的二、三、四是一周中最好的时间。

(7) 需要准备的相关材料。如新闻主题的背景资料和照片、供电视摄像用的可见资料、适当的有纪念意义的小礼品、新闻资料袋等。

(8) 注意收尾工作。如寄送有关资料给收到邀请而不能前来参加的新闻记者。

(9) 制造新闻时要考虑是否与组织的公关目标相符合，是否体现了公关活动的计划性和目标性，以利于公关目标的实现。

(三) 社会组织可作为新闻材料提供给新闻界的活动形式

(1) 大型典礼、开幕仪式或纪念活动。

(2) 新业务项目的推出，新产品的问世。

(3) 各项经济指标的突破性进展。

(4) 重大政策的颁布和实施。

(5) 服务措施的重大改观。

(6) 员工学习、娱乐、保健及有意义的福利活动。

(7) 体现社会责任感的活动。

第三节　与传播媒介的维系技巧

一、有效沟通

（一）传播与沟通的技巧

（1）信息传播内容要正确。信息是客观事物所固有的反应特性，是客观事物相互联系、相互作用的一种形式。信息的内容总是客观的，这种客观的信息是组织借助传播与沟通实现其目的的前提条件，信息的客观性是传播和沟通的最基本的要求。因此，在传播和沟通过程中，信息内容要尊重客观事实，如实反映事物的本来面目。同时还要准确了解公众，为不同的公众准确地提供其所需要的信息，提高信息的保真度。这样，传播和沟通才能达到预期的目的，才能长久地为宣传组织形象服务。

（2）信息传播要及时。信息是动态的，它是事物实现普遍联系的运动中介，它广泛地存在着。要使这些运动着的信息为组织服务，传播和沟通信息就必须及时。现代社会处于知识更新、周期缩短、信息瞬变、节奏飞快的时代，当社会组织遇到组织形象不佳的时候，公共关系的传播和沟通就应根据具体的原因，及时诚恳地向公众解释道歉，争取公众的谅解，从而及时澄清事实真相，改变舆论宣传，以重新求得公众的理解和信任，及时恢复组织的声誉。总之，及时地进行传播和沟通，才能保证信息的利用价值，保证传播和沟通的实际效果。

（3）信息沟通要有效。信息总是与特定的事物对象相关联的，它总是依附于一定的实体，而且信息与信息之间也总是相互联系的。组织向公众传播和沟通信息时，要具体分析组织所面对的千变万化的公众，根据不同公众所需的信息内容和侧重点，对信息进行加工和整理，有选择、有针对地进行传播和沟通，提高信息的有效度。

（4）信息沟通方式要新颖。所谓新颖，就是信息要有新内容，传播和沟通要有新方式。在高度发达的现代社会里，新颖的信息传播沟通方式可以更好地满足公众的需要，增强传播和沟通的实际效果。作为公共关系从业人员，必须把握新颖的传播与沟通技巧和方式，使传播和沟通能充分地为公共关系服务。

（二）与媒体的有效沟通

（1）不可使用"无可奉告"进行回答，要有礼貌而诚实地对待媒体，如果不能回答请明确为什么。

（2）找到最合适的媒体联络人，如主编、制片人。作为一般规律，不要带着新闻报道的要求去接触新闻播音员或节目主持人。

（3）及时更新媒体名录。

（4）与媒介联络的方法：电话、新闻稿、访谈、新闻发布会、媒体邀请、读者来信、致函编辑等。

（5）不要忽视专栏记者，许多媒体拥有商业、政治、教育、环保、娱乐等方面的专栏作家。

（6）有效激起媒体的兴趣。

（三）影响有效沟通的因素

（1）信息的真实性与信息量的大小。对公众来讲，虚假的内容丝毫不能引起他们的兴趣，更谈不上关注。同时，好的消息如果信息量不足，公众也会放弃对它的关注。因而适量传播与公众利益有关的内容是影响传播效果的首要一点。

(2) 传播者的方式与态度。在传播过程中公共关系从业人员一定要谦虚、尊重别人，要"投公众之所好"，设身处地地为公众考虑，从公众的角度讲话，这样才能取得好的效果。

(3) 传播内容的制作技巧与传播渠道的畅通。前者多指文章的写作、节目的编排是否易于被公众接受，后者是指传播过程是否顺畅。印刷质量差、版面不清、有错别字、图像模糊、时间安排不好等，都是传播渠道不畅的表现。

二、如何写好新闻稿

(一) 了解撰写新闻稿的素材

社会组织要把自己的信息通过新闻报道传播出去，首先就必须了解哪些信息可以作为新闻报道的素材。按照新闻学原理，具有以下特点的素材具有新闻价值。

(1) 重要性。对国家政治、经济活动或社会生活产生一定影响的重大事件。

(2) 普遍性和时效性。能够引起公众的注意，特别是新近发生的事件更能吸引公众的兴趣和关注。

(3) 新奇性。企业或组织的成就、经验和发明具有价值，人物和事态重要以及事情本身具有趣味性和人情味等。

(二) 掌握新闻写作技巧及注意事项

(1) 新闻报道应当采用"开门见山"的手法。按照标准的体裁，新闻稿的开头都应该有一段导言，要把事情的要点和重点提纲挈领的交代出来，让公众一眼看上去就引起注意。

(2) 要掌握一般新闻稿的基本要素。即何时、何地、何人、何故、何事和如何做，要将事情的前因后果、经历过程交代清楚。

(3) 要注意写新闻稿的一些基本原则。实事求是、结构严谨、牵涉的数据要准确无误。

(4) 注意一些细节问题。如撰写新闻稿时，行与行之间应留有一定的空间，以便编辑做删改补充；新闻稿纸应该印有所代表机构的名称、地址、电话号码、联系人姓名等，以便于联络；文风应简洁而优美，正确使用缩写词等。

(5) 新闻稿能否被新闻机构采用，关键在于新闻稿本身是否具有新闻价值。

三、正确处理与媒介的关系

1. 摆正与传播媒介人员关系的位置
2. 熟悉传播媒介的组织机构和办事程序
3. 满足传播媒介人员的工作需要
4. 与传播媒介的人员广交朋友
5. 随时注意及时妥善解决双方矛盾

第四节 企业形象识别系统

20世纪末，日趋激烈的商业竞争弥漫了世界，日趋高超的商业竞争手段成为社会组织刻意寻求的法宝。CIS（企业识别系统）战略便是在这种情况下应运而生并得以广泛应用的一种公关战略，也是社会组织为了适应社会化大生产的需要而创立的一种新的方法。

一、企业识别系统

（一）企业识别系统的构成

现代社会组织可以通过实施 CIS 战略来设计良好的组织形象。CIS 是英语 Corporate Identity System 的缩写，通常译为"企业识别系统"。它是当今国际上盛行的一种组织形象设计方法，适用于一切类型的组织。它将组织的理念、行为、视觉形象等统一化、标准化、系统化，并通过有效的传播，使之成为公众辨别与评价组织的依据。CIS 包括理念识别系统（Mind Identity System，简称 MIS）、行为识别系统（Behavior Identity System，简称 BIs）、视觉识别系统（Visual Identity System，简称 VIS）三个子系统。

（1）理念识别系统。社会组织的生存，其实就是一种理念的维系。完整的社会组织形象识别系统的建立，依赖于组织经营管理理念的确定，它是企业文化在意识形态领域中的再现，主要表现为企业生产经营的战略、宗旨和精神等，是 CIS 的灵魂和原动力，属于思想、文化层面。理念识别系统主要包括四项基本内容：组织使命、经营哲学、组织精神和行为准则。组织使命指组织在开展各种活动时应承担的社会责任。经营哲学指组织在开展各种经营活动时所持的观念。组织精神是组织长期以来文化的积淀和现实主题意识的体现，包括共同的价值观、理想信念、道德和态度。行为准则不同于岗位准则，它是上至领导下至员工，任何一个人，任何一个岗位都必须遵守的行为理念。社会组织可以通过它由内向外扩散企业精神和经营思想，启动认识识别的目标，使之成为塑造企业形象的源泉。

（2）行为识别系统。行为识别系统是社会组织理念的动态识别形式，是在组织理念指导下逐渐培育出来的组织行为和员工操作行为的统一，它是以企业精神和经营思想为内涵动力，显现出企业内部的管理方法、组织建设、教育培训、公共关系、经营制度等方面的创新活动，最后达到塑造企业良好形象的目的。行为识别系统包括对内和对外两个部分。对内识别系统包括：组织管理、教育培训、作业制度、福利制度、研究开发等。对外识别系统包括：市场调查、公众关系网络的建立、对外传播、对外公益活动等。

（3）视觉识别系统。视觉识别系统是社会组织理念的静态识别系统，是运用系统的、统一的视觉符号向公众传递各种组织信息的系统。它最具传播力、感染力并且是接触面最为广泛的。视觉识别系统包括基础要素和应用要素两大类，基础要素包括：组织名称、品牌名称、组织标志、产品商标、组织品牌专用字体（中英文）、组织全名称标准字体（中英文）、组织造型（吉祥物）、组织标准色彩和组织象征图案等。应用要素包括：办公事务及接待用品、产品包装、广告传播、建筑环境、运输系统、服务制式、展示陈列等。据调查统计，人类接受外界信息时，视觉器官接受的信息占全部信息的 83%，因此在设计组织形象的过程中，通过对视觉识别系统各要素的有效设计和有机结合，可将组织的独特形象迅速地传递给公众，从而形成公众对组织的认知和评价，树立良好的组织形象。

CIS 是三个子系统的有机统一。理念识别系统是 CIS 的灵魂，支配和作用于其他两个系统；行为识别系统是其动态的表现，要求组织的实际行动要服务和服从于理念识别系统；视觉识别系统是其静态的表现，它能将组织识别的基本精神迅速传递，给公众留下深刻印象。

（二）企业识别系统的具体内容

（1）理念识别。经营信条、精神标语、座右铭、组织性格、经营策略等。

（2）行为识别。对内：员工教育（服务态度、接待水平、作业精神、工作技巧）、生产福利、工作环境、生产设备、废弃物处理、研究发展等。对外：市场调查、产品开发、公共关系、促销活动、流通对策、公益活动、文化活动等。

（3）视觉识别。基本要求：组织名称、品牌标志、标准字体、标准色、组织造型、徽记图案、市场行销报告等。应用要素：商标、事务用品、办公用品及设备、招牌、旗帜、标识、建筑外貌、橱窗、衣着服饰、交通工具、包装、展示陈列、广告宣传等。

二、企业识别系统导入

（一）企业识别系统设计的步骤

（1）组织形象调查。

（2）组织经营战略定位。确定组织经营现状、组织近期与长期经营目标、组织主导产品的生命周期、组织公共关系策略、影响企业经济效益的五大要素，即社会因素、经济因素、技术因素、管理因素和企业素质。

（3）设计行为一体化的标志。对内：企业精神、企业方针。对外：广告式的一句话行动纲领，设计行为守则。

（4）组织标识系统设计构思与方案设计。确定总体识别标志、应用要素及服饰类因素、设计环境因素、辅助系列诸因素。

（5）方案审核及方案决策。方案审核重点为：基本要素（企业名称、符号标识、商标、基本色）、物品（展示物、标识物、服饰）、环境标识系统、非直观要素（职工行为、作风，工作态度，工作质量及效率）、方案特色、方案的可行性。

（6）编制CIS设计手册。内容为产品分析、形象定位、组织身份、传播审查、标识系统、组织实施与管理、反馈监督体系。

（二）企业识别系统的导入程序

（1）准备计划。以组织最高管理层为中心的CIS筹备委员会，先研究CIS计划，慎重讨论企业必须推行CIS的理由，了解CIS推行的意义和目的。筹备委员会的会长由组织的董事长兼任或由董事长委托代理人选。

（2）现状分析。现状分析包括企业内部环境分析和企业外部环境分析。对于企业内部环境的分析，必须进行意识调查，以面谈的形式进行企业形象调查、视觉识别审查，找出企业目前的问题。企业外界环境的分析，是指对现代社会的分析、对当前市场的分析和对竞争对手形象的分析。

（3）理念和事业领域的确定。根据组织现状，以组织的经营意志和社会、市场背景为基础，预测若干年后的情况，以确定组织的事业领域。同时，将现存的理念与未来相比对，据此构筑企业的活动方向。

（4）整合结构。在CIS专业公司或外部顾问的协助下，设定组织内的体制及信息传递系统，从而形成新的组织结构。

（5）综合行为识别、视觉识别。组织整体行动统一化，工作可细分为基本设计要素的开发、应用设计系统的开发。

（三）CIS 导入的契机大致可以归纳为如下几点

（1）新公司设立、合并成企业集团。

（2）配合国内或国际重大活动。如生产体育用品的商家，利用大型运动会召开的时机。

（3）创业周年。

（4）进军海外市场，迈向国际化经营。

（5）新产品的开发与上市。

（6）企业扩大营业内容，朝着多元化发展。

（7）企业改变经营战略。

（8）提升品牌与企业的共同性或品牌升格为企业商标。

（9）经营存在危机。

（10）企业形象落后。

（11）企业实态与企业形象不吻合。

（12）经营理念需要重整与再建立。

（13）企业情报系统薄弱。

（14）设计非系统化、管理非系统化。

（四）组织形象设计作业流程。

（1）组织形象设计计划的开始与确认。

（2）组织形象设计委员会等的设置。

（3）系统分析。

（4）搜集内部意见。

（5）组织形象设计方针的确认和决定。

（6）实地考察。

（7）调查体系的策划。

（8）调查设计、调查对象、调查方法的决定。

（9）选定调查机构。

（10）调查准备。

（11）实际调查。

（12）调查结果的统计分析。

（13）信息媒体调查。

（14）视觉审查。

（15）访问负责人。

（16）解析调查分析结果。

（17）制作总概念报告书。

（18）总概念的发表。

（19）组织理念体系的构筑。

（20）组织识别系统的再构筑。

（21）变更组织名称。

（22）制定组织形象设计开发计划书。

(23) 设计人员的挑选和签订合同。
(24) 设计人员确定方针。
(25) 介绍设计基本形态。
(26) 设计测试。
(27) 法律上的核定。
(28) 决定设计的基本形态及精细化。
(29) 制定组织标语的措施。
(30) 基本设计要素及系统的提案。
(31) 制作基本设计手册。
(32) 对外发表计划。
(33) 组织内部的信息传达计划。
(34) 应用的适用计划。
(35) 应用设计开发。
(36) 编辑应用设计手册。
(37) 新设计的应用展开。
(38) 策划制作组织内部使用的用具。
(39) 对内推广。
(40) 对外推广。
(41) 组织形象相关计划的推广。
(42) 组织形象管理系统的实施。

【练习与思考】
1. 公共关系传播的模式有哪些？
2. 传播媒介的比较。
3. 新闻制造的注意事项有哪些？
4. 如何正确处理与媒介的关系？
5. 简述企业识别系统设计的步骤。

第十一章 客户服务中的公关专题活动

【知识要求】

通过本章的学习，了解客户服务中的公共关系的专题活动，掌握联谊活动、庆典活动、赞助活动、新闻发布会、开放参观、展览会、举办会议、危机管理等应注意的问题。

【技能要求】

通过本章的学习，要求学生运用客户服务中的公关专题活动基本原理，进行物业管理的专项活动的组织与处理。

公共关系专题活动是社会组织为了实现公共关系目标，围绕一定的主题而开展的特殊公共关系活动。通过各种专题活动多方面展示的积累，公共关系的巨大效果才能显现出来。常见的公共关系专题活动包括联谊活动、庆典活动、赞助活动、新闻发布会、开放参观、展览会、举办会议、危机管理等。

第一节 联谊活动

联谊活动是指社会组织为了达到员工之间、社会组织与公众之间联络感情、增进友谊的目的而组织的活动。

一、联谊活动的形式

联谊活动从低到高有感情型、信息型和合作型三个层次。

(1) 感情型，即以联络感情为主要内容。主要形式为互致信函，互赠礼品，出席庆祝活动等。这类联谊活动能初步建立良好形象，为以后的联系奠定良好的感情基础。

(2) 信息型，即以互相沟通信息为主要内容。其形式为对双方掌握的有关信息进行交流。这类联谊活动能使联谊各方建立合作伙伴关系，并互相获益。

(3) 合作型，即以经济合作为主要内容。这类联谊活动是一种高层次的联谊活动，是联谊活动结果的最终体现。

二、联谊活动的组织策划

(1) 选择适合的联谊方式。

(2) 明确联谊目的、提出活动预算。

(3) 根据场地、交通、气象、设备等条件，确定活动的时间、地点。

(4) 确定邀请对象，发出请柬。

(5) 安排活动程序，并印制成节目单。

(6) 布置活动场地，并安排专人负责接待。

(7) 进行活动评估。

三、联谊活动的原则

（1）真诚互利原则。联谊活动的组织策划不能损人利己，应使社会组织与公众双方利益得以实现。

（2）整体效益原则。联谊活动应在有限的时间、空间等条件下，在组织和社会多方面取得收益。

联谊活动以加深感情，促进信息沟通和感情的交流为目标，在活动中应注意效益问题，努力以较少的投入争取尽可能大的效益。

第二节 庆典活动

庆典活动是社会组织根据自身及所处社会环境中有关的重大事件、纪念日、节日等所举办的技巧性要求很高的公共关系专题活动。庆典活动是现代企业或组织公关策划中重要的工作方式之一。这种活动多由企业的高层管理者亲自主持，公关策划部门具体承办，组织各有关部门共同参与，邀请相关公众参加，是一种内、外公关作用兼具的公关专题活动。

一、庆典活动的程序操作

（1）主持人宣布典礼开始。

（2）宣读重要来宾名单。

（3）剪彩或授奖、签字等。

（4）致辞。

（5）余兴节目。

（6）参观。

（7）通过座谈或留言的形式广泛征求意见。

（8）典礼、仪式完毕，可根据情况安排宴请。

二、庆典活动的类型

庆典活动形式是多种多样的，常见的庆典有开业庆典、周年典礼、落成典礼、签字仪式典礼等。由于举办庆典活动可以向社会宣传组织的存在与发展，为组织创造良好的形象，因此，许多组织都非常重视这一活动。物业服务企业在项目开始运行时，都会举行庆典活动。

除了上述各类活动之外，企业或组织还可以利用社会上相关部门开展的活动，如戒烟日、植树日、爱鸟周、儿童年、和平年、质量品质效益年以及本系统内部设立的有关活动节日，如消费日、优质服务日等，有针对地开展一些纪念活动，加强与公众的联系，提高企业或组织的知名度和美誉度。

三、庆典活动注意事项

庆典活动的形式不复杂，但要办得热烈隆重、丰富多彩，给人留下强烈而又深刻的印象并不是容易的事。这就要求活动的组织人员既要有热情的举止，又要有冷静的头脑；既要善于鼓动，又要指挥有序。庆典活动要有计划性、艺术性，善于制造新闻。为了达到预期的目的，需要注意一些问题。

1. 确定庆典活动的主题

每次纪念庆典活动都有其确定的名目，这便是举办庆典活动的缘由和目的。根据主题进行项目和形式的选择，而且其活动形式要选择多种方案。

精心拟定出席庆典仪式的人员名单。物业服务企业邀请的宾客应包括业主、邻近社区负责人、知名人士、社团代表、同行业代表、新闻记者以及员工代表等。

2. 按照宾客名单写出请柬

请柬要写清庆典仪式的时间、地点、采用的方式等。应提早一周寄出，以便被邀请者安排时间按时出席，重要宾客应主动联系确认收到请柬。

3. 确定主持人与致辞人员

庆典活动需要能驾驭大型隆重活动场面的富有经验的专业主持人来组织，主持人是现场及进程的核心，也是调节情趣、应变的中心。因此，主持人要了解全部活动，应事先对全部活动有足够的准备。致辞人员需要事先准备好内容，致辞要热情洋溢，言简意赅。

4. 拟定程序和接待事宜

庆典活动的程序依据具体形式要求来确定，活动的程序最好能事先印制好，以便在宾客到来时分发。在举行庆典活动前，应事先确定签到、接待、剪彩、放烟花、摄影、录像、扩音等有关服务人员，这些人员要在庆典前各就各位。

第三节 赞 助 活 动

赞助活动是社会组织无偿提供资金或物质支持某一项社会事业或社会活动，以获得一定形象传播效益的公共关系专题活动。赞助活动是物业服务企业尽社会义务的具体形式之一，同时也可获得形象传播的收益。

一、赞助活动的作用

社会组织开展赞助活动不仅要对自身内部的利益负责，而且还应对广大公众承担更重要的社会责任。社会组织承担的社会义务，表现为除了向社会提供其产品和服务，参加各种法定的活动外，还可以通过赞助和组织一些有益于公众的活动来体现。赞助活动注重社会效益，注重组织的长远目标。社会组织的每一项赞助活动都可以反映出组织的不同特点和公众的需要。

（1）赞助活动能增强宣传的说服力和影响力，从而扩大社会组织的影响。

（2）赞助活动有益于开拓新市场。

（3）赞助活动是一种有效的建立业务联系和发展公共事业的手段。

（4）赞助活动有利于协调内部和外部公众之间的关系。

（5）赞助是一种创造公众对社会组织支持和友好态度的手段。

（6）以此证明组织的经济实力，赢得公众的信任，谋求公众的好感，从而增进组织与公众的感情沟通。

二、赞助活动的基本类型

1. 赞助慈善和福利事业

这是社会组织与社区、政府搞好关系，扩大组织社会影响的重要途径，是组织对整个社会承担义务和责任的重要手段，也是组织在社会获得知名度、美誉度的重要方面。如捐赠或资助慈善机构，在一些地区或单位遭受灾难时提供资助等。

2. 赞助体育运动

这是社会组织赞助活动中最常见的一种形式。随着人民生活水平和体育运动水平的提高，人们对体育运动越来越感兴趣。因此，社会组织通过对体育运动的赞助，往往能增强对公众影响的深度和广度。

3. 赞助文化生活

社会组织进行文化生活方面的赞助，不仅可以培养与公众的良好感情，而且可以大大提高组织的知名度，创造良好的社会效益。这类赞助有两种形式：一种是对文化活动的赞助，如大型联欢晚会、文艺演出的赞助；另一种是对文化事业的赞助，即定期的或不定期的对某个文化艺术团体的赞助，通过这个文化艺术团的活动，扩大组织在社会上的影响和知名度。

4. 赞助教育事业

社会组织赞助教育事业，是一举两得的事情，一方面为组织与有关院校建立良好关系打下了基础，有利于组织的人才招聘与培训；另一方面，更为组织树立起关心教育事业的可敬形象。赞助方式可以是赞助学校建图书馆、实验楼，设置奖学金、助学金和其他有关教育方面的奖金或奖励。对组织而言，这既是一项智力投资，又是一项公关投资，应当给予充分的重视。

5. 赞助学术理论研究活动

这是一种高层次的，直接追求组织的社会效益和长远影响的赞助活动。各种学术理论研究活动，有的是直接服务于整个社会的，如医学方面的研究、经济和改革理论的研讨，有的是某些社会生产技术的发展战略研究，组织可以自己设立机构，也可以长期支持某些学术研究机构的研究活动。

6. 赞助各种展览和竞赛活动

7. 赞助建立某一职业奖励基金

总之，组织进行赞助的形式很多，公关人员应善于设计出有创意的赞助活动，使组织获得最佳的信誉投资。

三、赞助活动的主要步骤

1. 赞助分析决策

赞助研究是组织要开展赞助活动非常重要的步骤。赞助活动进行前应从社会组织经营活动出发分析组织公共关系目标，确定赞助目的，组成专门赞助委员会负责赞助事宜，进行成本与效益分析，并考虑以下问题保证社会和组织都能获益。

（1）赞助活动的社会效益。提供赞助时，应优先考虑社会效益，如社会的救灾活动，对残疾人的福利赞助、希望工程的赞助等。

（2）考虑社会效益的同时，也要考虑组织的经济效益，使两者有机地结合在一起。

（3）在选择赞助项目时，要优先考虑与社会组织相关的项目。

（4）考虑社会组织的财政状况。

（5）对于不合理、不现实的赞助请求，要敢于回绝。

2. 制定赞助计划

对赞助的目的、对象、形式、费用预算以及具体实施方案等应有所计划，做到有的放矢。赞助计划的内容应该具体、翔实，以便赞助负责人能够控制赞助范围。

(1) 明确目标。在制定赞助活动计划时，必须首先确定通过赞助活动企业或组织要达到的合理目标。其次，还要提出合乎逻辑的实现目标的具体步骤。

(2) 选准项目。赞助活动计划不应千篇一律，应根据不同项目分别进行策划。重点应该放在一些可鉴别的特别项目或者特殊事件上，其目的在于增强社会组织的可信度，积极争取公众的认可。

(3) 保证管理。组织高层管理者积极参与是建立赞助计划信誉的重要因素。公关人员应该注意在目标公众中树立本企业的形象。赞助并不是简单的廉价交易，而是社会组织与非盈利性受益方在利益上的相互补偿。

(4) 确定规模。适度的规模赞助是社会组织在受益公众中建立美誉度的重要因素之一。赞助活动应该尽量避免那些公众很难感觉到的，不成规模的无效赞助。

(5) 保持连续。要使目标公众在头脑里建立起对赞助组织的良好印象，这需要一定的时间。因此，赞助活动贵在坚持，要保持相对的稳定性，逐步树立起社会组织的形象。

(6) 突出价值。赞助活动的社会意义应与纯粹的产品广告宣传有所区别。赞助活动应该着重体现社会意义，尽可能地减少商业化的痕迹。

3. 实施赞助方案

在实施过程中，活动组织人员要充分利用有效的技巧，尽可能扩大赞助活动的社会影响；应积极采用广告和新闻传播等手段辅助赞助活动，提高活动的效益；同时应注意公关人员的形象与组织形象一体化，以谋求公众的好感和信任，争取赞助的成功。

4. 检测活动效果

赞助活动结束后，组织应该对照计划，测定实际效果。检测过程包括调查、收集各个方面对此次赞助的看法、评论，看是否达到预定目的，还有哪些差距，原因是什么，并把这些写成评估报告，归档储存，为以后的赞助活动提供参考。

四、赞助活动的注意事项

1. 社会效益第一
2. 赞助合理合法
3. 考虑经济实力

第四节 新闻发布会

新闻发布会，是社会组织为公布重大新闻或解释重要方针政策而邀请新闻记者参加的一种公共关系专题活动。它是组织与新闻界建立和保持联系的一种较正规的形式。任何社会组织如政府、企业、社会团体都可以举行新闻发布会。如美国在白宫设立的新闻办公室和发言人。

由社会组织举办的新闻发布会，一般由组织负责人或公关部负责人直接向新闻界发布有关本组织的重要信息，然后通过新闻界把消息传递给公众。新闻发布会是组织用来广泛宣传信息最好的工具之一。

一、新闻发布会的特点

新闻发布会是组织将信息通过记者所属的大众传播媒介告知公众。一般具有以下特点：

（1）以新闻发布会发布消息，其形式比较正规、隆重、规格较高，易于引起社会广泛的关注。

（2）在新闻发布会上，记者可根据自己感兴趣的方面进行提问，以更好地发掘消息，充分地采访本组织，同时使组织更深入地了解新闻界。在这种形式下的双向沟通，无论在深度上还是广度上都较其他形式更为优越。

（3）新闻发布会往往占有记者和组织者较多的时间，经费支出也较多，因此，成本较高。

（4）新闻发布会对于组织的发言人和会议主持人要求很高，如发言人和主持人需要具有灵活的应变能力，善于应对，反应迅速等。

二、新闻发布会的准备

1. 确定举行新闻发布会的必要性

根据新闻发布会的特点，在举行之前必须对所要发布的信息是否重要、是否具有广泛传播的新闻价值，以及新闻发布的紧迫性与最佳时机进行分析和研究。在确认召开的必要性和可行性后，才可决定召开新闻发布会。一般的说，社会组织举行新闻发布会的原因，有以下几方面：出现紧急情况，如爆炸、起火事件等；对社会产生重大影响的新政策的提出；企业的新技术、新产品的开发和投产；组织对社会做出重大贡献或善事；推出影响社会的新措施；企业的开张、关闭、合并转产；组织的重大庆典等。

2. 确定邀请范围

邀请的范围应视问题涉及的范围或事件发生的情况而定。如事件在某城市发生，一般就请当地的新闻记者到会。邀请的记者应该有较大的覆盖面，既要有报纸、杂志方面的记者，也要有广播、电视方面的记者；既要有文字方面的记者，也要有摄影方面的记者。

3. 资料准备

新闻发布会需用的资料主要有两个方面：一是会上发言人的发言提纲和报道提纲。提纲应在会前根据会议主题，组织熟悉情况的人成立专门的小组负责起草。其内容要求全面、准确、简明扼要、主题突出。发言人的发言提纲和报道提纲的内容在组织内部通报，统一口径，以免引起记者猜疑。二是有关的辅助材料。辅助材料的准备，应围绕会议主题，尽量做到全面、详细、具体和形象。它可以包括发给与会者的文字资料，布置于会场内外的图片、实物、模型，也包括将在会议进行中播放的音像资料等。

4. 选择恰当时间和地点

新闻发布会的日期，应尽量避开节假日和有重大社会活动的日子，以免记者不能参加，影响效果。

在地点的选择上，主要要考虑给记者创造各种方便采访的条件。例如，是否具备录像、拍摄的辅助灯光、视听辅助工具、幻灯、电影的播放设备等；会场的对外通信联络条件如何，交通是否便利；会场是否安全舒适，不受干扰；会场内的桌椅设置方便记者们提问和记录等。

5. 确定主持人和发言人

由于记者的职业要求和习惯，他们常常在会上提一些尖锐深刻甚至很棘手的问题，这就对主持人和发言人提出很高的要求。要求主持人思维敏捷，有较高的文化修养和专业水平。会议的主持人一般可由具有较高公关专业能力的人来担任。会议的发言人应由组织的高层管理者来担任，因为高层管理者清楚组织的整体情况，掌握组织的方针、政策和计划，回答问题具有权威性。

6. 组织记者参观的准备

在新闻发布会的前后，可以配合会议主题组织记者进行参观活动，给记者创造实地采访、摄影、录像的机会，增加记者对会议主题的感性认识。

7. 小型宴请的安排

为了使新闻发布会收到最大的实效，可以安排小型宴会或工作餐。这也是一种相互沟通的机会，可以利用这种场合融洽与新闻界的关系，及时收集反馈信息，进一步联络感情。

三、新闻发布会的注意事项

（1）会议发言人和主持人应相互配合。新闻发布会在进行过程中，应始终围绕会议主题进行。这就需要会议的发言人和主持人配合一致，相互呼应。如当记者的提问离开主题太远时，主持人要能巧妙地将话题引向主题，发言人通过回答问题能将话题引回会议的主题。

（2）对于不愿发表和透露的内容，应委婉地向记者做出解释。记者一般会尊重东道主的意见，不可以用"我不清楚"或"这是保密的问题"来简单处理。

（3）遇到回答不了的问题时，应告诉记者如何去获得圆满答案的途径，不可不计后果随意说"无可奉告"或"没什么好解释的"，这会引起记者的不满和反感。

（4）不要随便打断或阻止记者的发言和提问。即使记者带有很强的偏见或进行挑衅性发言，也不要激动和失态，说话应有涵养，切不可拍案而起，针锋相对地进行反驳。

四、新闻发布会的程序

新闻发布会程序要安排得详细、紧凑，避免出现冷场和混乱局面，一般来说，应包括以下程序：

（1）签到。在会议接待人员的引导下，与会人员用预先准备好的笔在签到簿上签上自己的姓名、单位、职业、联系电话等。

（2）发资料。会议接待人员要将会前准备的资料，有礼貌地发给与会的每一位来宾。

（3）介绍会议内容。会议开始时要由会议主持人说明召开新闻发布会的原因，所要公布的信息或发生事件的简单经过。

（4）发言人讲话。发言人讲话措词要准确、贴切，要讲清重点，吐字要清晰、自然，切忌过长的讲话和啰嗦的发言。

（5）回答记者提问。发言人要准确、流利的回答记者提出的各种问题，态度诚恳、语言精练，对于保密的东西或不好回答的东西不要回避，而要婉转、幽默地进行回答。

（6）参观和其他安排。提问结束后还可由专人陪同记者参观考察，给记者创造实地采访、摄影、录像等机会，增加记者对会议主题的感性认识。

五、新闻发布会的效果评估

新闻发布会结束之后，要及时评估会议是否达到了预定的效果。会后工作主要有以下内容：

（1）搜集与会记者在报刊、电台上的报导，并进行归类分析，检查是否达到了举办新闻发布会的预定目标，是否由于工作失误造成消极影响。对检查出的问题，应分析原因，设法弥补损失。

（2）对照会议签到簿，看与会记者是否都发了稿件，并对稿件的内容及倾向做出分析，以此作为以后举行新闻发布会时选定与会者的参考依据。

（3）收集与会记者及其他代表对会议的反应，检查招待会在接待、安排、提供方便等方面的工作是否有欠妥之处，以利改进今后工作。

（4）整理出会议的记录材料，对会议的组织、布置、主持和回答问题等方面的工作做总结，从中认真吸取教训，并将总结材料归档备查。

第五节 开 放 参 观

对外开放参观是指社会组织为了让公众更好地了解自己或为消除对本组织的某些误解，由公关部门负责组织和邀请有关公众前来本组织参观。物业管理开放参观活动是指为让公众全面了解物业服务企业及其设施、工作（或生产、活动）过程和各种成果等，确定特定日期向外部公众实施开放参观的一种公共关系专题活动。对外开放日活动是同公众之间相互了解、密切联系的重要手段之一。

一、开放参观的作用

（1）开放参观能增强社会组织的透明度、扩大社会影响、增进公众对社会组织的了解、支持与信任。

（2）开放参观能争取公众的支持与合作、消除公众对组织的片面认识或误解。

（3）开放参观能改善社区关系，和谐社区关系，以得到社区公众的理解和支持。

（4）开放参观能增强员工或员工家属的自豪感。

二、开放参观的活动步骤

（1）准备宣传的小册子。要想使开放参观获得成功，最重要的是做好各种宣传工作，准备一份简单易懂的说明书或宣传材料，发给参观者。赠送参观者一份有纪念性的小册子，上面记载参观的过程以及其他有关本组织的资料。这些小册子有可能被转送给有兴趣但无法亲自来参观的人，从而成为很有用的传播媒介，使参观活动产生持久的效果。

（2）放映视听资料。正式参观前放映电影、电视片或幻灯进行介绍，可以帮助参观者了解社会组织的概况。

（3）观看模型。辅以专门人员介绍与实时解答。

（4）引导观看实物。提前策划好参观线路，防止参观者越过参观所限范围或出现不必要的麻烦和事故。

（5）中途休息。对参观者应热情周到地做好接待工作，如安排合适的休息场所、备好茶水饮料。

（6）分发纪念品。纪念品应考虑参观者与组织的特点，经济、实惠、有特色，最好印有本组织标记，让公众一见到它就想起组织。

（7）征求意见。

三、应注意的事项

（1）时间安排不要过紧，应有自由活动的空间。

（2）开放参观的路线应合理、适当。

(3) 参观区域较大时，应有明显标志及路线图。
(4) 陪同人员应尽力引发参观者的兴趣。
(5) 应明确是否可以拍照、录像。

第六节 展 览 会

展览会是一种常见的公关专题活动形式，是社会组织通过参加或举办展览会推展组织的产品和服务的一种专题活动。它以边展边销、以展促销为主要表现形式，是一种典型的公关活动。实际上，展览会综合运用多种信息传播媒介，以现场展示和示范的形式传递有关信息，最终达到塑造组织良好形象的目的。

一、展览会的特点

(1) 展览会是一种复合型的传播方式。
(2) 展览会是社会组织塑造自身形象的最佳方式之一。
(3) 展览会为社会组织与公众提供了直接沟通的机会。
(4) 展览会是一种具有新闻价值的公关活动。

二、展览会的类型

(1) 按展览会的性质划分，可分为贸易展览和宣传展览。

1) 贸易展览。通过某种形式把各社会组织汇集到某个地方，由其向参观的顾客演示、介绍自己的实物产品。其目的是做实物广告，促进商品的销售。常见的贸易展览会有展销会、博览会、交易会等，如各地的春节农副产品展销会。

2) 宣传展览。企业或组织为了宣传某种观点、思想和理念，或者为让公众了解某事件而举办的展览会。公关人员应充分利用这种宣传形式，向公众展示组织的管理、产品、服务以及企业文化，借以在公众中树立良好的组织形象。

(2) 按展览会的项目划分，可分为综合展览和专项展览。

1) 综合展览是在展示一个国家、一个地区、一个行业、一个组织的全面成就，既有整体概括，又有具体形象，观众参观后有一个比较完整的印象，如中国教育改革二十年成就展。

2) 专项展览是围绕一个专业或专题举办的，它虽不要求全面系统，但也要内容集中、主题鲜明、有一定深度，如汽车展览会、电冰箱展览会、防火安全展览等。

(3) 按照展览会的规模划分，可分为大型综合展览、小型展览和微型展览。

1) 大型综合展览。一般由专门的单位主办，参展的社会组织通过报名加入。这种展览会一般规模大，参展单位多，参展项目多。

2) 小型展览。一般规模较小，是由社会组织自己举办，向公众介绍自己的产品或服务。

3) 微型展览。活动规模极小，有的只需要一个展台或一个橱窗，因此应考虑展品的艺术设计。这类展览看似简单，但技巧性要求较高。

(4) 按照展览会举办的场所划分，可分为室内展览和露天展览。

1) 室内展览。大多数展览都选择在室内举行，这样显得较为隆重，而且不受天气等因素的影响，举办时间也较为灵活，长短皆宜。但是室内展览会的设计、布置较为复杂，所需费用也较高。一般较为精致、价值较高的商品展览宜在室内举办。

2）露天展览。露天展览的最大特点就是会场的设计和布置比较简单，场地较为宽敞，可以展出大量展品，所需费用也相对较低。但受天气等因素的影响较大，往往会影响展览的效果。常在露天举办的展览有大型机械展览、农副产品展览、花卉展览等。

（5）按照展览会方式划分，可以分为静态展览和动态展览。

1）静态展览。静态展览是指固定在某一地点的展览。

2）动态展览。动态展览指的是利用交通工具而开展的活动。这种动态展览是一种流动的宣传，能够使公众在潜移默化之中接受组织的信息传播。

三、展览会的组织程序

展览会组织者的水平决定了展览会的成效，因此，展览会的组织指挥是非常重要的工作。举办展览会是一项系统工程，一般来讲，包括以下工作：

（1）明确目标，确定展览会的主办单位、承办单位和协办单位。

（2）进行筹备工作，成立筹备委员会，准备资料制定预算。

（3）培训工作人员。

（4）展览会开幕。

（5）展览会闭幕。

（6）展览会后的评估工作。

四、展览会相关部门及责任

1. 办公室

前期确定承办单位、协办单位和邀请代表的名单，寄发预请通知和绘制登记表，落实事务型工作并发出请柬；协调筹委会各职能组之间的关系；组织开幕式和闭幕式。

2. 秘书组

起草各种文件章程；编印制作展览会会刊；印制和发放各种票证和请柬；发放展览会刊物。

3. 展中组

展位的联络、定位；刊物广告招商、组织参展企业在刊物上作产品宣传；协助参展单位布展；协调参展单位与筹委会的联络。

4. 美工组

展览会刊物的设计；整个展览会的设计，各展厅各展位的布局设计；开幕式、闭幕式台前及会场的设计；票证的设计，请柬的设计等。

5. 接待组

接待参展单位和客户；报到登记，填写各种登记表，办理食宿手续，发给代表证（或参展证）、提供产品价格目录等；安排交通工具；帮助预定返程交通票据；为代表（或客户）热情服务，与筹委会沟通。

6. 外联组

邀请上级领导及有关单位领导参加展览会开幕式以及观看展览；与办公室合作落实参展单位和代表名单；协调与公安和交通部门、电力部门及治安、防火部门的关系；协调与各参展单位的关系；协调与金融部门的关系以争取银行对会议的有力支持。

7. 宣传组

与新闻媒介联系，及时向新闻记者提供丰富具体的报道素材，以争取在报刊、广播、电视以及互联网上及时宣传有关展览会的情况，以争取舆论方面的支持；展览会期间的宣传鼓动工作，及时把会议情况通过简报的形式加以报道，及时交流各种信息；聘请会议需要的礼仪队及乐队。

8. 财务组

刊物广告、企业名录的收费；会议代表的报到收费；摊位、展位的收费；会议期间的各种账务往来、资金的管理。

9. 保卫组

会议期间的防火、防盗工作，与当地治安部门协调工作；会议期间秩序的维持工作；配合秘书组搞好票证管理工作以及订票的发放及收取工作。

10. 储运组

参展品的仓储存放、运输工作；参展产品在车站、机场的接收、验货工作；参展品的发运及托运回原单位的工作。

11. 工程组

展览会会场的工程、安装、装饰工作；展览会的用电供水工作；与各展位（或摊位）配合，解决布展中的安装问题。

五、应该注意的问题

为了保证展览会能够顺利进行，社会组织举办展览会时应注意以下几个问题：

（1）明确展览会的主题是塑造组织形象的公关活动。

（2）确定参展单位、参展项目、参观者和展览会的类型。

（3）确定展览的内容和形式。

（4）工作人员的培训。

（5）积极准备展览会所需的辅助设备和相关服务。

（6）严格制定展览会的经费预算。

（7）布置好展览场地。

（8）安排好有关配套活动。

（9）成立专门的对外新闻发布机构。

第七节 危 机 管 理

由于传播技术的高度发达，以及社会文明和法治的进步，社会组织的运行受到广泛的监督，其言行日益透明化。公关危机就成为各类社会组织都必须认真对待的特殊困境。公关危机一旦发生，通常会给社会组织带来严重的负面影响，必须积极应对，这种应对就是危机公关。社会组织能否顺利渡过危机，化险为夷，甚至把坏事变成好事，就要看组织或公关人员危机公关的能力了。

一、公关危机

1. 公关危机

危机，英文为 Crisis，书面意思是紧急困难的关头。关于危机的定义，美国学者罗森·豪尔特认为，危机是指"对一个社会系统的基本价值和行为准则架构产生严重威胁，并且在时间压力和不确定性极高的情况下必须对其做出关键决策的事件。"公关危机是指由于某些人为的或非人为的突发事件及重大问题的出现，打破了社会组织正常的有序运转状态，使组织声誉和利益受到损害，甚至遭遇生存危险，从而不得不面临和处理的一种紧张状态。

2. 公关危机的特点

（1）突发性。一切公关危机都具有突然性。一般是在社会组织毫无准备的情况下转瞬之间发生的，往往给社会组织带来各种意想不到的困难。特别是那些由社会组织外部原因造成的危机，如自然灾害、国家政策变革等，往往是社会组织始料不及并难以抗拒的。

（2）严重危害性。公关危机的危害是很大的，会破坏组织形象，影响组织经营，给组织带来严重的形象危机及巨大的经济损失，同时也给社会造成危害。

（3）不规则性。对社会组织来讲，每次危机产生的原因、表现形式、事件范围、影响程度、损失程度都不尽相同，且呈不规则出现，因此，解决的方式也没有一成不变的固定模式。

（4）舆论关注性。危机事件的爆发最能刺激公众的好奇，常常成为谈论的话题和新闻界舆论关注的焦点、热点，成为媒介捕捉的最佳新闻素材和报道线索。有时会牵动社会各界公众的神经，乃至在世界上引起舆论轰动。

3. 公关危机的类型

（1）按照危机产生的客观原因，可以将公关危机划分为人为的公关危机和非人为的公关危机。

（2）按照危机损失的表现形式，可以将公关危机划分为有形损失的公关危机和无形损失的公关危机。

（3）按照危机的类型，纵向分析可以将公关危机划分为潜在危机、初现苗头的危机、正在爆发的危机、被控制处理的危机以后遗症状态存在的危机。

（4）按照危机的类型，横向分析可以将公关危机划分为组织自身问题造成的危机、意外事故造成的危机、不利报道引起的危机、外界谣言引起的危机、恶意破坏造成的危机、法律纠纷引起的危机、社会抵制活动引起的危机、自然灾害引起的危机、恐怖主义活动引起的危机、军事对抗引起的危机、公共议题引起的危机。

（5）按照危机的性质不同，可以将公关危机划分为突变危机、商誉危机、经营危机、信贷危机、素质危机、形象危机。

（6）按照危机发生的程度不同，可以将公关危机划分为一般性突发事件危机（日常纠纷）、重大突发事件危机。

（7）按照危机发生的外显不同，可以将公关危机划分为显在危机、潜伏危机。

4. 公关危机产生原因

（1）经营决策失误。

（2）管理不善。

（3）组织素质低。

（4）公关策略失误。

（5）不可抗力。

(6) 体制和政策因素。

二、危机公关

危机公关（crisis Public Relations）也称为公共关系危机处理，从管理学的角度又称危机管理（crisis Management）。危机公关是指社会组织调动各种可利用的资源，采取各种可行的方法，预防、限制和消除危机以及因危机而产生的消极影响，从而使潜在的或现存的危机得以解决，使危机造成的损失最小化的方法和行为。危机公关是公共关系学和管理学结合的产物，运用危机公关，科学地处理组织潜在的或现存的危机，可以提高组织生存能力。

1. 危机公关的对策

对一个社会组织来说，公关危机是不期而遇的，必须有良好的对策，方能化险为夷。一般来讲，危机公关应从以下几个方面采取对策。

(1) 成立处理危机事件的专门组织机构。处理危机事件最关键的是需要有专人负责，统一指挥。当危机事件出现后，组织应首先成立由最高层领导牵头的、公关部门主管具体负责的、由公关人员、相关技术人员及其他相关人员参加的专门组织机构，全力以赴投入危机事件的处理。

(2) 对危机事件进行调查判断。首先应该运用有效的调查手段，迅速查明情况，判断事件的性质、现状、后果及影响，为制定对策及应急措施提供依据。其次应查明事件的性质与状况、事件的后果和影响、事件牵涉的公众对象。

(3) 制定处理危机的具体对策。在全面调查了解危机事件的情况后，将所获取的信息进行分析整理，针对不同对象确定对组织内部的对策、对受害者的对策、对新闻界的对策、对上级主管部门的对策、对业务往来单位的对策、消费者及其团体的对策、对组织所在社区居民的对策。

2. 应注意的问题

(1) 承认危机的爆发，并尽可能精确地确定它的各种因素。
(2) 建立高层管理者一致认同的、现实的危机处理目标。
(3) 建立危机处理委员会和特别工作组来处理危机。
(4) 确认持有批评态度的公众，制定与其进行沟通联络的计划。
(5) 与新闻媒介保持密切的沟通关系。
(6) 组织面对危机问题的解决，要不屈不挠、持续不断地努力校正形象。
(7) 在组织内部实施有效的管理手段，建立系统、完备的管理思路，形成严谨、有序的管理模式。
(8) 做好与社会各界的沟通、协调工作，创造一个良好的外部关系环境。

三、物业管理中的纠纷

物业管理纠纷，指物业管理服务的消费者在消费物业管理服务之前及过程中，因对物业管理服务或与其有关的权利和义务有一定看法时，与提供物业管理服务的物业服务企业所发生的不同程度的争执。在物业管理活动中物业服务企业与业主之间总会出现一些矛盾，并且发生一些纠纷。发生这些纠纷的主要原因是由于物业管理的内容多，数量大，涉及物业管理主体之间的利益，再加上相应的物业管理法律、法规尚不健全，许多人对物业管理的模式还比较陌生，物业管理行为尚不规范。

1. 物业管理纠纷的特点

(1) 住房制度改革的深化，使住宅私有比例逐步增加，业主产权的多元化和规模化逐渐呈现，物业管理纠纷逐年增多。

(2) 目前所受理的物业管理纠纷，已从物业服务企业与业主之间关于物业管理费的纠纷，发展到民事诉讼、行政诉讼的各类型纠纷，物业管理纠纷的类型逐渐复杂。

(3) 物业管理服务提供无形产品，产品的生产者与消费者直接接触，因此物业管理纠纷具有易发性。

2. 物业管理纠纷的种类

(1) 新建房屋的建造方或委托方是否承担物业在保修期限和保修范围内的责任纠纷。

(2) 前期物业管理费用承担的纠纷。

(3) 业主、使用权人是否遵守法律、法规，合理、安全地使用物业的纠纷。

(4) 业主、使用权人是否有法律、法规规定物业使用中的禁止行为的纠纷。

(5) 房屋损坏危及他人权益纠纷。

(6) 修缮扰民纠纷。

(7) 物业维修、更新费用承担的纠纷。

(8) 共用部位、共用设施设备维修资金的设立、使用、管理过程中发生的纠纷。

(9) 物业服务企业是否履行或完全履行其职责的纠纷。

(10) 物业服务企业对物业管理服务费的收取是否合理、规范的纠纷。

(11) 小区环卫管理服务、供水、供电、供热、供气设施管理的职责和费用的纠纷。

(12) 对房屋租赁合同约定的有关条款是否履行的纠纷。

(13) 房屋转租或转借的纠纷。

(14) 共有部位的使用纠纷。

(15) 服务未能达到标准而产生的纠纷。

(16) 账目管理不清引起的纠纷。

(17) 业主拖欠物业管理费引起的纠纷。

(18) 私搭乱建纠纷。

(19) 改变物业结构、用途的纠纷。

(20) 物业服务企业与业主委员会之间的纠纷。

3. 物业管理纠纷的预防

(1) 明确管理范围。

从"大"的方面看，物业管理范围就是物业，即已建成并投入使用的各类房屋及其与之相配套的设备、设施和场地。从"中"的方面来看，物业管理主要负责公共区域、公共场所，私有部分、私人事务及私有物品的管理，需要相关业主另外委托。从"小"的方面来看，具体到某一个项目，到底提供哪些管理服务，提供什么范围的管理服务，则需要物业服务企业与开发商或业主委员会协商。

(2) 谨慎承诺服务。

在英美等物业管理比较发达的国家，国家的政府管理部门均未规定物业服务企业应承担住户人身与财产的安全责任，物业服务企业本身也不承诺对住户人身和财产安全负有保险责任。这说明，秩序维护不是财产和人身保险，秩序维护员不是保镖，秩序维护员的职责是通过昼夜巡视配合和协助公安部门进行安全监控。住户的人身、财产风险应通过购买保险等来解决,所以,物业服务企业在投标书、服务合同或者管理规约中做承诺时,应该谨慎行事,切忌做出不实承诺。

(3) 加强与业主的联系与沟通。

纠纷的发生一般是由于物业服务企业与业主缺乏一定的联系与沟通,以致业主对物业管理不了解造成的。因此,物业服务企业应经常与业主进行联系和沟通,使他们能够正确理解、积极支持和配合物业服务企业的管理与服务。

1) 走访。即主动上门了解业主的要求,向业主解释物业管理的有关规定,征求业主对物业服务企业的意见和建议,当场解决业主的疑难问题,从而缩短业主与物业服务企业之间的距离,增进彼此间的了解。

2) 召开业主座谈会,举办居民联谊会,广泛征求业主对物业管理工作的意见和建议。

3) 开展丰富多彩的社区文化活动,活跃居民的文化生活。

4) 设立投诉电话和投诉信箱。

5) 问卷调查、回访。

6) 通过公告栏、简讯、业主大会等形式,使业主理解和支持物业服务企业的工作。

7) 加强员工培训,提高员工素质。

8) 建立和完善各项管理和服务制度,并严格实施规范化服务。

9) 努力寻找新的服务方式和方法。

10) 妥善处理物业管理投诉。

4. 物业管理纠纷处理

(1) 成立危机管理小组。

(2) 确定新闻发言人,尽快发出信息。

(3) 尽快调查公布事件真相,澄清事实。

(4) 妥善处理与舆论界的关系。

(5) 慎重处理危机中的有关人员伤亡事宜。

(6) 重塑组织形象危机。

【练习与思考】

1. 公共关系的专题活动的类型有哪些?
2. 庆典活动的注意事项有哪些?
3. 赞助活动的基本类型有哪些?
4. 新闻发布会的准备有哪些?
5. 展览会的特点是什么?
6. 简述危机公关的对策。
7. 简述物业管理纠纷的预防。

【案例分析】

一天上午九时,小区 8 号楼的值班秩序维护员正在楼内巡视,忽然有业主神色紧张地前来报告,说该楼 5 层走廊里有一股焦味,可能是哪家烧焦了东西。值班秩序维护员立即赶到 5 层,果然发现浓重的焦烟气从 502 室传出。从越来越重的焦味和阵阵青烟中他判断一定是这家煤气未关烧焦了锅内的食物所致,但拼命敲门却又无人应答,判断为室内无人。按照应急预案,值班秩序维护员立即用对讲机通知当班队长和维修主管。他们以最快速度赶到现场,并首先切断502室的电源以防不测。同时联系502室业主,但令人焦急的是按照该业主所预留的几个联系方式都未能联系到他,当时现场的情况却越来越严重,楼内的其他业主纷纷要求管理处立即破门而入。以往的经验,物业公司擅自撬门是违法行为,即使动机再好也会惹上麻烦,而事关业主生命财产安全的事物业公司又不能不管。唯一的办法是一切按规范操作,而规范操作要求在业主联系不上,而又十分危急的情况下,物业公司才可以在居委会、派出所等配合下撬开业主的房门。因此,管理中心一边严密监视现场情况的变化,一面迅速联系居委会、业委会。眼看情况越来越紧急,而与502室业主联系无望的情况下,管理中心分别向110、119报警。110、119接警后消防车、警车立即赶到现场,居委会、业主委员会也很快到达现场。消防队员施展身手,从602室吊降至502室阳台,进入室内马上排除了险情,而此时锅里的食物已经是一块焦炭了。

【案例思考】 如何正确处理公关危机?

第十二章　客户服务中的公关礼仪

【知识要求】

通过本章的学习，了解物业客户服务中有关的礼仪知识，掌握最常见的个人礼仪、社交礼仪、职场礼仪、语言艺术等礼仪常识。

【技能要求】

通过本章的学习，要求学生学会运用语言艺术与人交流；掌握社交礼仪的内容和职场礼仪的要点等技能。

第一节　个　人　礼　仪

一、仪表风度礼仪

（一）个人仪表仪容礼仪

个人仪表仪容通常指一个人的容貌和形体，在个人整体形象中居于首要地位。仪表仪容传达出个人最直接最生动的第一信息，反映着个人的精神面貌。影响个人容貌主要有两方面的因素，一是先天条件，二是后天的修饰和保养。法国著名思想家孟德斯鸠曾说过："一个人只有一种方式是美丽的，但他可以通过许多种方式使得自己变得可爱。"人的自然容貌不容易改变，但可以通过恰当的修饰和保养、精神气质的调整，而显得神采奕奕、楚楚动人。

1. 面必净

面容应保持端庄洁净。现代职业人通常生活节奏相当紧张，但早晨起床进行面部清洁的程序不能马虎了事。要不然面部留下眼垢、鼻垢或其他污物，再好看的面孔也让人觉得不舒服。

2. 须必剃

对于男士来说，古有"美髯公"之说。一位男士如果蓄有一把浓密且修饰整齐的胡须，不失为一种阳刚之美。但如果他胡子拉碴，不事修整，则无甚美意可言。没有蓄胡须的男士，应定期剃干净自己的胡子，否则会使人显得疲惫无神。除了胡须外，鼻毛也应注意修剪，不能让其露出鼻子之外。

男士应为自己备好方便使用的剃须工具，切忌借用别人的剃须工具，一来影响他人的使用，二来容易传染病菌。

3. 发必理

"完美的形象——从头开始。"发型不仅表示人的性别，更反映出一个人的道德修养、知识层次、审美水平。通过一个人的发型，可以判断其职业、身份、生活状况和卫生习惯。

一个人的发型修饰要与其脸型、体型、年龄、气质等因素协调，才能产生和谐的美感。

4. 甲必修

应检查指甲的卫生状况，养成定时修剪指甲的习惯，除非有特殊的职业要求外，通常指甲应以超出指尖2毫米为宜。指甲缝里如藏有污垢，应及时处理干净。

5. 口必漱

不管是睡前睡后、饭前饭后要漱口，拜访客户前，也应注意漱口，以免让自己的口腔异味袭人。

6. 妆必适

适度得体的妆容不仅是为了展现个人的风采，更是职业礼仪的需要。所谓"妆必适"，强调妆容应与时间、场合、对象等因素相协调。例如，日常工作时，应以淡妆修饰，以显自然、清新、大方的形象。如果参加正式的晚宴、晚会、典礼等场合，可以浓妆，以显现庄重、高贵的形象。

（二）个人风度形象礼仪

1. 风度形象的含义

个人风度形象是指人们对某个人综合认识后形成的总体评价，是某个人的表现与特征在公众心目中的反映。换句话说，是这个人在行动中显示出来的行为特征和精神面貌，它包括该人的内在气质和外在形象。内在气质，是指个人在行动中对现实环境各种因素发生或改变关系时所表现出的基本态度、价值取向、社会公德水平和待人处世的基本行为准则等。外在形象，是指个人在待人处世和实现工作目标时给人们留下的印象与所显示的能力和水平。

个人的内在气质与外在形象的有机结合，是构成个人风度形象的重要内容。个人风度形象是个人在社会活动中最宝贵的资源，个人风度形象的好坏对个人在现实社会中的生存和发展至关重要。每个人都需要对自己的风度形象进行培养。

2. 个人风度形象的构成要素

个人风度形象的构成要素包括个人的品行、素质、作风、能力、态度、仪表等，体现一个人的总体形象。具体包括个人的言谈举止、文化素养、服务态度、职业道德，以及学历、经验、见识、战略眼光、决策能力、创新精神、社会交往与分析问题、处理问题的能力等。

个人风度形象

二、举止行为礼仪

（一）基本举止仪态

举止是指人的姿态、动作和风度，包括人的站姿、坐姿、走姿、面部表情等，在不同的场合举止应有相应的规范。中国古代行为礼仪就有"立如松、坐如钟、行如风、卧如弓"的格言，要求人们应有正确的站姿、坐姿、走姿、卧姿。所以，优雅得体的举止不仅能体现一个人的良好修养，而且在多种活动中容易得到别人的尊重和信任。

1. 站姿

（1）头正、颈直、挺胸收腹，眼神自然平视。

（2）双肩平垂，双手放于大腿两侧，手指并拢自然微屈。

（3）两腿挺直，两膝相碰，脚跟并拢，两脚尖张开成"V"形。男性双腿可以分开，双脚间的距离最多与肩齐。

（4）切忌叉腰、抱肩、靠墙等姿势。

（5）切忌用脚尖或脚跟点地，甚至发出声响。

2. 坐姿

坐姿

（1）左脚后撤，平稳坐下。

（2）坐下后双脚并齐，双手放在扶手或两腿上。

（3）女士如穿着裙子应将裙子前拢，不要叉开腿或跷二郎腿。

（4）面对客人时只坐椅子的三分之二，上体转向客人。

3. 走姿

（1）挺胸收腹，重心略向前，双肩自然摆动，走成直线，双目平视，重心落在前脚掌。

（2）在走廊及过道与来人碰面时应侧身给来人让道。

（3）给客人引路时，侧身走在客人左前方两三步。

4. 蹲姿

下蹲时，应双腿并拢，臀部向下，右脚跟跐起，侧身下蹲。

5. 表情

面部表情主要是通过目光和微笑来传递信息。

（1）目光语：

1）与人交谈时视线接触对方脸部的时间应占全部谈话时间的 30%～60%。

2）在与多人交谈时，要不时地用目光与不同角度的听众进行沟通，不要只顾与一两个人交谈，而冷落其他人。

3）目光注视的范围。公共场合的注视范围应该是两眼为下限、额头为上限，这种注视显得比较严肃郑重；社交场合注视的位置是以两眼为上限，以唇部为下限，构成一个倒三角，这种目光表示亲切友好。

（2）微笑语：

微笑语指用不出声的笑来传递信息的表情语。笑有多种，有豪爽的开怀大笑、羞涩的嫣然一笑，有憨厚的傻笑、阴险的奸笑，还有令人恐惧的狞笑、难分真伪的皮笑肉不笑。微笑也是公关活动中最具魅力的表情语。在大千世界中，人是最美的，在人们千姿百态的言行举止中，微笑是最美的。绝大多数人都喜欢在生活中看到笑脸，与人交往时，微笑是最难以抗拒的。微笑是社交场合的"通行证"，但是，并非每个笑脸都令人高兴。在使用微笑时要注意真诚、得体，不可表现强作欢颜，即"皮笑肉不笑"，以免给人虚伪之感。

特别要注意不可微笑的情形，如进入庄严场所时、公众对象出现满脸哀愁时、面对具有先天性生理缺陷者时、某人出了洋相正感尴尬时，此时微笑的效果会适得其反。所以，在各种活动中一定要善于用真诚的微笑表达对他人的尊重与理解。

在日常交往活动和其他公共场合时，应切忌发生一些不适宜的举止，例如，抠鼻子、掏耳朵、剔牙齿、剪指甲、抓痒痒、抓脚丫、乱丢杂物等。

6. 界域

这里的界域是指人们在交往中的空间距离。在各种交往中，一个人能否把握好与他人的界域，会影响其受欢迎的程度。通常可分为四个界域，即密切区域、个人区域、社交区域和公共区域。

（1）密切区域：

一般在15～50厘米之间，只适于挚爱亲朋之间或外交场合的迎宾拥抱等亲近状态。在一般的商务活动中，不需要跟客户相距如此之近，不要随便进入这一界域。

（2）个人区域：

间隔在50～120厘米之间，通常是一般熟人交往的空间。在商务社交领域适于会晤、交谈或握手等。如果你想与你的客户建立一种融洽的关系，应设法循序渐进地把握机会进入他的个人区域。

（3）社交区域：

间隔在120～350厘米之间，这是人们在商务社交中接触时通常保持的距离间隔，适用于商务洽谈、接见来访或同事交谈等场合。

（4）公共区域：

间隔在350厘米以上，这是人们在较大公共场合的距离间距，常出现于作报告、演讲等场合。

（二）体态表达技巧

体态就是人的身体姿态，又称仪态，包括体姿和表情两个方面的内容。一般来说，人的感情、欲望和需求在动作中流露出来，从而体现在身体姿势上的叫体姿。通过颈部以上部位的动作流露出来的叫做表情。但这种划分是相对的，而不是绝对的。

据美国体态语言大师伯德斯·戴尔的研究，在两人之间的沟通过程中，约65%的信息是通过体态语言来表达的。达尔文在《人类和动物的表情》一书中说"现代人类的表情和姿态是人类祖先表情动作的遗迹，这些表情动作最初曾经是有用的，具有适应意义，以后成为遗传的习惯而被保存下来。"在社交中，人的体姿呈现和传递着各种各样的信息。不同的姿势、举止、表情，反映着社会交往中的不同心理。因此，体态在传情达意方面的礼仪功能是不容忽视的。

1. 体态产生的心理与心理机智

人的体态的产生不是单纯的生理反应，而是生理与心理的综合反应，其运动规律虽然比较复杂，但还是可以分析的。人的面部表情产生的生理与心理机制则比体姿的反应更复杂，其发生与人的情感活动密不可分。往往人们面对刺激和压力时，对客观事物是否符合个体所需要引起的生理感觉产生体验，而这种体验又通过面部表情传达出来。

2. 身体不同部位在体态中的功能

人身体的不同部位在体态中表达不同的含义，正是由于不同部位的功能组合，才形成体态特有的功能表达。以下列举人体部分重要部位的主要功能。

（1）嘴部：

嘴可以借嘴唇的伸缩、开合表露心理状态。如撅起嘴是不满和准备攻击对方的表示，抽烟动作则可以表示出一个人的内心活动和情绪变化。

（2）颈部：

颈部的功能是决定表情的正或负（即"是"或"否"）。

（3）肩部：

肩部历来被视为责任与尊严的象征，特别是男性尊严、威严、责任感和安全感的象征。把手置于对方的肩上，暗示信任与友好。肩与肩的互相接触，表示对等的关系。肩与手的相互接触则表示亲密关系。

（4）腕部：

腕部是力量、能力的象征。例如，政治上强有力的人物称为"铁腕人物"；善于玩弄权术则称为"耍手腕"、"手腕高强"。

（5）胸部：

挺胸表示自信和得意，因为挺胸的姿势把自己的心脏部位暴露出来，显示敌人不可能对自己进行攻击，是精神具有优势的表现。

（6）腰部：

其位置的"高"或"低"与一个人的心理状态有关联。例如，鞠躬、点头哈腰动作属于精神状态的"低姿态"，蹲、揖、跪、伏、拜等都具有服从、屈从的含义。反之，挺直腰板，则反映出情绪高昂，充满自信。

（7）腹部：

腹部相对比较不引人注目，但其表达的含义也是十分深刻的。比如，凸出腹部，往往表现出这个人的心理优势，自信与满足感。反之，抱腹蜷缩的动作则表现不安、消沉、沮丧。

（8）背部：

背部具有一定的掩盖和隐藏情感、情绪的功能，但其泄露出来的部分反而展示出更为深刻的内涵。

（9）腿部：

腿部虽然位于身体的下端，但往往是最先表露出潜意识情感的部位。例如，小幅度的摇动脚部或抖动腿部，意味着将不安、紧张、焦躁的感觉传达给对方。架腿动作可以表示防卫态度。同时，腿部动作还可以表达扩大或缩小自己的势力范围。

（10）足部：

足部指膝盖以下的部位，其表现力与腿部相仿，同样可以表现欲望、需求、个性和人际关系。

体姿主要是指人的身体表现出来的姿势。人的生理结构、年龄、修养、学识、环境、经历的不同，往往使人们在自己的体姿上，展示出自己的礼仪特点。

三、服饰着装礼仪

俗话说：人靠衣装马靠鞍。在现代文明社会，着装服饰不仅是御寒保暖，更是一种文化形象的表征。服饰得体的要求有以下几个原则。

（一）服饰的 TPO 原则

服饰着装的 TPO 原则是指人们在选配着装时，应注重时间（Time）、地点（Place）、场合（Occasion）这三个客观因素。

1. 时间原则

个人在着装时必须考虑时间的合宜性，做到"随时更衣"。

2. 地点原则

特定的环境应配以与之相适应、相协调的服饰，以获得视觉与心理上的和谐感。

3. 场合原则

服饰的场合原则是人们约定俗成的惯例，具有深厚的社会基础和人文意义。人们在交往中会遇到不同的场合，不同的场合应有不同的着装。一是公务场合。上班的时候，人们着装应庄重。有三类服装可供选择：第一类是制服，它具有企业识别功能。第二类是套装，男士首选西装套装，女士首选西装套裙。炎热的天气可以有第三种选择，男士可选薄长裤配短袖衬衫，女士可以穿长裙配其他服装。二是社交场合。人们主要有宴会、舞会、音乐会、聚会和拜访五种社交场合。

（二）个人的着装礼仪

个人在着装上，应突显自身品位。第一不能过分杂乱；第二不宜过分鲜艳；第三不宜过分暴露，女职员穿背心、短裙，无疑会影响办公秩序；第四不宜过分透明；第五不宜过分短小、不宜过分紧身。

1. 男士西装着装礼仪

西装是男士的正装、礼服。在大多数社交活动中，男子都穿西装。男士的第一套西服应该是黑色素面的，第二套西服应为深灰色素面的，然后是深蓝色素面、深灰色细条纹、深蓝色细条纹、深灰色方格的。西装可分工作用的西装、礼服用的西装、休闲用的西装等。

（1）穿西装的三色原则：

穿西装最好遵循三色原则，也就是说，在正式场合身上的颜色总体控制在三种颜色之内。比如穿灰色西装、黑色皮鞋、白色衬衫，已经是三色，其他的配件比如公文包、袜子等，最好控制在这三色之内。

（2）穿西装的三大禁忌：

第一，袖子上的商标没有拆；第二，袜子出现问题，要注意两只袜子是否同色，正规场合不能穿尼龙袜，不穿白色袜子，以和皮鞋同样颜色最佳；第三，领带打法出现问题，应选真丝、纯毛或尼龙领带，色彩一般考虑暖色。

（3）穿西装要讲究配套：

西装上衣的两个大衣袋不可装东西，只用来装饰，不然会使西装上衣变形；西装左胸外侧的口袋，可以装折叠好的花式手帕。左右胸内侧衣袋可以装钱夹和笔。裤袋也和上衣口袋一样，一般不装东西，以求臀围合适，裤型美观。

穿西服时，衬衫是重点，一般来说，与西服配套的衬衫必须挺括整洁无皱褶，尤其是领口和袖口。在正式场合，不管是否与西装配合，长袖衫的下摆必须塞在西裤里，袖口必须扣上，不可高高卷起。着短袖衬衫时，一般也应将下摆塞在西裤内。

西装衬衫的袖长应比上衣袖子长出 1.5 厘米，这样可以避免西装袖口受到过多的磨损，而且用浅色衬衫衬托西装的美观，显得更干净、利落、活泼、有生气。衬衫最重要的是领口，衬衫的领子一定要硬挺平整，软领不适宜配西装。西装穿好后，衬衣领口应高出西装领口2~3厘米，领口露出部分应与袖口露出部分相呼应，有匀称感。

男士穿西装时，最抢眼的通常不是西装本身，而是领带。因此，领带被称为西装的"画龙点睛之处"。领带被称为西装的灵魂，凡是正规的场合都必须系领带。打领带时，应对领带的结法、长度、位置、佩饰等方面多加注意，才有可能将领带打得完美无缺。

此外，穿西装时不宜穿布鞋、凉鞋或旅游鞋，庄重的西装要配深褐色或黑色的皮鞋。袜子的颜色应比西装深一些，花色尽可能朴素大方。

2. 女性的着装规范

（1）套裙：

女性在着装时，需要特别注意的细节是干净整洁。女士在着装的时候，要严格地区分职业套装、晚礼服及休闲服，它们之间有本质的差别。着正式商务套装时，无领、无袖、太紧身或者领口开得太低的衣服应该尽量避免。衣服的款式要尽量合身。

套裙以西式样本居多，现在也有一些设计考究的具有中国特色的套裙。女士在正式场合的着装，以裙装为佳，其中又以西式套裙为首选，适合在任何正式场合穿着。套裙应该成套穿，表明对工作的严谨和对对方的尊重。穿着时要注意色少、款新，不宜穿亮度过高的色彩，如大红、大黄、大绿，同时要注意与衬衫的色彩搭配。

（2）鞋与袜的穿着要求：

女士在选择丝袜以及皮鞋的时候，需要注意的细节是：袜色以肉色最佳；丝袜的长度一定要高于裙子的下摆；鞋、裙的色彩要深于或略同于袜子的色彩。皮鞋应该尽量避免鞋跟过高过细。女士的正装鞋是高跟或半高跟浅口皮鞋。

（3）女士穿套裙四大禁忌：

忌穿黑色皮裙；忌裙、鞋、袜不搭配；忌光脚；忌"三截腿"。

四、语言谈吐礼仪

语言是人际交往沟通中使用最频繁、最重要的不可缺少的工具。成功有效的语言能使交流双方心理认同、心心相悦，达到心灵相近的目的。在人际交流沟通中，应以语言之"美"来吸引人，以语言之"礼"来说服人。

在人际言谈交流中，除了应注意通常要求使用的文明礼貌用语外，还应注意一些基本的礼节和技巧。

（一）神情专注

在与对方说话的时候，眼睛注视对方，目光在对方脸庞上游移，注意倾听、琢磨对方语言的言辞含义，适时应和对方，如表示"您说得在理"、"是的"、"原来是这样"等，尽量使交谈顺利进行。

（二）不随便插话

在对方说话的过程中，一般不宜插话。随便打断别人说话，让人觉得很不礼貌。如果必须插话，可在对方说完一句话时，先客气地表示歉意后再插话。如"请等一下，我想提个问题"等。如果是自己在说话，应注意给对方留出说话的机会。

（三）注意选择话题内容

在进行商务洽谈时，所有的谈话不一定拘泥于业务内容。但应注意把握好话题内容。

(1) 当大家的言谈远离洽谈的主题时,应把话题拉回主题。
(2) 当谈话内容使大家或参与者感到尴尬时,应迅速转移话题。
(3) 切忌谈论对方的生理缺陷及对方私生活方面的事情。
(4) 不要谈论敏感的政治话题。
(5) 对方用语不当时,不要奚落对方。
(6) 尽量寻找对方感兴趣的话题以使交谈顺利进行。

(四) 机智幽默

幽默是交谈的"润滑剂",恰当地使用幽默语言,能打破僵局,调节气氛。如一家外企的外籍老总将咖啡碰翻在办公室的地毯上,他异常恼火,激动得手舞足蹈,让中方秘书立即清理干净,并不停地唠叨说蟑螂部队准会因此大规模地袭击他的办公室。秘书想了想,微笑着说:"绝对不会发生这种事,因为中国蟑螂只爱吃中餐。"这位外籍老板的脸色顿时放晴,露出灿烂的微笑。

(五) 礼貌地拒绝

在日常交往中,有时会遇到对方向你提出一些让你无法满足的要求,你既不想违心地承诺,又不想直接顶撞对方,这就要巧妙地使用拒绝语言。以下几种拒绝技巧可以借鉴:
(1) 借用名言、古训来暗示,使自己说出来的话更具权威性,使对方不得不"认同"。
(2) 以亲情作为"挡箭牌",婉拒对方的邀请。
(3) 以目前的工作或学习繁忙为由进行婉拒,要说明工作或学习内容繁多的程度,以致安排不出时间来。
(4) 先认同后婉拒。对对方的邀请先表示赞许或同情,然后再说明自身的难处,请求对方谅解。

(六) 掌握时间

除非是按双方预定好的时间进行洽谈,否则应见机行事,把握好与对方交谈的时间。例如,在对方的休息时间,应尽量少谈有关业务的事情;当对方工作忙时,应尽量长话短说,及时告退。

(七) 言谈交流中的禁忌

不问婚否;不问收入与支出;不问个人经历;不问年龄;不问家庭住址和电话;不和陌生人谈论政治和宗教话题;不要随意谈论不在场的人。

总之,交谈中不要涉及个人隐私,在与外国人打交道时特别要注意这一点。

第二节 社 交 礼 仪

一、介绍礼仪

介绍是指人与人之间进行相互认识的沟通过程。介绍最突出的作用是缩短人与人之间的距离。心理学研究发现,社会交往的第一印象很重要,正如俗话所说"第一印象是金",要想让对方一开始就对你有好感,介绍这个环节非常重要。一般介绍分为自我介绍、他人介绍、集体介绍三种类型。

(一) 自我介绍

在社交场合要擅长进行自我介绍,这是广交良友的一条重要途径。

介绍

1. 自我介绍的时机

(1) 本人想结识他人时。例如，你对某人早有所闻，但一直没机会认识他，在一次聚会上，你遇见他，这时，你有必要进行自我介绍。或者在聚会上你对某人感兴趣，也可以进行自我介绍。介绍前，先向对方点头致意，问好后再进行自我介绍，不要太唐突。

(2) 他人想结识本人时。在社交场合，有不相识的人对自己感兴趣，点头致意，表示出想结识的愿望时，自己应当主动作自我介绍，表现出对对方的好感和热情。

(3) 需要让其他人了解、认识本人时。到一些单位联系工作和求职，或在社交场合需要相互了解时，都需要进行自我介绍。

2. 自我介绍的内容

(1) 应酬式介绍。适用于某些公共场合和一般性的社交场合，如旅行途中、宴会、舞场等。这时的自我介绍只需简单介绍姓名即可。

(2) 工作式自我介绍。因工作需要进行的自我介绍，如第一次到别的单位联系工作，双方单位需要进行业务联系而没有第三者在场时。这时的自我介绍要介绍四大要素，包括姓名、工作单位、部门、职务。如："你好！我叫王汝，是大名公司公关部经理。"

(3) 礼仪式的自我介绍。适用于讲座、报告、演出、庆典等一些正规而隆重的场合。除了介绍四大要素，还要加些礼貌用语或敬语。

(4) 问答式自我介绍。一般适用于应试、应聘和公务交往。在普通性交际应酬场合，也偶有所见。问答式的自我介绍内容，讲究问什么答什么，有问必答。

(二) 他人介绍

这是有第三者在场的一种介绍，又称为第三者介绍，是经过第三者为不相识的双方引见、介绍的一种介绍方式。

1. 他人介绍的程序

要遵循"先介绍位卑者给位尊者"的原则进行为他人介绍。

(1) 将卑者介绍给尊者。

(2) 将男士介绍给女士。

(3) 将晚辈介绍给长辈。

(4) 将主人介绍给客人。

(5) 将未婚者介绍给已婚者。

(6) 将非官方人士介绍给官方人士等。

2. 介绍者的身份

介绍人一般是东道主、长者、活动的负责人、接待人员、家庭性聚会中的女主人或熟悉双方的第三者等。决定为他人作介绍，要审时度势，熟悉双方情况。如有可能，在为他人作介绍之前，最好先征求一下双方的意见，以免为原来相识者或关系恶劣者作介绍。

3. 他人介绍的内容

根据实际情况，为他人作介绍时的内容也会有所不同，通常有以下几种形式：

(1) 简单式介绍。适用于一般性社交场合，只需介绍双方姓名即可。

(2) 推荐式介绍。适用于比较正规的场合,有意将某人推荐给另一个人,这时的介绍要有意识地介绍被推荐者的优点。如"王经理,您好!这是我的大学同学张建,在学校时是学生会主席,希望王经理能赏识他;张建,这是我跟你说过的王经理。"

(3) 礼仪式介绍。多用于工作上的来往,适用于比较正式的场合,介绍时更为礼貌、谦恭。如"张经理,您好!请允许我把天力物业公司销售部经理黄凡介绍给您。黄经理,这位是吉祥物业公司公关部经理张丽。"

(三) 集体介绍

集体介绍是他人介绍的一种特殊形式,是指介绍者在为他人介绍时,被介绍者其中一方或双方不止一人。集体介绍的顺序,原则上应参照他人介绍的顺序进行,但也有其特殊之处。

1. 将一人介绍给大家

当被介绍双方地位、身份大致相似时,应少数服从多数,先介绍一人给大家。

2. 将大家介绍给一人

如果只有一人的一方,地位、身份明显比人多的一方高,介绍时应先介绍人数多的一方。

3. 人数较多的双方介绍

被介绍双方均为多人时,应先介绍职位高的一方,后介绍职位低的方;先介绍主方后介绍客方的顺序。介绍各方人员时,则应由高到低,依次介绍。

4. 人数较多的多方介绍

当被介绍者不止双方,而是多方时,应确定各方的尊卑,由尊到卑,按顺序介绍各方。介绍各方的成员时,也应按由高到低的顺序,依次介绍。

(四) 介绍要注意的礼仪

不管是自我介绍还是为他人作介绍,首先要注意多说敬语、谦词、尊称,如"你们好,现在由我为你们介绍……";"您好!我叫……";"张先生,您好!这位是……"等。要避免直接相问。如"您叫什么名字?"这样显得很鲁莽,应尽量委婉些:"请问贵姓?"或"怎么称呼您呢?"等。

自我介绍要注意时间的控制,最好不要超过一分钟,进行自我介绍时,态度要诚恳,语气要热情、大方。

为他人作介绍时,要注意以下几个方面:

(1) 作为介绍者首先要熟悉双方的身份,以免介绍错误。

(2) 充当介绍者要善于察言观色,判断双方是否有意结识,不可贸然行事。

(3) 介绍要实事求是,简单明了。

(4) 不要涉及对方的敏感区,对女性不问年龄、婚姻,对男性不问收入等。

(5) 不要使用易生歧义的简称。

(6) 不要开玩笑、捉弄人。

二、会面礼仪

会面礼仪指人们会面时约定俗成互行的礼仪。见面行个礼,是人际交往中必不可少的,表示相互尊重的一个礼节。而不同国家和地区,见面时所行的礼是有所不同的。因此,必须掌握常见的会面礼。

(一)握手礼

1. 握手的先后顺序

在比较正式的场合,握手要讲究先后顺序,要遵守"尊者决定"的原则,即握手者首先要确定双方彼此身份的尊卑,由位尊者先伸手,位卑者予以响应,位卑者贸然抢先伸手是失礼的表现。

握手的先后顺序　　　　　　　　　　　　　　　表 12-1

先伸手者	后响应者	先伸手者	后响应者
职位高	职位低	已婚	未婚
女士	男士	官方人士	非官方人士
长辈	晚辈		

握手

2. 握手的方式

(1) 握手时,要注意神态要专注、自然、热情,面带微笑地看着对方,并伴以点头致意。

(2) 握手的时间要掌握在三秒以内,以相握时上下抖动三到四次为宜,握手的距离应在一米左右。

(3) 握手的力度要掌握好,为了向交往对象表示热情友好,握手时应稍用力,但与异性以及初次相识者握手时,则可以稍轻些。与女性握手,一般只宜轻轻握女士手指部位。有时为表示特别尊敬,可用双手迎握。位卑者与位尊者相握,应稍稍欠身。

3. 握手的禁忌

握手,是常用的礼节,因此,在与别人握手时,既要讲究先后顺序,也要注意不要犯忌,以免引起不必要的误会。握手的禁忌主要有:

(1) 不要用左手与他人握手。

(2) 握手时不要争先恐后,形成交叉握手。

(3) 不要戴着墨镜或手套与别人握手,女士在一些场合可戴手套握手。

(4) 握手时不要将另一只手插在衣袋或拿着东西(如果在路上允许),更不能边吃东西边跟别人握手。

(5) 握手时不要面无表情,心不在焉。

(6) 不要与别人握手后,立即揩拭自己的手。

(7) 没有特殊情况,不要坐着和别人握手。

(8) 不要抢先出手和女士握手。

(9) 握手不要时间过长,让人无所适从。

(10) 不要拒绝与他人握手。

(二）点头致意礼

这个礼节一般适合于相识的双方远距离见面，或在同一场合遇上多人而又无法问候时使用，经常和举手礼一并使用。例如，在会场、剧院、歌厅、舞厅等场合，遇见熟人而不宜近距离问候时，可先向对方点头致意，再伴以举手礼。举手礼的正确做法，右臂向上方伸出，右手掌心向着对方，四指并拢，拇指叉开，轻轻向左右摆动一两下。但需注意，不要上下摆动，更不能将手背向着对方。

（三）脱帽礼

戴着帽子的男士，在进入他人居所、路遇熟人、与人交谈、握手或行其他会面礼、进入娱乐场所、升国旗、奏国歌时，应自觉地摘下自己所戴的帽子，并置于适当之处，这就是所谓的脱帽礼。

女士可以不行脱帽礼。

（四）拱手礼

又叫作揖，是中国特有的传统会面礼。现在主要用于过年的团拜，向长辈祝寿，向友人恭贺结婚、生子、晋升、乔迁，向亲朋好友表示感谢等。

行拱手礼要求上身挺直，两臂前伸，双手在胸前高举抱拳，自上而下，或自内而外，有节奏的晃动两三下。

（五）鞠躬礼

在中国主要用于向他人表示感谢、领奖演讲之后、演员谢幕、举行婚礼或悼念等活动。

施鞠躬礼要分先后，一般是辈分、地位低的一方先向辈分、地位、职务较高的一方鞠躬。行鞠躬礼必须脱帽，双腿立正，目光注视受礼者，以腰为轴，上身向前倾，男士的双手应贴放于两腿外侧的裤线处，女士的双手应下垂，搭放在腹前。鞠躬的幅度越大，所表示的敬重的程度越大。一般的问候、打招呼弯15°左右，迎客、送客表示诚恳之意，一般弯30°～40°，对最尊敬的师长要弯90°。

（六）合十礼

又称合掌礼，即双手十指相合为礼。在东南亚、南亚信奉佛教的国家以及中国的傣族聚居地，合十礼最为通用。

合十礼具体行法：双掌十指在胸前相对合平，五指手指并拢向上，掌尖与鼻尖基本持平，手掌向外侧倾斜，双腿立直，上身微欠低头。行此礼时，合十的双手举得越高，越体现出对对方的尊敬，但原则上不可高于额头。

（七）拥抱礼

多用于欧美国家，通常与亲吻礼同时进行。在迎宾、祝贺、感谢等隆重场合，无论是官方或民间的仪式中都经常采用。

拥抱礼的行法：两人正面相对站立，各自举起右臂，将右手搭在对方左肩后面；左臂下垂，左手扶住对方右腰后侧。首先各向对方左侧拥抱，然后各向对方右侧拥抱，最后再一次各向对方左侧拥抱，一共拥抱三次。在普通场合行此礼，不必如此讲究，次数也不必要求如此严格。

（八）亲吻礼

多见于西方、东欧和阿拉伯国家，是上级对下级、长辈对晚辈，以及朋友、夫妻之间表示亲昵、爱抚的一种礼节。通常是在受礼者脸上或额上亲一个吻。在遇到喜事或悲伤时，一般也行亲吻礼，表示真诚的慰问。

亲吻的方式为：父母子女之间是亲脸、亲额头；兄弟姐妹平辈之间是贴面颊。在公共场合，关系亲近的妇女之间是亲脸；男、女之间是贴面颊；长辈对晚辈一般是亲额头。

（九）吻手礼

这是流行于欧美上层社会的一种礼节，起源于中世纪的欧洲。在社交场合中，同上层社会的贵族妇女见面时，如果女方先伸出手作下垂式，男方则可将其指尖轻轻提起吻之；若女方不伸手表示，不可行吻手礼。行吻手礼时，如女方身份地位较高，男方以一膝作半跪姿势后，再提手吻之。此项礼节在英、法两国最受重视。

三、名片礼仪

名片在社交中起着非常重要的桥梁作用，被人称作"介绍信"和社交的"联谊卡"，在人际交往中可发挥证明身份、广交朋友、联络感情、表达情谊等多种功能。按名片的内容和用途不同，在日常生活和社会交往中，名片可分为应酬性名片、社交性名片和公务性名片。在人际交往中，对不同的对象要使用不同的名片，以达到不同的效果。

（一）递送名片礼仪

1. 递送名片的时机

（1）希望认识对方。

（2）被介绍给对方。

（3）对方提议交换名片。

（4）对方向自己索要名片。

（5）初次登门拜访。

（6）通知对方自己的变更情况。

（7）想获得对方的名片。

2. 递送名片顺序

递送名片应讲究先后次序，一是由尊到卑递送；二是由近到远递送。

3. 递送名片礼仪

（1）要事先将名片准备好，一到时机马上拿出。

（2）递名片时，要将文字的顺序方朝向对方，以方便对方接后阅读，并用诚挚的语调说："这是我的名片，请多联系"或"这是我的名片，请多关照"等。

4. 递送名片禁忌

（1）没准备好，递名片时，到处翻找，这种情况会给对方造成不佳的印象。

（2）滥发名片。

（3）同一人重复递送名片（更改名片内容除外）。

（4）将对方的母语面向上朝着对方递送。

（5）厚此薄彼。

（6）用左手递送。

（二）接受名片礼仪

当他人递送名片给自己或交换名片时，应立即停止手中所做的一切事情，起身站立，面带微笑，目视对方。接受名片时，宜双手捧接，或以右手接过，切勿单用左手接过。

接过名片后，要说声"谢谢"，并要认真地看，最好轻声念读，以示重视。看完后，要郑重的放进上衣口袋，也可以放入包里，或放入名片夹。接过名片后，切勿看后在手上把玩，也不能放在桌上拿别的东西压着，更不能将名片放在裤兜里，这些都是不尊重别人的表现。

第三节 职场礼仪

一、求职面试礼仪

（一）求职信的礼仪要求

1. 称呼要得体

称呼得体，就是称呼要准确，要有礼貌。一般来说，求职信的收信人是所求职单位中有录用实权的人，如公司的总裁、总经理、人力资源部（组织人事处、人事科）的负责人。要特别留意有决策权人员的姓名和职务，书写要准确，称呼要恰当，因为录用单位从信件中第一眼接触到的就是称呼。最初的印象如何，对于求职信件的最终效果有着直接影响，因而要慎重为之。

求职信一般是在初次交往中使用，对用人单位有关人员的姓名未必熟悉，在求职信件中可以直接称职务或头衔，如果知道阅信人的姓名和职务，最好直接写出来，如"×××经理/处长：您好！"、"某某公司负责人：您好！"、"某某公司经理：您好！"、"某某厂长：您好！"等。如果不知道对方的具体情况，就写上"尊敬的先生/女士：您好"。求职信的目的在于求职，带有"私"事公办的意味，因而称呼要求严肃谨慎，不可过分亲近。当然礼貌性的致辞还是可以适当使用的。

2. 问候要真诚

应酬语起着开场白的作用，问候语可长可短，要切合双方关系，交往浅时不宜言深，以简捷、自然为宜。

3. 内容要清楚、准确

求职信的正文内容要以叙事清楚、材料准确、文辞通畅、字迹工整为原则，格调要谦恭，要根据收信人的特点及写信人与收信人的特定关系组织措辞。

4. 祝颂要热诚

正文后的问候祝颂语虽然只有几个字，但表示写信人对收信人的祝愿，有不可忽视的礼仪作用。祝颂语有格式上的规范要求，一般分两行书写，上一行前空两格，下一行顶格。祝颂语可以套用约定俗成的句式，如"此致"、"敬礼"、"祝您健康"之类，也可以另辟蹊径，即景生情，这往往更能表达出对收信人的良好祝愿。

最后要有落款和写信日期，为表示礼貌，给用人单位领导写信，可写"求职者"或"您未来的部下"等。

（二）面试的礼仪要求

1. 准时入场

面试都有约定的时间，风雨无阻地准时踏入面试场地，意味着求职者是一个有诚意的、讲究信用的、可靠的人，同时还是一个讲求效率的人，一个懂礼貌的人。

守时是一种礼貌，是尊重对方的一种表现。准时还会使主考人员不会因为等待而烦躁，而应聘者也消除了由于迟到而引起的不安。准时入场意味着面试有一个好的开头。

面试最好提前一些时间到达面试地点。这样可以稍有时间稳定情绪、调整心态、整理思路并熟悉环境，以适应气氛。迟到是大忌，如迫不得已迟到了，必须诚恳致歉，略作解释，以求得谅解，但不必就此唠叨个不停，也不必为此惴惴不安，影响求职形象和临场发挥。

2. 面试服饰仪容礼仪要求

一般而言，对求职者仪表仪容的测评约占面试分数的10％左右，可见仪表在面试中的重要性。即使天生丽质、光彩照人，在服饰仪容方面也马虎不得。得体的装扮，会有助于树立良好的形象，增强自信心，同时，也体现了良好的素养，这是尊重别人的表现，还可以掩盖自身体型的某些缺陷。所以，作为外在形象塑造的重要因素，求职者一定要修整仪容，讲究服饰。

（1）服装方面：

求职者面试的着装原则是整洁、大方、线条简洁、格调保守；必须传递出稳重、可靠、有信心以及仔细认真的形象信息，给人以干净利落、有专业精神的良好印象。

着装的最高境界是自然协调，面试着装首先要与面试的气氛相一致。一般而言，面试主考人员评判面试者服装的标准是：协调中显示着人的气质与风度；稳重中透露出人的可信赖程度；独特中显示着人的个性。

值得一提的是，求职者必须针对所要寻求的职位而"装扮"自己，求职者的着装面临的是别人如何看待自己，而不是一味追求自我感觉或维持现状。选择服装的关键是看职位要求，要能反映出求职者对所申请职位的理解程度。

面试服装的式样很讲究。如应聘银行、政府部门、文秘岗位时，穿着要偏向传统正规；应聘公关、时尚杂志编辑人员时，则应在服装上适当有些流行元素，显示出自己对时尚信息的捕捉能力。除了应聘娱乐影视行业之外，最好不要选择太过鲜明突兀的穿着。男生应显得干练大方，女生应显得庄重高雅。

面试服装的色调也很讲究。比如，求职者如果在面试的服装色调上，能巧妙融合所面试公司的标识色彩，那么就会更能取悦主考官。再如，如果所应聘的是管理岗位的工作，那么深蓝色就相当适合，它给人一种稳定感；如果应聘的是充满活力与健康的工作，代表朝气的红色和浅蓝色就相当适合。适当的服装色调能制造易于亲近的感觉。

（2）仪容方面：

求职者仪容打扮方面的原则是：朴素、自然、大方。

男性求职者不要化妆。饰物除领带外，一般不超过两件。最好不要佩戴运动型的手表，不要佩戴任何手镯、项链、徽章。男士头发要梳理整齐，最好面试前去洗手间整理一下。头发干净整洁，不要过多使用发胶；发型款式大方，不怪异，不太长也不太短，前发不要遮眼遮脸为好，鬓角的头发不要过耳。

女性求职者不必刻意化妆，自然或淡妆即可，以健康、自然为标准，勿以浓妆艳抹的形象出现在面试场所，不要过多喷香水，不要佩戴太多的饰物，也不要佩戴不时吸引人视线的饰物。如果戴首饰，在面试时也应选择秀气、高雅、能代表个人品味、搭配得体的首饰，不要佩戴贵重或花哨的珠宝。面试时，要注意不要让首饰发出声音。女士头发要干净清爽，不能有太多的头饰。不要有倾向性太强或太随意的发型，如"爆炸式"、过于高挽的发髻等，这会误导面试人员对你的判断。

男女求职者在面试前都应注意个人卫生方面的问题，如沐浴、刮须、修甲等。

3. 面试中的举止礼仪要求

(1) 就座前的举止礼仪要求。

要主动向面试主持人（主考人员）打招呼。从进入面试现场到就座，这段时间求职者创造出来的形象会给主考人员留下深刻印象，这就是"第一印象"，它对面试成功与否影响极大。其实，从进入面试场所开始，主考人员就在留意求职者走路的姿态、目光的情况和表情等状态。该时段的礼仪要求有如下几点。

1) 步态要稳健。

从容而坚定的步态能体现一个人的信心和勇气。步幅不宜过大，身体不可过度摇摆，步速可慢一点。这时应神情自然，保持微笑，看着主持人的眼睛，不可东张西望或面露怯意、甚至不敢抬头。要以友好谦和的表情迎向主考人员。

2) 招呼要热情。

必须热情地向在座的主考人员打招呼，切不可一声不吭或只是点头致意就忙着找座位坐下。这只能说明你是个缺乏热情和礼貌的人，甚至会给人留下冷傲的印象。打招呼时一定要称呼主考人员的姓，要是不知道，可以请主考人员重复介绍他们的姓名。正确打招呼的方式是："您好，×××先生，我叫×××，一直希望与您见面。"

3) 握手要专业。

握手作为最重要的一种身体语言，在面试中非常关键。专业化的握手是创造好的第一印象的最佳途径。不少企业把握手作为考察一个应聘者是否专业、自信的依据。

握手应该能够传递出热情友好的信息，要有"感染力"。这期间，必须保持微笑，保持目光接触。握手时用一只手即可，手必须干净、温暖而无汗。

握手时间太长，说明过于紧张，而面试时太紧张会给面试人员以无法胜任这项工作的疑虑；轻触式握手显示缺乏信心，会给面试主考人员以不善于和人相处的感觉；远距离在对方还没伸出手之前，就伸长手臂去迎接面试主考人员的手，表示太紧张或害怕，可能会让面试主考人员认为不喜欢或者不信任他们。

4) 坐姿要讲究。

在坐下之前一定要站着等待，一定要等主考人员指给你就座的地方，不可四下找座位，坐下时应道声"谢谢"。动作应稍慢，身体稍向前倾，面带微笑。这能表明你是一个富有合作精神的人，是一个好的听众。

坐姿也有讲究，良好的坐姿是给面试主考人员留下好印象的关键要素之一。一般以坐满椅子的三分之二为宜，上身挺直，身体要略向前倾，保持轻松自如的姿势，这样既能表现出对主考人的友善和兴趣，又能表现出你的积极性和竞争性。不要弓着腰，也不要把腰挺得很直，这样反倒会给人留下死板的印象。要精神抖擞，表现出精力和热忱，松懈的坐姿会给人疲惫不堪或漫不经心的感觉。

面试主持人可能请你抽烟，你一定不要吸烟并致谢。

(2) 就座后的举止礼仪要求。

面试进行中，求职者礼仪方面的良好表现会极大地赢得主考人员的尊重和注意。

1) 保持微笑。

微笑是友好、谦虚的表示，热情、和蔼的体现，但必须是诚意的微笑，是发自内心、自信的微笑，这时，你的微笑便是最积极、有亲和力的体态语言之一，表现出热情、开朗、大方、乐观的精神状态。微笑也是自信的表现，能消除紧张情绪，提升外部形象；能增进与面试主考人员的沟通，改善与面试主考人员的关系。赏心悦目的面部表情者的应聘成功率远高于那些目不斜视、笑不露齿、表情呆板的人。倾听时也要不时面带微笑，但不宜笑得太僵硬或矫揉造作，一切都要顺其自然。

2）保持不卑不亢的态度。

面试是一个双向选择的过程。主考人员根据你的表现不断地进行权衡、选择和判断；而你也在了解并有权选择你的应聘单位。既不能因为你是来自名校、热门专业以及拥有优秀的成绩而咄咄逼人，显示出优越感；也不能因为你是求职者而低声下气，以乞求的神情去争取应聘岗位。对主考人员的尊重是必要的，但要记住：双方是平等的。不卑不亢的态度，体现出来的是自尊与自信，这一点往往能感染主考人员，并赢得尊重，留下好印象。

3）注意体态语言。

体态语言能传递相应的信息，任何不慎重的体态语言都会损害你原本良好的形象。举止体现着一个人的修养和风度，粗俗习气的行为举止，会使一个人失去亲和力，而稳重大方则会受到人们普遍欢迎。在陌生的主考人员面前，坐、立、行等动作姿势正确雅观、成熟庄重，不仅可以反映出个人特有的气质，而且能给人以有教养、有知识、有礼貌的印象，从而获得别人的喜爱。总之，得体的体态语言，会推动你顺利走向成功。

眼，以安然、柔和的目光看着（而不是盯着）主考人的眼睛或鼻眼三角区（社交区），目光平和有神，神情镇定自若。专注而自然的眼光，是专心、真诚、坦率和认真态度的表现。如果不止一个人在场，要经常用目光扫视一下其他人，以示尊重和平等。

对面试主考人员应全神贯注，目光始终聚焦在面试主考人员身上，在不讲话的时候，恰当的眼神能展现出自信、智慧及对对方的尊重，还体现出对应聘单位的向往和热情。注意眼神的交流，这不仅是相互尊重的表示，也可以更好地获取一些信息，与面试官的动作达成默契。回答问题前，可适当转移视线约两三秒钟做思考，回答问题时，应把视线收回来。切忌眼神飘浮不定。

头，保持微微地上扬。倾听时，头偶尔稍倾一下。轻缓而不时频繁地点头，能表明你的重视和兴趣，也显示你平易近人的个性品质，给人以一个专注聆听者的印象，这对讲话者也是一种鼓励。

嘴，如果不时把手放在嘴上或撅嘴，或咬嘴唇，或常咧开嘴大笑，都会给人"不诚实"或"不稳重"的印象。嘴的动作必须是自然、有分寸的。

手，让双手发挥积极的作用，传递坦诚的信息。说话时做些适度恰当的手势，可加大对某个问题的形容和力度，是很自然的体态语言，可手势太多也会分散人的注意力，需要时适度配合表达即可。最好不要随便使用手势，频繁使用手势会让人觉得你因为表达困难而非要借助手势不可。面试中许多手势也应该禁用，如两臂交叉在胸前，把手放在邻座椅背上，手上不停地摆弄某件东西，手插在口袋里，十指交叉放在脑后，不停地用力挥手等，因为这些动作都是消极情绪的体现。讲话时有时适当地把手掌心向上，或思考问题时偶尔短时间将十指朝上对顶成尖塔状，这都能表现出坦诚和谦虚。最好是把双手自然地放在椅子的两边扶手上。当你的手实在无处可放时，拿着本子或笔放在膝盖上，也是一种好的选择。有些求职者由于紧张，双手不知道该放哪儿，而有些人过于兴奋，在侃侃而谈时舞动双手，频繁耸肩，这些都不可取。不要有太多小动作，切忌抓耳挠腮、用手捂嘴说话，这是不成熟的表现，这样显得紧张，不专心交谈。不要为表示亲切而拍对方的肩膀，这很失礼。

脚，男性的双腿可以稍微自然分开，女性则应双腿并拢，尤其在着裙装时，保持小腿与地面的基本垂直。千万不要摇晃或双脚互擦，或踢脚边的东西，或用脚不时摩擦地面，这会被认为是不满、不屑甚至敌意的表现。切忌跷腿并不停抖动，这容易给人一种轻浮傲慢、有失庄重的印象。

4. 面试中的语言礼仪要求

一个人的言谈，能客观反应其文化素质和内涵修养，面试时求职者的言谈也会折射出其内秀。面试时有礼仪的出色口才对获得成功有极大帮助。

(1) 谈话时注视对方。

在与面试主考人员交谈的时候要注视对方，不要低着头或看别的地方。如果同时有几位主考人员，要照顾到每个人。这样做一是表示对面试主考人员的尊重；二是说话时注视对方也是一种自信的表现；三是能表明应聘者主动与面试主考人员沟通，会给人留下热情开朗、主动进取的印象。谈话礼仪体现了应有的礼貌，这会使你获得面试主考人员的好感，让你受到欢迎。作为应试者，不仅要时时注意面试主考人员在说什么，还要注意着面试主考人员的表情有哪些变化，以便能准确地把握住其思想感情。

如果不敢正视对方或目光游移，会被面试主考人员认为你害羞、害怕、大方不足或风度欠佳、没有礼貌而影响他对你的印象，甚至觉得你另有隐情而引发进一步的追问。

(2) 交流中注意倾听。

良好的交谈是建立在相互都善于倾听的基础上的。在面试过程中，面试主考人员的每一句话都是非常重要的。要专心致志，认真聆听，记住面试主考人员所说的每句话，才能回答好面试主考人员的问题。对方提问时，不要左顾右盼，否则主考人会误认为你缺乏诚心和兴趣。更重要的是，倾听是一种很重要的礼节，认真倾听对方的谈话，对对方说的话表示出兴趣，是一个有教养、懂礼仪的人在言谈交流中的应有表现。注意倾听，能充分表示出对面试主考人员的尊重和对其谈话的重视。在面试言谈交流中，目光要注视面试主考人员，始终面带笑容，谦恭和气，身体微微前倾，适时做出一些如点头、会意的微笑、提出相关问题等反应。切忌随意打断面试主考人员的讲话。

(3) 注意音量和节奏。

面试时，求职者的说话声音不能太小或太大，这都会给面试主考人员留下自信不足的印象。要注意讲话节奏，控制语速，要保证面试主考人员能听清楚，听明白。不顾及对方感受，一味地滔滔不绝，也是不礼貌的行为。

(4) 注意讲话的艺术。

求职者无论是在介绍、阐述或回答问题时，语言都要求准确、概括、简洁，要善于用语言来表现自己，给面试主考人员留下难忘的记忆；要注意语言逻辑，做到层次分明、重点突出；尽量不要用方言、土语和口头语，以免对方难以听懂。当实在不能回答某一问题时，应如实告之，不能含糊其辞或胡吹乱侃。

5. 面试结束时的礼仪

不管你已经意识到会有什么样的面试结果，在面试结束退场时都必须保持同样的彬彬有礼，要控制自己，以一种善始善终的态度，维护你在整个面试中的整体形象，并努力在最后一刻给主考人留下一个好印象。

当确定面试结束时，要果断地先站起来，这之前要拿好你的东西，并确保在你站起来之时不会掉得满地都是。不要一边告辞一边匆忙地寻找和收拾你的东西。眼睛要平视主考人，面带微笑，身体前倾，让对方再一次感受到你的热情、爽朗、刚毅、果断和自信。也许正因为在退场时的优雅表现，主考人才决意录用你。

6. 面试后的礼仪

面试结束并不意味着求职过程就此完结。许多求职者只注意面试时的礼仪，而不注意面试后接下来的等待日子，还有一些礼节性的步骤要完成，这些步骤往往能加深应聘单位或主考人员对求职者的印象。以下是面试后应该注意的一些礼仪事宜。

（1）及时表示感谢。

为了加深主考招聘人员对自己的印象，面试后两天内，最好能给主考招聘人员打个电话或写封信表示谢意。面试后及时表示感谢是十分重要的，因为这不仅是礼貌之举，也会使主考招聘人员在作决定时留有印象，这往往可以增加求职成功的可能性。但感谢必须注意简短，电话感谢最好不要超过3分钟，感谢信最好不超过一页。问候后及时报上姓名及简单情况，提及面试时间，并对主考招聘人员表示感谢。如可能的话（比如在电话中感觉对方并没有因为被打扰而不耐烦），可重申自己对招聘单位和应聘岗位的兴趣，补充些对求职成功有用的材料，补救或尽量修正面试时可能留下的不良印象，并再次表明加盟的诚意和愿望。

（2）耐心等待，不要过早打听面试结果。

在一般情况下，面试结束后，招聘单位都要进入讨论和投票、送人事部门汇总、最后确定录用人选等正常程序，求职者在这段时间内一定要耐心等候消息，不要过早或频频打听面试结果。一般来说，在面试两周后或在面试主考人员许诺的通知时间已到、还没有收到对方的答复时，才应该写信或打电话给招聘单位，询问是否已作出了决定。

（三）面试礼仪禁忌

1. 不能准时入场

必须准时出现在面试地点，否则一开始就会给面试主考人员留下对面试不重视、不讲效率、不珍惜别人的时间、没有礼貌等不好的印象。

2. 着装举止不得体

着装举止不得体。如服饰怪异，或不相称、不搭配、不干净；进门时表现慌里慌张；面试中毫无表情，或左顾右盼，或面带疲倦、哈欠连天，或窥视主考人员的桌子、稿纸和笔记，或不停地看手表，或面试顺利时，得意忘形、大声喧哗等。

3. 当面询问面试结果

面试完毕，对面试主考人员说声谢谢就行了。

4. 不打招呼

进门时不打招呼，临走时不说谢谢，连最起码的礼貌都不懂。临走时应该以一种真诚的态度对面试主考人员说：认识您很高兴，谢谢您宝贵的时间。即使求职者认为自己面试效果不理想，也不能转身就走，扬长而去。

5. 急于表现自己

比如一上来就说英语，这样，会给人哗众取宠、华而不实的感觉。

6. 面试过程中接手机

面试过程中接手机，这是非常忌讳的。

7. 为一些小事或失误过多解释或道歉

比如迟到了，对面试主考人员说一句抱歉就行了，或者简要加上真实的原因，不要试图编故事，越抹越黑。

8. 随意打断、转移主考人员的讲话

随意打断面试主考人员的讲话，或者随意转移话题，这会引起面试主考人员的反感。更不要试图控制局面或支配话题，即使与面试主考人员在观点上有分歧也不要面露不满，甚至情绪激动，与面试主考人员顶撞和辩论。

二、办公室礼仪

办公室既是工作场所也是公共场合，工作人员在日常工作中，必须遵守办公室的礼仪规范。就时间而论，办公室礼仪适用于一切上班时间；就地点而论，办公室礼仪适用于一切办公地点。

（一）办公室的关系礼仪

1. 上下级之间相处的礼仪

在任何一个单位中，上级与下级的关系都是最基本的关系。这个基本关系处理的好坏，对一个职员的前途和发展有至关重要的影响。因此，讲究上下级之间的礼仪对搞好上下级的关系是非常重要的。搞好上下级关系的礼仪技巧主要有以下几点。

（1）互相尊重。作为单位的领导，一般具有较深的资历、较高的威望和能力，有很强的自尊心。作为下属，应当维护领导的威望和自尊，充分尊重领导。在领导面前，应谦虚，不能顶撞领导，特别是在公开场合。即使与领导的意见相反，也应在私下与领导说明。

（2）听从指挥。领导对下属有工作指挥权，下属要忠诚于领导，支持领导。对领导在工作方面的安排、指挥必须服从，即便有意见或不同想法，也应执行，对领导指挥中的错误可事后提出意见，或者执行中提出建议。

（3）摆正位置，保持距离。这是搞好上下级关系的前提。作为下级，如果过于傲慢，则会把关系搞僵；过于自卑，则不能建立正常的关系；过于俗套，则易把关系弄成钱权关系；过于谄媚，易让人生厌。因此，对上级既热情又不过火，既大度相处又不缩手缩脚；既不有意"套近乎"，也不自视清高，不卑不亢是最恰当的方法。与上级保持应有的距离。在单位中，应忌讳有意宣扬与上级关系过分亲密的做法。不管自己与上司的私人关系如何，在工作中都要公私分明。对上级，你可以去了解他的性格、作风和习惯，但不可去窥探领导的个人隐私；可以去了解领导的意图和主张，却不必事无巨细地去了解每个细节。

（4）不要求全责备。下级要理解上级，对上级的工作应多出主意，帮助领导干好工作。不要轻言传言，不要在同事之间随便议论领导，或搬弄是非，更不能指责领导。当然，对个别品德很差、违法乱纪的领导，另当别论。上级对下级要用人所长、容人所短，多为下属考虑。

（5）求同存异、冷静地处理矛盾。上下级之间难免因工作产生矛盾和意见分歧。上下级之间遇有矛盾，如非原则问题，应从团结的愿望出发，尽力缓和与消除矛盾。作为上级要与人为善、以"礼"服人。态度一定要冷静，要虚心听取下级意见，不能自以为是，固执己见，以权势压人。有些问题一时搞不清楚，不妨采取"冷处理"的办法。如果是上级错了，则可在适当的时机，用真诚而友善的态度认错道歉。如果是原则问题，态度应鲜明，决不迁就。即使发生了争执，双方都不应耿耿于怀，更不可因此而抱有成见，寻机打击报复。

（6）不要有嫉妒之心。当下级（或上级）取得了进步，工作中有了成绩时，作为上级领导（或下级）应真诚祝贺，与下级（上级）共享成功的快乐；而不能讽刺挖苦，或想方设法抢功邀功，更不能不择手段中伤别人。

（7）提建议要讲究方法。在工作中给领导提建议时，一定要考虑场合，注意维护领导威信。提建议一般应注意两个问题，一是不要急于否定，而应先肯定领导的大部分想法，然后有理有据地阐述自己的见解；二是要根据领导个性特点确定具体的方法。如对严肃的领导可用正面建议法，对开朗的领导可用幽默建议法，对年轻的领导可用直言建议法，对老领导可用委婉建议法。

2. 同事之间相处的礼仪

步入职场，每一个人都要长时间地与同事相处，关系能否和谐、融洽，对工作是否可以轻松、愉快、顺利进行有着很大的影响。同事之间相处讲究礼仪，对处理好相互之间的关系尤为重要。同事之间相处的礼仪技巧主要有以下几点。

（1）真诚合作。一件工作需要多方合作方能做好，同事间一定要齐心协力，相互支持。属于自己的工作一定不能推卸责任；需要帮忙时，应与同事商量，切勿强求；对方需要帮助，则应尽力去做。要把同事关系建立在平等互助的基础上。

（2）互相尊重。尊重同事，也包括尊重同事的工作。当同事工作出色时，应予以肯定和祝贺；当同事遇到不顺心的事情时，应予以同情和关心；协作时，注意不要越俎代庖，以避免误会，引起不快。尊重同事的人格，也要尊重同事的物品。未经许可不要随意挪用同事的物品，用前要打招呼，用后要归还。

（3）公平竞争。同事之间存在竞争是正常的。可以毛遂自荐，通过自身的努力超过别人。不可不择手段、弄虚作假，或借贬低别人来抬高自己，或踩着别人的肩膀往上"爬"。

（4）宽以待人。"人非圣贤，孰能无过"，要勇挑重担，工作不挑肥拣瘦；与同事合作取得成绩时，要多讲同事的功劳；出现失误时，要主动多承担责任，不要揽功推过；与同事发生分歧和矛盾时，要及时地、开诚布公地交换意见，严以责己，宽以待人，以诚意和真心对待同事。对同事要先看长处，多看长处，多学习他人的长处。

3. 办公室异性同事之间相处的礼仪

现代职场，与异性同处一个办公室在所难免。但如果异性同事之间关系处理不当，不仅会给本人和对方带来麻烦，还会对单位造成一定影响。因此，办公室异性同事交往需要把握好礼仪尺度。

（1）保持适当的空间距离。

（2）交往不超出友谊的范畴。

（3）谈话不超出工作范畴。

(4) 衣着避免短、露、透。
(5) 避免不必要的肢体动作。
(6) 严以律己，宽以待人。
总之，只要心态放正、举止大方、言谈文明，是可以与异性同事和谐相处的。

4. 新员工应该注意的礼仪

(1) 多观察、多倾听、多思考。进入新单位，无论是什么职务、什么资历，刚开始时，评价性的言语尽量少说，应注意多观察和倾听。在没了解同事或事情的前因后果时，不要轻易发表自己的看法。多思考，赢得上司注意的好办法是拿出经过思考的、成熟的结论，这才会赢得上司和同事的信任。

(2) 善待每一个人。要善待每一个人，但不是无原则地讨好。善待每一个人，这会大大调和你的工作气氛，提高办公室的工作效率，提升你在单位中的人气。

(3) 保持谦虚谨慎的态度。谦虚的人总是受人欢迎的。要赢得广泛的尊重，能力当然是重要的，但谦虚也不可缺少。

(4) 真心诚意、主动做事。不管是暂时的表现，还是真诚的主动，同事都会看在眼里、有所判断。行动胜于一切，坚持下去，时间会积淀出印象的。

(5) 不要太计较报酬的多少。初入职场，最忌未作贡献，动辄就提报酬。必须明白这样一个道理：只要付出，总会有回报。现在多做一点，多付出一点，将来一定会回报在自己的事业中。

(6) 凡事最好亲自动手，除非万不得已。动辄求人，容易给人一种懒散、无能力的印象，别人会自动疏远你。

5. 办公室的言谈举止礼仪

办公室里的言谈要求文明礼貌、热情规范，举止要求优雅有礼、得体大方。不雅的话语、粗俗的举止都应避免。

(1) 多用动听的问候。恰当的问候能表达出对别人的尊重和关心。
(2) 恰当地使用称呼。
(3) 用语规范，言谈要考虑场合、对方的身份和感受。
(4) 避开敏感话题，不要背后议论是非。
(5) 出入房间有礼貌。进入房间，要轻轻敲门，听到应答后再进。进门后，回手关门不能大力、粗暴。进入房间后，如对方正在讲话，要稍等静候，不要中途插话，如有急事要打断说话，需看准时机，并且说："对不起，打扰一下。"
(6) 递交文件时，要正面、文字朝向对方；递交钢笔时，要把笔尖朝向自己；递交剪刀等工具时，应把刀尖朝向自己。
(7) 拿文件等物时要用左手贴近身体的中心；拿伞等长形物体时，应注意不要影响对方，尽量贴近自己的身体。
(8) 在走廊里要放轻脚步，不能边走边大肆谈笑，更不得唱歌或吹口哨等。遇到上司或客户要礼让，不能抢行。
(9) 在开会或同事聚集的场合，不要对任何不同意见做出轻蔑的举止；不要对同事、上司或客户指手画脚。
(10) 要把自己的办公桌整理得干干净净，不可将废纸乱丢一地。

（11）将手机声音调低或调为振动，以免影响他人；打电话时尽量放低声音，如果是私人电话，尽量减少通话时间。

（12）避免在办公室随便翻动其他同事桌上或计算机上与自己无关的任何文件资料，工作时吃零食、抽烟、照镜子、化妆、涂指甲、高声喧哗、旁若无人地高谈阔论、嬉戏唱歌等不合时宜且不礼貌的行为。

（二）办公室公共区域内的礼仪

1. 上下楼梯的礼仪

一般上下楼梯时，应遵循"单行右行"的规则，以免阻挡他人。若为他人带路时，应走在前头；与尊长、女士同行，若楼梯过陡，下楼时，应主动走在前面；上楼时应主动走在后面。不要站在楼梯上或楼梯拐角处久谈。上下楼梯既要注意安全，又要注意与身前、身后的人保持一定的距离，以防碰撞。

2. 进出电梯的礼仪

（1）遵循的原则：

陪同他人乘坐电梯，若无人操作时，陪同者应先进后出，以便操纵电梯；若有人操作时，陪同者应后进先出。

（2）乘电梯时的礼仪：

操作：乘无人值守的电梯时，按键操作是晚辈或下属应做的事情。

等候：面向电梯、右侧等候。留出左边给从电梯里出来的人，以不妨碍电梯内的人出来为宜。

进出顺序：等电梯里的乘客走出之后再按先后顺序走进电梯；伴随客人或长辈进入无人值守的电梯时，应先行进入，并操作电梯，再礼貌地请客人或长辈进入电梯。有人值守时，则让客人或尊长者先进入电梯。

在自己的目的地楼层快到时，应尽早等候在电梯门旁，不应等电梯门打开后，才匆匆忙忙出来；陪同客人或尊长者时，则亲手操作电梯按钮，请客人或尊长者先走出电梯。

需注意的其他礼仪细节：进出电梯后不要站在近门处；在电梯间要保持安静不要大声说话；要保持清洁卫生，不在电梯内吸烟；电梯每次载客量是有限的，当满员铃响的时候，最后走进的一位要自觉退出电梯。

3. 使用公共设备的礼仪

（1）使用电话。不要用单位电话打私人的电话尤其是长途电话。不要在办公室里打电话聊天，以免影响他人工作。

（2）使用计算机。要正确使用计算机，如果不会使用可以请别人帮助。不要自行拆装，要注意保养。每次使用之前，若有时间，可进行计算机杀毒，使大家都有一个安全的使用环境。要注意文件的保密，不要偷看别人的资料。不要占用他人的存储空间或软盘。不要在工作期间在计算机上玩游戏，或做私人的事情。

（3）使用复印机。复印机是单位里使用频率较高的办公设备，容易与同事在使用时间上发生冲突。要遵循先来后到的原则，但是如果后来的人印的数量比较少，可让其先印。当先来的人已花费了不少时间做准备工作，那后来者可以等一会儿再来。不要使用办公室的设备复印私人的资料。如果碰到需要更换碳粉或处理卡纸等问题却不知道如何处理时，可以请别人来帮忙，不要悄悄走掉，把问题留给下一个同事，让人觉得你不为别人着想、遇到困难和责任不敢承担。使用完毕后，不要忘记将你的原件拿走，否则容易丢失原稿或走漏信息，给你自己带来不便。使用完后，要将复印机设定在节能待机状态。

4. 办公室接听电话的礼仪

（1）电话铃响起后，应马上去接。尽量不让铃响超过3次，否则给人感觉公司办事缺乏效率。

（2）拿起听筒时，主动自报本公司的名称和所属部门名，如"我是××公司××科"。

（3）友善亲切地询问对方的名称，并牢记在心里。

（4）若是外部公众打来的电话，应先温情地说一声"谢谢您对我们关心"之类的话。再听具体内容；若是本公司内部公众，马上就可以进入工作交谈。

（5）如果是代传电话，先明确是"谁给谁的电话"然后马上呼喊接电话人，并请对方稍候片刻。

（6）若指名接电话的人不在时，迅速按下列要领做好记录：对方单位名称，所属部门、姓名，具体内容，来电话的日期和时间，是否需要回电话，回电话给何单位何人等。记录完毕后应复述一次，以检查是否有遗漏和错误之处。

（7）自己不太了解的公务电话，应判断理想的人选，并告知对方"马上叫主管××来听电话"。

（8）若是一般公众的投诉电话，首先应表示歉意。

（9）耐心、友善、和气地倾听公众倾诉，并用积极的话语让公众畅所欲言。

（10）如果有能力解决，可马上给予答复。

（11）如果不能解决，告知公众给予答复的时间，并再次真诚地道歉。

（12）电话结束时，不宜先把电话挂上，应先等打电话方挂上电话后再轻轻放下话筒。

5. 会务接待的迎送礼仪

迎送礼节是指接待服务人员在迎送开会宾客时的礼节。这种礼节不仅体现了对来宾的欢迎和重视，而且也反映了接待的规格和服务的周到。

（1）精神饱满。

（2）服装整洁。

（3）笑容满面。

（4）迎送宾客时，应主动迎上去。

（5）一手打开车门，一手遮挡车门上沿，以防宾客头部碰撞到车门框。但注意有两种宾客是不能遮挡的，一是信仰伊斯兰教的，二是信仰佛教的，因为他们认为这样做"佛光"被遮住了。

（6）对于老弱病残的宾客，拉开车门后还要主动搀扶其上下车；对不愿他人搀扶的宾客，不必勉强，多尊重其意见，但要多加注意，随时准备采取应急措施。

（7）对于重要的宾客，必要时应组织管理人员和服务人员在大厅或大门口列队迎送，迎送的队伍要排列成行，精神饱满，服装整洁，笑容满面，气氛热烈。在宾客全部进入或离去后，迎送人员方可撤离。

三、接待与拜访礼仪

接待和拜访是公务或商务活动中一项经常性的工作。接待和拜访中的礼仪表现，不仅关系到个人的形象，而且还涉及社会组织的形象。因此，接待和拜访的礼仪历来受到重视。

（一）服务台的接待礼仪

（1）前台服务应思想集中、精神饱满、真诚微笑、着装整洁，仪表仪容端庄整洁。

（2）业主来到服务台，应主动与其打招呼。

（3）接受问询时，应双目平视对方脸部眼鼻三角区，专心倾听，以示尊重和诚意。

（4）对有急事而词不达意的业主，应劝其安定情绪，然后再问："先生（太太），别着急，请慢慢地讲，我正在听。"

（5）对长话慢讲、细述详述的业主要有耐心，细心听清要求后再作回答，决不能敷衍了事或拒之门外。

（6）答复问询时，做到百问不厌，有问必答，用词得当，简洁明了，不能说"也许"、"大概"等没有把握或含糊不清的话。

（7）自己能回答的，要随问随答，决不推诿。

（8）对不清楚的事，不能不懂装懂，随便回答，不可轻率地说："我不知道"一推了事。经过努力，确实不能回答时，应表示歉意说："对不起，这个问题现在我无法回答，让我了解清楚后再告诉您。"

（9）在填写访客单前，应先问明对方的情况。

（10）待访客出示相关的证件（介绍信、身份证、工作证等）后，方可填写访客单。

（11）接受访客出示的证件时，应双手接下及时奉还，并应致谢，知道客人姓氏，尽早称呼。

（12）遇不明身份者，应问清情况，及时用电话与业主或使用人联系，视情况填写访客单。

（13）建立岗位记事本，发现异常情况，无论如何处理，都应记录在记事本上。

（二）拜访礼仪

1. 约好时间

拜访前，应事先联络妥当，尽可能事先告知，最好事先和对方约定一个时间，以免扑空或打乱对方的日程安排，即使是电话拜访也不例外，不告而访是非常失礼的。

如果双方有约，应准时赴约，不能轻易失约或迟到。但如果因故不得不迟到或取消访问，一定要设法在事前立即通知对方，并表示歉意。

拜访应选在适当的时间，选择一个对方方便的时间。做客拜访一般可在平时晚饭后或假日的下午，要避免在吃饭和休息的时间登门造访。

2. 做好准备

（1）明确拜访目的。

（2）准备有关资料。

（3）设计拜访流程。

（4）电话预约确认。

（5）注意礼仪细节。

3. 上门有礼

到达拜访地点后，如果对方因故不能马上接待，可以在对方接待人员的安排下在会客厅、会议室或前台安静地等候。如果等待时间过久，可以向有关人员说明，并另定时间，不要显出不耐烦的样子。有抽烟习惯的人，要注意观察该场所是否有禁止吸烟的警示。即使没有，也要问问工作人员是否介意抽烟。如果接待人员没有说"请随便看看"之类的话，就不要随便东张西望，到处窥探，那是非常不礼貌的。

到达被访人所在地时，一定要事先轻轻敲门，进门后等主人安排后方可坐下。后来的客人到达时，先到的客人应站起来，等待介绍或点头示意。对室内的人，无论认识与否，都应主动打招呼。

如果与对方是第一次见面，应主动递上名片或作自我介绍。熟人可握手问候。如果你带其他人来，要介绍给主人。

接茶水时，应从座位上欠身，双手捧接，并表示感谢。

吸烟者应在主人敬烟或征得主人同意后方可吸烟。

和主人交谈时，应注意掌握时间。有要事必须要与主人商量或向主人请教时，应尽快表明来意，不要不着边际，浪费时间。

4. 礼貌告辞

拜访结束时彬彬有礼地告辞，可给对方留下良好的印象，同时也给下次的拜访创造良好的氛围和机会。所以，及时告辞、礼貌告辞这一环节相当重要。

拜访时间长短应根据拜访目的和主人意愿而定，通常宜短不宜长，适可而止。当接待者有结束会见的表示时，应立即起身告辞。

告辞时要同主人和其他客人一一告别。如果主人出门相送，应请主人留步并道谢，热情说声再见。

中途因特殊情况不得不离开时，无论主人在场与否，都要主动告别，不能不辞而别。

5. 拜访过程应注意的礼仪

（1）准时到达。

（2）控制时间。

（3）注意言谈举止。

（4）处理好"握手"与"拥抱"的关系。

（5）尊重对方习惯。

（6）服饰得体。

（7）事后及时致谢。

第四节 语 言 艺 术

一、公共关系语言沟通的技巧

（一）对语言传播者而言

1. 要明确语言传播的目的。为了建立感情，或是为了推销产品，或是为了其他目的。目的不同，谈话的"进入点"就不同，找准最佳"进入点"就为取得传播效果开了个好头。

2. 要认定自己的社会角色与传播角色，即知道"我是谁"，以便说话的内容、方式符合这一角色。

3. 不仅要用口说话，还要投入自己的全部身心。除了较好的口才、雄辩的能力和遣词造句的运用，还要做到热情、亲切、诚恳，声情并茂方能打动人心。

4. 要注意一些细节问题，如用语的礼貌、结论的客观、评定事物的口吻等，最好不要用"你（们）应该……"、"你（们）不应该……"一类的语气，避免给人留下主观武断、自吹自擂的感觉。

（二）对语言传播内容而言

（1）应确定传播的主题，并围绕主题形成自己的看法，做到有的放矢，不失良机。

（2）在传播过程中要始终围绕主题、紧扣主题，并且要做到放得出去、收得回来。如主题是介绍产品质量，也可以同时介绍本组织的管理情况，但目的也是为了说明产品的质量。

（3）在传播中还应力求避免华而不实，避免卖弄学问，避免使用过于华丽的辞藻，把重点放在内容和实质问题上，最好使用通俗化的语言，特别是面对不同层次的传播对象时尤其应该掌握这一技巧。

（三）对语言传播媒介的"口语"而言

（1）要注意用语准确、简洁。

（2）要注意口语的流畅、连贯。

（3）还要学会控制声音。

（四）对语言传播对象而言

（1）尽可能了解传播对象。

（2）在任何情况下都要尽量尊重传播对象。

（3）要注意运用聆听艺术。

（五）对语言传播效果而言

（1）要使谈话内容富有知识性和信息量，能给人以新鲜感和启迪性。

（2）要努力创造一种轻松、欢快的气氛。

（3）注意谈话的具体外部场景。

二、公共关系语言沟通的运用

（一）日常接待

在物业管理的日常工作中，经常要接待上门来拜访、洽谈、参观的客户。

对于组织主动邀请的客户，首先要用简洁的语言把公司的情况和接待人员本人的情况作一个介绍。通过交谈了解对方的需要，把是否能满足对方的需要及条件阐述清楚，以便对方作出选择。

如果是未经邀请临时上门联系事务的客户，接待人员要在符合礼貌原则的前提下迅速问清楚上门客户来意，一般是先寒暄几句创造轻松气氛，再进入话题。明确来意后，接待人员要用语义明确的词语给予对方清楚的答复，一时不能肯定或否定的，要说明原因，不要让对方有"白跑一趟"的感觉。接待结束后，要主动关心对方的去从，当对方对下一步的去从犹豫不决时，应使用关切的语言尽力给予帮助，这对于双方感情的建立很有帮助，有利于今后的联系、合作。

（二）会议会谈

会议会谈是社会组织有目的的语言沟通活动方式。新闻发布会是社会组织传播信息的最好形式之一。新闻发布会的接待人应热情大方，礼貌用语，使来宾有良好的第一印象；

主持人要语言幽默,善于言辞,方式灵活,以调节和控制会场气氛;发言人的用语则该庄重、准确、贴切、精炼,必要时也可以穿插使用幽默风趣的话语,但不能过分。对于记者提问应尽量回答,不能回答的或牵涉组织机密不能公开的,一般应采取回避态度,但不要用生硬的语言,要"临危不惧",自始至终保持镇静,可以通过适当的言辞变化转变话题或作解释,以避免紧张气氛。一般来说通情达理的记者也就不再继续追问了。

对于礼节性聚会,不必太重视交谈的题目,重在保持联络、加深感情,因此可以在形式上多做文章,使气氛欢快生动,尽量照顾客人的谈兴。

(三)公务谈判

公务谈判是社会组织就共同关心的问题相互磋商、交换意见、寻求解决途径和达成协议的一种活动。它通常分为导入、概说、明示、交锋、妥协、协议六个阶段。这一过程是语言沟通方式在公关活动中的又一种运用,它要求公关人员不管在谈判中的哪一个阶段,都应出于对双方利益的兼顾而运用语言策略,通过正当方式使双方利益合理分配,从而达成最后协议。1997年7月1日香港回归中国,就是中国政府在"求大同、存小异"的原则下与英国政府经过多年的谈判后达成协议的结果。

三、掌握礼貌服务用语 50 句

(1) 请!
(2) 您好!
(3) 欢迎。
(4) 恭候。
(5) 久违。
(6) 奉陪。
(7) 拜访。
(8) 拜托。
(9) 请问?
(10) 请进!
(11) 请坐!
(12) 谢谢!
(13) 再见!
(14) 对不起。
(15) 失陪了!
(16) 很抱歉!
(17) 请原谅!
(18) 没关系!
(19) 别客气。
(20) 不用谢!
(21) 请稍等。
(22) 请指教
(23) 请当心!
(24) 请走好。
(25) 这边请。
(26) 您先请。
(27) 您请讲。
(28) 您请放心。
(29) 请多关照。
(30) 请跟我来。
(31) 欢迎光临!
(32) 欢迎再来!
(33) 请不要着急。
(34) 请慢慢地讲。
(35) 让您久等了。
(36) 给您添麻烦了!
(37) 希望您能满意!
(38) 请您再说一遍。
(39) 请问您有什么事?
(40) 请问您是否找人?
(41) 我能为您做什么?
(42) 很乐意为您服务!
(43) 这是我应该做的。
(44) 请随时跟我联系。
(45) 我会尽量帮助您的。
(46) 我再帮您想办法。
(47) 请把您的需求告诉我。
(48) 请您多提宝贵意见!
(49) 不清楚的地方您尽管问。
(50) 您的需要就是我的职责。

【练习与思考】

1. 人与人进行语言交流时,要注意哪些技巧?
2. 在接待客户时要注意什么?
3. 请说明穿着西装的礼仪要求。
4. 对照个人举止行为规范,找出自己在这方面的缺点。
5. 握手礼的适用范围及应注意的礼节有哪些?
6. 求职面试应该注意哪些礼仪?

7. 新参加工作应该注意哪些礼仪？
8. 接待和拜访的礼仪主要包括哪些内容？

【案例分析】

【12-1】

小李刚刚参加工作不久，在一家物业服务公司做前台接待工作。他上班时穿上了笔挺的西装、锃亮的皮鞋和白色袜子。一天，有家公司代表人来公司洽谈业务，经理叫他作为旁听人员一起参加交谈，在交谈的过程中，小李心想反正自己不用发言，就东张西望，再加上有些紧张，坐在椅子上双腿不停地晃动，手指也不时地在腿上敲击。面谈快结束时，这个公司代表人问物业公司的经理："那小伙子是否不舒服，我们以后再说吧。"

【案例思考】

1. 这次业务失败的原因是什么？
2. 他的表现在哪些地方有待改进？

【12-2】

××花园的业主从国外度假探亲回来，到物业服务公司气愤地投诉：下半年的管理费他已经在三个月前缴过了（但收据已经丢失），但是管理员还反复催交。当这位业主投诉后，物业服务公司的工作人员不耐烦地回答："你没有收据，怎么证明你已经缴了，再说这是财务部的事，你找他们去吧！"后来，这位业主又跑到财务部，可是财务部却要这位业主去大厦管理部开证明以证明其身份。业主来回跑了几次，回到财务部，财务部又推说现在是月底太忙，要求这位业主等他们空下来后再去查验。而后经过反复的核查，终于弄清了真相，是财务部方面出了差错。

事情虽然了结了，但是这位业主很不高兴。

【案例思考】

1. 物业管理人员行为有哪些不妥？
2. 如果你是物业管理的人员将怎样接待这位客户？
3. 如果你是公司的经理该怎样改变组织的行为？

【12-3】

某小区1号楼的一位业主，连续拖欠了7个月的物业管理费和水费、电费。管理处办公室和财务室的工作人员多次打电话和上门催交，业主一直置之不理，就连管理处主任亲自出面做工作，也吃了闭门羹。

某天，这位业主忽然打电话到管理处，说楼上装修漏水把他家给淹了，还厉声质问："物业服务公司到底是干什么吃的？"尽管态度不够友善，但毕竟有了一个与他面对面沟通的机会，管理处迅速派一名管理人员赶到他的家里，进门一看，情况其实并非如他说得那么严重，地面上干干净净，只是墙壁和窗帘被楼上滴下来的水弄脏了一小块。

管理人员丝毫没有怠慢，劝说了业主几句后马上上楼，找来楼上施工的负责人，请他先就自己的不慎向业主赔礼道歉。然后一起查验滴水污染情况，明确告知装修负责人必须承担赔偿或补救责任。经过物业管理人员的耐心调解，双方当场就把问题解决了。

处理完毕，业主的脸上露出笑容，邀请管理人员坐下来聊天。聊天中，管理人员看似漫无边际，实际上话里有话，时不时就告诉其物业管理服务工作的辛苦、被人误解的冤苦、收不上费的困苦……第二天，该业主就主动来到管理处，补交了所欠的全部费用，此后再未拖欠过。

【案例思考】
1. 为什么这位业主第二天就去缴纳物业管理费？
2. 这个案例说明了什么道理？

【12-4】

一天，物业服务公司接到5楼二单元业主连太太的报修要求，称楼层主下水管排水不畅致使厨房管道堵塞。当小区维修人员检查时，发现厨房下水道及主排水管都有堵塞现象。疏通厨房下水道服务属于有偿服务，需收费10元。但连太太坚决不同意交费，说堵塞的是房屋共用管道，属小区共用设施损坏，不应交钱。再说业主已交纳了管理费，这点小维修本应免费，物业管理公司收取如此高的维修价格简直是在敲诈业主。

物业服务公司在处理此项投诉时，没有简单地机械执行公司规章制度，要求连太太马上交钱，而是进行了耐心的说服，并向连太太说明：

1. 按照住房和城乡建设部《城市异产毗连房屋管理规定》，房屋共有、共用的设备和附属建筑的修缮，由所有人按份额比例分担。房屋主排水管道修缮费用由业主共同分担，即从物业管理费中解决。但用户室内的下水道是用户自己使用的设施，修缮费用应由使用用户负责。

2. 物业服务公司为用户提供的所有有偿维修均是微利服务而且所得的报酬将全部纳入管理费账户，属全体业主共有，物业服务公司并非"敲诈"用户。若连太太觉得此费用过高，也可自己联系疏通公司来维修。

【案例思考】 物业管理人员这样做是否合理？为什么？

第十三章 客户习俗

【知识要求】

通过本章学习，了解中华各民族的礼仪和习俗，了解国外一些国家的礼仪和习俗，懂得世界三大宗教节日、习俗与禁忌。

【技能要求】

通过本章的学习，要求学生了解和掌握民族礼俗和其他国家的礼俗，懂得世界三大宗教节日、习俗与禁忌，更好地为客户服务。

第一节 民族礼俗

一、汉族的礼俗

民族的礼俗最常见于传统的节日。传统节日是按照历法时序排列形成的、周期性的、约定俗成的社会民俗活动日。节日民俗是民俗的一种独特的表现形式，已渗入人们生活方式的细枝末节，带有强烈的人文因素和浓厚的民间礼仪色彩。

中国是一个多民族的国家，在几千年的发展过程中，各民族虽然形成了各具特色、丰富多彩的民族传统节日与习俗，但从历史悠久、流传面广，具有的普及性和群众性来看，汉族的传统节日与习俗占据主导地位。

（一）春节

春节俗称"年节"，是中国一个古老的节日，是中华民族最隆重的传统佳节。传统的春节是从腊月二十三的扫尘开始的。

（1）扫尘。其用意是要把一切穷运、晦气统统扫出门。

（2）贴春联。春联也叫门对、春贴、对联、对子、桃符等，每逢春节精选一幅大红春联贴于门上，为节日增添喜庆气氛。

（3）贴窗花和倒贴"福"字。

窗花

(4) 春节挂贴年画。

年画

(5) 包饺子。新年的前一夜叫团圆夜，离家在外的游子都要不远万里赶回家，全家人围坐在一起包饺子过年。因为和面的"和"就是"合"的意思；饺子的"饺"和"交"谐音，"合"和"交"又有相聚之意，所以用饺子象征团聚合欢；又取更岁交子之意，非常吉利；此外，饺子因为形似元宝，过年时吃饺子，也带有"招财进宝"的吉祥含义。一家大小聚在一起包饺子，话新春，其乐融融。春节过年包饺子是中国北方最普遍的习俗。

(6) 守岁。除夕守岁是最重要的年俗活动之一，守岁之俗由来已久。除夕之夜，全家团聚在一起，吃过年夜饭，等着辞旧迎新的时刻，通宵守夜，象征着把一切邪瘟病疫赶跑驱走，期待着新的一年吉祥如意。

(7) 燃放爆竹。

(8) 拜年。新年的初一，人们都早早起来，穿上最漂亮的衣服，打扮得整整齐齐，出门走亲访友，相互拜年，恭祝来年大吉大利。

(9) 蒸年糕。年糕因为谐音"年高"，再加上有着变化多端的口味，几乎成了家家必备的食品。年糕的式样有方块状的黄、白年糕，象征着黄金、白银，寄寓新年发财的意思。

（二）元宵节

元宵节是我国主要的传统节日，也叫元夕、元夜、上元节，因为这是新年的第一个月圆夜。因历代这一节日有观灯习俗，故又称灯节。

(1) 吃元宵。

(2) 观灯。

（三）清明节

清明节是中国历法中的二十四节气之一，标志着春耕时节的到来，节期在公历每年4月5日左右。

(1) 扫墓。清明节是一个纪念祖先的节日，主要的纪念仪式是扫墓。扫墓是慎终追远、敦亲睦族及行孝的

清明

具体表现，基于上述意义，清明节因此成为华人的重要节日。

（2）踏青。踏青又叫春游，古时叫探春、寻春等。清明时节，春回大地，到处呈现一派生机勃勃的景象，正是郊游的大好时光。

（3）植树。清明前后，春阳照临，春雨飞洒，种植树苗成活率高，生长快。因此，自古以来，中国就有清明植树的习惯。有人还把清明节叫做"植树节"，植树风俗一直流传至今。1979年，全国人民代表大会常务委员会做出决定，每年的3月12日为中国的植树节。这对动员全国各族人民积极开展绿化祖国活动，有着十分重要的意义。

（四）端午节

农历五月初五，是我国传统的端午节，又称端阳节、重五节。这是中国民间夏季最重要的传统节日。

（1）赛龙舟。赛龙舟是端午节的主要习俗。相传古时楚国贤臣屈原投江死去，楚国人借划龙舟驱散江中之鱼，以免鱼吃掉屈原的身体。之后每年的五月五日划龙舟以纪念屈原。

（2）吃粽子。端午节吃粽子，这是中国人民的又一传统习俗。粽子，又叫"角黍"、"筒粽"。其由来已久，花样繁多。

（3）佩香囊。端午节小孩佩香囊，传说有避邪驱瘟之意，实际是用于襟头点缀的装饰。香囊内有朱砂、雄黄、香药，外包以丝布，清香四溢，再以五色丝线弦扣成索，做成各种不同形状，结成一串，形形色色，玲珑可爱。

（4）悬艾叶、菖蒲。民谚说："清明插柳，端午插艾。"在端午节，人们把插艾叶、菖蒲作为重要内容之一。家家都洒扫庭除，将菖蒲、艾条插于门楣，悬于堂中。并用菖蒲、艾叶、榴花、蒜头、龙船花，制成人形或虎形，称为艾人、艾虎；制成花环、佩饰，美丽芬芳，妇人争相佩戴，用以驱瘴。

（五）中秋节

农历八月十五，在中国人的心目中，是一个象征团圆的传统佳节，历来有"花好月圆人团聚"的说法。

（1）赏月。全家团圆，赏月叙谈。

（2）吃月饼。

（六）重阳节

农历九月初九，为两个最大的阳数相重，故称重阳节，也叫重九节、登高节，现又称敬老节。

（1）登高。在古代，民间在重阳有登高的风俗，故重阳节又叫"登高节"。重阳节秋高气爽，登高一望，草木山川，尽收眼底。

（2）吃重阳糕。据史料记载，重阳糕又称花糕、菊糕、五色糕，制无定法，较为随意。古时，九月初九天明时，以片糕搭儿女头额，口中念念有词，祝愿子女百事俱高，是古人九月做糕的本意。讲究的重阳糕要做成九层，像座宝塔，上面还做成两只小羊，以符合重阳（羊）之义。

（3）赏菊并饮菊花酒。重阳节正是一年的金秋时节，菊花盛开，民间还把农历九月称为"菊月"，在菊花怒放的重阳节里，观赏菊花成了节日的一项重要内容。

（4）插茱萸和簪菊花。重阳节插茱萸和簪菊花的风俗，在唐代就已经很普遍。古人认为在重阳节这一天插茱萸可以避难消灾。

二、中国民俗禁忌

禁忌是人类普遍具有的文化现象，代表了一种约定俗成的禁约力量，是人们为了避免某种超自然力量带来的灾祸而自我约束、自我限制、自我回避的方式。

（一）日忌

正月初一到初三不能往外扫地和倒垃圾，认为此举是把财气扫走。旧时的《历书》多有记载"忌日"，不宜动土、出门、婚嫁等；也有月忌，如五月是毒月。

（二）食忌

中国饮食除十分讲究礼节外，禁忌也较多。如忌讳吃饭前用筷子敲空碗，俗以为"穷气"；吃饭时忌把筷子插在饭菜上，那是祭祀鬼神的俗礼；宴客时，忌茶壶、酒壶壶口向着客人，以免今后有口舌。

（三）行为忌

结婚送礼忌送单数，为新人铺床要全福之人（父母、公婆健在，夫妇和好，子女成双的女性），新娘上轿时忌见孕妇，下轿时忌见寡妇。

互赠礼物时，忌以手巾送人，俗语有"送巾，断根"之说。

但现在上述的民俗禁忌随着移风易俗的改变沿用的已越来越少了。

三、少数民族的礼俗

（一）壮族的三月三歌节

农历三月初三是壮族人民的传统节日，以唱歌、对歌为活动的主要内容。参加者以未婚青年男女为主，也有其他人员以及邻近的各族群众。青年男女以歌传情，依歌择偶，歌唱成婚，是歌节的最大特点。

歌节期间，除对唱山歌外，还有抢花灯、打扁担、唱师公戏、壮戏、采茶戏、舞狮等文娱活动。

壮族十分爱护青蛙，有些地方的壮族有专门的"敬蛙仪"，所以到壮族自治区，严禁捕杀青蛙，不要吃蛙肉。每逢水灾或其他重大灾害时，壮族都要举行安龙祭祖活动，乞求神龙赈灾。仪式结束后，于寨口立碑，谢绝外人进寨。

壮族人忌讳农历正月初一这天杀牲；有的地区青年妇女忌食牛肉和狗肉；妇女生孩子的头3天（有的是头7天）忌讳外人入内；忌讳生孩子尚未满月的妇女到家里串门。登上壮族人家的竹楼，一般都要脱鞋。壮族忌讳戴着斗笠和扛着锄头或其他农具的人进入自己家中，所以到了壮家门外要放下农具，脱掉斗笠、帽子。火塘、灶塘是壮族家庭最神圣的地方，禁止用脚踩踏火塘上的三脚架以及灶台。

（二）瑶族的盘王节和达努节

盘王节是瑶族最大支系盘瑶纪念祖先的最隆重的节日，每年农历十月十六举行。经过千年的变迁，盘王节的形式和内容从以娱神、娱祖为中心逐渐转向以娱人为中心，现在的盘王节以唱盘王歌、跳长鼓舞为主要内容。低沉洪亮的歌声、粗犷优美的舞蹈表现了瑶族祖先盘王的功德，以及瑶族人民迁徙、耕作、狩猎等情景。歌舞至高潮时，男女放声同歌同舞，气氛十分热烈。

达努节又称"祝著节"，是瑶族第二大支系布努瑶祭祀祖先密洛陀的盛大节日，时间在密洛陀的生日——农历五月二十九日。

达努节的活动丰富多彩，有跳铜鼓舞、唱歌、点大炮、诵念布努瑶的史诗《密洛陀》

等,其中最能体现瑶族文化和民俗的就是跳铜鼓舞和诵念《密洛陀》长诗。

到瑶家做客,忌用脚踏火炉撑架;忌在火炉里烧有字的纸张;进入瑶家忌穿白鞋和戴白帽;忌坐门槛;穿草鞋不能上楼;不能坐主妇烧火的凳子;到木排上,忌"伞",言及"雨伞"时,要说"雨遮",因"伞"与"散"谐音;遇人伐木时,忌说"吃肉"、"死"之类的不祥之语等。

(三)苗族的苗年

苗年是苗族人民最隆重的传统节日。各地过苗年的日期不统一,但在广西以农历十一月三十为除夕、次日起过苗年的苗族人口最多,地域最广。

苗年的民俗活动很丰富,主要有祭祀祖先、吹芦笙踩堂、走寨结同年,还有斗牛、斗马、射击、爬竿等传统体育比赛活动。

吹芦笙踩堂和走寨结同年是苗年期间重要的民俗活动。寨与寨之间互相拜访,互结同年。在芦笙堂吹芦笙,跳踩堂舞,通宵达旦。未婚男女青年在此期间进行对歌的社交活动,寻找自己的意中人。

苗家人最忌外人以"苗子"相称,认为这是对苗族人的最大侮辱。苗家人忌用白公鸡送喜庆贺礼;忌外人随意触动堂屋神龛;忌用脚踏火中的铁三脚架;门口插草标,意为家中有病人,忌外人进家。

苗族人不喜欢吃羊肉,忌讳吃狗肉,禁止杀狗、打狗。在苗族吃糍粑,不能拍了灰再吃。和苗族人嬉闹时,不能用绳子或布带捆他们。苗族人在门口悬挂草帽或插青树叶,或者苗族人在举行婚丧祭祀等仪式时,客人不要进屋。路上遇到新婚夫妇,不能从他们中间穿过。

(四)侗族花炮节

花炮节又称"花炮会",是侗族人民盛大的传统节日,其中以三江侗族自治县富禄镇的农历三月三花炮节最具代表性。

花炮分为头炮、二炮、三炮,每炮都系有一个象征幸福的铁圈,燃烧时凭借火药铁炮的冲力,把铁圈冲上高空。人们便按传统规矩,争夺铁圈,以把铁圈交到指挥台者为优胜。

自20世纪80年代以来,抢花炮经改革已成为全国少数民族传统体育运动会的一项竞赛项目。

(五)京族唱哈节

"哈"或"唱哈",是京族语言唱歌的意思,"唱哈节"即"唱歌节"。唱哈节的具体日期各地有所不同,北部湾的万尾、巫头两岛在农历六月初十,山心岛在八月初十,红坎村在正月十五。

唱哈节活动分为四个部分:迎神、敬神、入席唱哈和送神。唱哈是整个节日的主要活动项目。

(六)仫佬族依饭节

依饭节,又称"敬依饭公爷"、"祖先愿",是仫佬族祭祖祭神及庆丰收、保人畜平安的隆重传统节日。一般每3年进行一次,为期3~5天,于农历十一月冬至前后进行。

依饭节以同族宗姓为单位,在祠堂进行。活动主要是祭祀时师公穿法衣、唱经书、请神灵。仪式结束后,族人一起宴饮,唱歌演戏,耍龙舞狮,欢庆通宵。

第二节 宗教礼俗

在科学技术高度发展的现代，古老的宗教信仰仍以各种方式在人们的日常生活中占据着重要的位置。许多国家、许多人在宗教信仰中寻求精神寄托，对自己所信仰的宗教十分虔诚，并祈求神灵的庇佑。目前世界上信奉各种宗教的教徒人数约占全世界总人口的三分之二。其中影响最大的是世界三大宗教，即佛教、伊斯兰教和基督教。从主要宗教的分布情况来看，佛教主要在亚洲，世界佛教徒总数的96%分布在亚洲；伊斯兰教主要分布在非洲和西亚；基督教主要分布在欧洲、美洲和大洋洲。

中国是一个多民族的国家，少数民族几乎都有自己的宗教信仰，汉族也不乏宗教信徒。佛教、道教、伊斯兰教和基督教被称为中国四大宗教。目前，在中国总人口中，宗教信徒约占十分之一，教职人员约有8万余人，各类宗教活动场所共4万多座（所）。宪法规定："中华人民共和国公民有宗教信仰的自由"，"国家保护正常的宗教活动"。对待宗教的正确态度是要遵守宪法的规定，尊重教徒的宗教信仰，不干涉正常的宗教活动，对于外宾的宗教信仰更不能非议。在社交中了解宗教的节日、习俗与禁忌对开展社交活动是大有帮助的。

一、佛教

佛教是世界三大宗教之一，已有两千五百多年的历史。佛教起源于古印度（天竺），相传于公元前6世纪由北天竺迦毗罗卫国（现尼泊尔境内）净饭王的长子悉达多·乔达摩创立。公元前6世纪至前5世纪的古印度社会通行等级森严的种姓制度。这使得当时的印度出现了非常尖锐激烈的社会矛盾，各种反对婆罗门教的思潮不断涌现。佛教就是在这样的背景下逐渐萌发的。

传说悉达多生于公元前565年，他目睹人间的痛苦与艰难，下决心向修行人学习，产生了跳出生死轮回、出家修行的念头，强烈希望能帮助大众消除忧伤与痛苦。在他29岁时的一个晚上，悉达多毅然抛弃了宫廷舒适生活，离开妻儿，走上了出家修行之路。坚持6年苦行，却依然没有发现真理，于是决定另辟蹊径，选择了平静反省的道路。洗净6年的积垢后，来到一棵菩提树下静坐沉思，经过七天七夜的沉思默想，终于在一天夜里大彻大悟，洞察了人生的真正本质，得到了解脱苦难的真谛，获得了解脱。这标志着他真正觉悟成道，因而被称为佛陀，简称"佛"，意为觉悟者。

悉达多成道后，开始了长达45年之久的传教活动，遍游各地，广收门徒，佛教在社会上得到广泛的传播。公元前485年，大约80岁的悉达多在婆罗树下逝世。因他是释迦族人，所以后来他的弟子又尊称他为释迦牟尼，意为"释迦的圣人"。

（一）佛教的节日

1. 世界佛陀日

世界佛陀日即"哈舍会节"，又称"维莎迦节"。1954年，"世界佛教徒联谊会"规定，公历5月间的月圆日为"世界佛陀日"，即把佛的诞辰、成道、涅槃合并在一起的节日。节庆期间，一些佛教盛行的国家举行全国性的大规模庆祝活动。

2. 佛诞节

佛诞节又称浴佛节，是纪念佛教创始人释迦牟尼（佛陀）诞生的节日。据说释迦牟尼诞生时，有九条龙吐出香水为其淋浴洗身，故佛教徒以浴佛庆祝佛诞。世界各国佛诞节的时间不尽相同，我国汉族地区的佛教徒以农历四月初八为佛诞日；藏族佛教徒以农历四月十五为佛诞日，称"萨噶达瓦节"；傣族佛教徒则在清明后10天举行泼水节（浴佛节）。

3. 成道节

成道节是纪念释迦牟尼成佛的节日。相传释迦牟尼是在十二月八日悟道成佛，这一天即为佛成道节。后世佛教取意"牧女献乳糜供佛"的传说，每逢佛成道日，煮粥供佛。我国汉族地区，每逢农历十二月初八（腊八）要以大米及果物煮粥供佛，称"腊八粥"，并逐渐演化为腊月初八吃"腊八粥"的民俗。而世界各国佛寺及僧众每逢此日都要举行诵经纪念活动。

4. 涅槃节

涅槃节是纪念释迦牟尼逝世的节日。佛教相传释迦牟尼80岁时在婆罗树下，结束最后一次传法后，于二月十五日逝世。佛教称死为涅槃（修道所达到最后的精神境界），故纪念释迦牟尼逝世的日子称为涅槃节。南北佛教对释迦牟尼逝世年月的说法不一，中国、朝鲜、日本等国的大乘佛教，一般以每年农历二月十五为涅槃节。每年此日，各佛教寺院都要悬挂佛祖图像，举行涅槃会，诵《遗教经》等。

（二）佛教的习俗

1. 称谓

佛教的教制、教职在各国不尽相同。在我国寺院中，一般有"住持"（或称"方丈"，寺院负责人）、"监院"（负责处理寺院内部事务）、"知客"（负责对外联系），可尊称其为"高僧"、"大师"、"法师"、"长老"等。出家的佛教徒俗称"和尚"（僧）和"尼姑"（尼），亦可尊称"法师"、"师太"。不出家而遵守一定戒律的佛教信徒称"居士"，亦可尊称为"檀越"、"施主"等。

2. 受戒

这是接受佛教戒律的仪式。戒法有三皈五戒、十戒和具足戒。受戒后出家的僧尼必须严格遵守佛教的各种清规戒律，如饮食禁忌方面的过午不食和不沾荤腥等。

3. 合十

"合十"也称"合掌"，即两手当胸，十指相合，专注一心。一般教徒在见面时，多以"合十"为礼以示敬意。如参拜佛祖或拜见高僧时要行跪合十礼，即大礼。行礼时，右腿跪地，双手合掌于两眉中间。

4. 顶礼

顶礼为佛教最高礼节，是向佛、菩萨或上座所行的礼节。行顶礼时双膝跪下，两肘、两膝和头着地，而后用头顶尊者之足，故称"顶礼"。出家的教徒对佛像必须行顶礼，头面接足，表示恭敬至诚，即俗话说的"五体投地"。

5. 南无

南无念"那摩"，是佛教信徒一心归顺于佛的致敬语。常用来加在佛、菩萨名或经典题名之前，以表示对佛、法的尊敬和虔信。"南无"意思是"把一切献给××"或"向××表示敬意"。如称南无阿弥陀佛，则表示对阿弥陀佛的致敬和归顺。

6. 绕佛

围佛而右转，即按顺时针方向行走，一圈、三圈或百圈、千圈，表示对佛的尊敬。

7. 朝山

指佛教徒到名山大寺去进香拜佛。小乘佛教徒进入寺庙时须脱鞋，进殿只朝拜释迦牟尼像；大乘佛教徒进入寺庙可不脱鞋，进殿除朝拜佛祖外，还要朝拜弥勒佛、观世音及三世十方众佛和菩萨。

8. 入寺须知

佛寺被佛教徒视为清净的圣地。非佛教徒进入寺庙要衣履端庄、整洁，不能打赤膊、穿拖鞋。当寺内举行宗教仪式时，不能高声喧哗干扰。未经寺内事职人员允许，不可随便进入僧人家房（宿舍）等地方。为了保持佛地清净，严禁将一切荤腥及其制品带入寺院。不能问僧尼尊姓大名，可问："法师上下如何"（或"法师法号如何"）。不要主动与僧尼握手，最合适的是行合十礼。

（三）佛教的禁忌

1. 饮食方面的禁忌

不吃"荤"和"腥"。"荤"是指有恶臭和异味的蔬菜，如大蒜、大葱、韭菜等。《楞严经》说：荤菜生食生嗔，熟食助淫，所以佛教要求禁食。所谓"腥"是指肉食，即各种动物的肉，甚至蛋。不饮酒、不吸烟。不饮酒也包括不饮一切能麻醉人的饮料，比如粳米酒、果酒、大麦酒、啤酒等。麻醉神经与分泌系统的各种"毒品"更在禁忌之列。吸烟虽然不是五戒范围的内容，但是吸烟是一种精神依赖的不良习惯或嗜好，体现了一种精神的追求和贪欲，同佛教要求的清净无我的境界不相符，因此吸烟也是佛教的禁忌之一。

2. 生活方面的禁忌

不结婚、不蓄私财等。佛教认为出家僧众担负着主持佛法、续佛慧命的重大责任和终身事业，因此必须独身出家才能成就，积蓄私财是违背出家本意的。

二、伊斯兰教

伊斯兰教创始人穆罕默德（570—632年），生于阿拉伯半岛麦加城古莱氏部落的哈申家族。公元610年前后，穆罕默德宣布自己是"先知"，得到了部落主神"安拉"的启示，正式创立了伊斯兰教。"伊斯兰"意思就是"顺服"，即顺服唯一的神"安拉"；伊斯兰教徒称为"穆斯林"，意思就是"顺服者"，即顺服安拉意志的人。

公元622年，由于麦加贵族的迫害，穆罕默德不得不带领他的信徒迁移到麦地那。在麦地那，穆罕默德着手组织武装，建立了宗教、政治、军事三位一体的穆斯林社会组织——乌马公社。后来，伊斯兰教将这一年的7月16日定为伊斯兰教历法纪年的开始。

公元630年，穆罕默德率军攻克麦加，废除克尔白神庙中360多种神像，只留下盘置在天房东南面壁上的黑色陨石，作为全体穆斯林朝圣的对象，并将神庙改成了清真寺。公元631年，穆罕默德统一了阿拉伯半岛，建立了政教合一的国家。

（一）伊斯兰教的节日

1. 开斋节

开斋节在我国新疆地区叫做"肉孜节"，是伊斯兰教中的重要节日。伊历（伊斯兰教历）9月全月斋戒的最后一天，以看见新月牙为准，第二天可以开斋，否则继续斋戒。但斋月一般最多只延长3天。

开斋当日，穆斯林要沐浴，点香，着盛装，低声诵念赞颂安拉之词，并向安拉感恩。开斋节举行的会礼十分重要，即使天气恶劣也不能延期举行。会后举行热烈的庆祝活动，并且持续三四天的时间,有如基督教的狂欢节。

2. 宰牲节

宰牲节又叫古尔邦节,定在伊历 12 月 10 日。每逢伊历 12 月,虔诚的穆斯林从各地赶往圣地麦加参加朝觐活动,古尔邦节的庆典就是到米那山谷宰牲,这也是朝觐活动的高潮与尾声。未参加朝觐的穆斯林则到当地的清真寺郊野参加会礼和宰牲仪式。

中国的哈萨克族、柯尔克孜族和塔吉克族,在这一天还要举行赛马、叼羊、姑娘摔跤等节庆活动。

3. 圣纪节

圣纪节又称圣忌日,相传 3 月 12 日为穆罕默德诞生和归真的日子。12 世纪,伊拉克国王下令把伊斯兰教历的 3 月 12 日定为圣忌日,举国上下都要欢庆圣忌。后来,这一庆祝活动逐渐扩展到伊斯兰国家,成为公认的宗教节日。

节庆活动有举行会礼、诵读(古兰经)、讲述穆罕默德的生平业绩等。

(二)伊斯兰教的习俗

1. 称谓

伊斯兰教信徒称为"穆斯林",无论在什么地方,信徒之间不分职位高低,都互称兄弟,或叫"多斯提"(波斯语意为好友、教友)。在清真寺做礼拜的穆斯林,统称为"乡老"。对到麦加朝拜过的穆斯林,在其姓名前冠以"哈吉"(阿拉伯文的音译,意为朝拜者),这在穆斯林中是十分荣耀的称谓。

伊斯兰教对宗教职业者和具有伊斯兰专业知识者,通称为"阿訇"(波斯语的音译),它是对伊斯兰教学者、宗教家和教师的尊称。在中国,一般在清真寺任教职并主持清真寺教务的阿訇,被称做"教长"或"伊玛目",其中的年长者被尊称为"阿訇老人家"。对主持清真女寺教务或教学的妇女,称作"师娘"。对在清真寺里求学的学生称"满拉"、"海里发"。

2. 大净、小净

进礼拜殿前须作大净、小净和脱鞋。一般性的礼拜可做小净,即洗净脸和手脚。大净则是从头到脚依次洗遍全身。在沙漠地带,也可用沙土代替水洗,称为土净或代净。

3. 葬礼

穆斯林死后实行"土葬、速葬、薄葬"。尸体用白布包裹,不用棺木,也不用任何陪葬物或殉葬品。葬礼从简,送葬人站在已故者一侧,没有向其鞠躬、磕头或下跪等仪式,由阿訇等率众面向麦加方向默祷,为之祈祷。

(三)伊斯兰教的禁忌

1. 禁露羞体

伊斯兰教认为,男子从肚脐到膝盖、妇女从头到脚都是羞体。在公开场合,男女穆斯林必须穿着不露羞体的衣服,女性必须戴面纱和盖头。穆斯林男子多戴无檐小帽,又名"礼拜帽"。

2. 禁用左手待客

敬茶、端饭、握手均用右手,用左手被视为不礼貌。

3. 饮食禁忌

伊斯兰教对穆斯林的饮食作了严格规定,如禁饮酒,禁食无鳞鱼,禁食猪肉,禁食被击死、勒死或跌死的动物肉，禁食虎、豹、蛇、鹰、马、骡、驴、狗等禽兽。

三、基督教

基督教是信仰耶稣为救世主的各教派的统称，在世界三大宗教中流传最广、拥有教徒人数最多。"基督"源自希腊文，其意为"救世主"，是基督教对其创立者耶稣的专称。

基督教创立于公元1世纪初罗马帝国统治下的巴勒斯坦地区。其创立者耶稣是巴勒斯坦拿撒勒人，30岁左右开始传教。由于在他传教的同时施行了许多"神迹"，使瞎子复明、瘸子走路、死人复活，很快得到了"驱魔者"的称号。耶稣的传教活动，受到犹太教上层势力的嫉恨，最后被罗马驻犹太总督彼拉多以谋叛的罪名钉死在十字架上。相传他在死后第三天复活，多次向他的信徒显灵。40天后，他应上帝号召返回天国。据称到世界末日那天耶稣将重返人间，进行最后的审判，在世上建立公正和平的"千年王国"。

初期的基督教徒大多是贫民和奴隶，对统治者极端仇恨，因而受到罗马帝国的残酷迫害。公元二三世纪间，分散在各地的社团开始走向统一，教会逐渐形成。基督教也由于中上层人士的加入并逐渐取得领导权而改变其早期的性质。3世纪中期基督教遭到罗马皇帝镇压，被称之为"教难时期"。公元313年罗马皇帝君士坦丁大帝颁发《米兰赦令》，承认基督教的合法地位。公元392年，罗马皇帝狄奥多西一世正式承认基督教为罗马帝国国教。

（一）基督教的节日

1. 圣诞节

每年12月25日，是纪念耶稣诞辰的节日，是西方国家每年最隆重的节日，相当于中国的春节。届时，罗马教会由教皇主持盛大的弥撒，普通人互赠礼物，合家欢宴。圣诞老人和圣诞树更为节日增添了喜庆的色彩。由于基督教的广泛传播，目前圣诞节已成为一个世界性的节日。

西方人以红、绿、白三色为圣诞色，圣诞节来临时家家户户都要用圣诞色来装饰。红色的有圣诞花和圣诞蜡烛。绿色的是圣诞树，它是圣诞节的主要装饰品，用砍伐来的杉、柏一类呈塔形的常青树装饰而成。上面悬挂着五颜六色的彩灯、礼物和纸花，还点燃圣诞蜡烛。

红色与白色相映成趣的是圣诞老人，他是圣诞节活动中最受欢迎的人物。西方儿童在平安夜临睡之前，要在壁炉前或枕头旁放上一只袜子，等候圣诞老人在他们入睡后把礼物放在袜子内。在西方，扮演圣诞老人也是一种习俗。

中国近些年来也掀起了过圣诞节的风潮。

2. 复活节

复活节在每年三四月间春分月圆后的第一个星期日，是纪念耶稣复活的节日。耶稣复活的意义在于战胜死亡。

在复活节这一天，人们会互赠绘制的精美彩蛋，以象征生命复活。父母还常常会把彩蛋、玩具、食品等藏在花园里，让孩子们去寻找，而教堂在复活节那天会举行神烛游行，象征基督的降临。

3. 圣灵降临节

据《新约圣经》记载，耶稣"复活"后第40日"升天"，第50日差遣"圣灵"降临，门徒领受圣灵后开始传教。据此，基督教会规定，每年复活节后第50天为圣灵降临节，又称"五旬节"。

圣灵降临节的庆祝方法大致有：去教堂聚餐，演出取材于《圣经》故事的节目，为慈善事业募捐等。

在圣灵降临节前一天的晚上，信徒们还会身穿白色长袍，排队等候洗礼。

（二）基督教的习俗

1. 称谓

对教会神职人员，可按其教职称为主教、牧师、神父、长老等，以示尊敬；与教会神职人员相对，普通信徒之间可称为平信徒。我国平信徒之间习惯称"教友"。

新教的教徒，称"兄弟姐妹"，意为大家同是上帝的儿女；还可称"同道"，意为共同信奉耶稣所传的道。

2. 洗礼

这是基督教的入教仪式。经过洗礼后，就意味着教徒的所有罪都获得了赦免。洗礼的方式有两种：点水礼和浸水礼。天主教多施点水礼，由主礼者（牧师或神父）将一小杯水蘸洒在受洗者额头上，或用手蘸水在受礼者额头上画十字。东正教通常施浸水礼，主礼者口诵规定的经文，引领受洗者全身浸入水中片刻。

3. 礼拜

礼拜是信徒们在教堂中进行的一项包括唱诗、读经、祈祷、讲道和祝福的宗教活动，通常在每周日举行，即"主日礼拜"。据《圣经·新约》中记载，耶稣是在这天复活的。另有少数教派规定星期六（安息日）做礼拜，称为"安息日礼拜"。

除了每周一次的常规礼拜之外，还有每月一次纪念耶稣受难的圣餐礼拜，为纪念亡故者而举行的追思礼拜、结婚礼拜、安葬礼拜、感恩礼拜等。

4. 祈祷

祈祷亦称祷告，指向上帝和基督耶稣求告的宗教仪式，其内容可以是认罪、感谢、祈求和赞美等。祈祷有口祷和默祷两种形式。个人单独进行的为私祷；在礼拜、聚会时由神职人员主颂的为公祷。祈祷完毕，颂称"阿门"，意为"唯愿如此，允获所求"。

5. 唱诗

唱诗即领唱或合唱赞颂、祈求、感谢上帝的赞美诗。这些赞美上帝的诗歌，大多有高音、中音、次中音、低音四种，以供合唱之用。

6. 告解

告解俗称忏悔，是信徒单独向神职人员表白自己的过错或罪恶，并有意悔改的宗教仪式。神职人员听后要对其劝导，并对其忏悔的内容予以保密。这是耶稣为赦免教徒在领洗后对上帝所犯的错误的请罪，使他们重新得到恩宠而亲自定立的。

7. 终傅

终傅是基督徒临终前请神职人员为其敷擦"圣油"（一种含有香液的橄榄油），用以赦免其一生罪过的宗教仪式。

8. 守斋

基督教规定，教徒每周五及圣诞节前夕（每年公历12月24日），只食素菜和鱼类，不食其他肉类。天主教还有禁食的规定，即在耶稣受难节和圣诞节前一天，只吃一顿饱饭，其余两顿只能吃得半饱或者更少。

（三）基督教的禁忌

基督教最忌讳数字"13"。基督耶稣和其弟子们在最后的晚餐上，参加者中的第13个人是为了贪图30块银币，将耶稣出卖给统治者的犹大，使耶稣被钉死在十字架上。这个故事流传很广，影响很深。西方人憎恨犹大，同时也把"13"这个数字视为"不幸的象征"。

第三节　其他国家的礼俗

一、东盟部分国家的礼俗

东盟，全称为东南亚国家联盟，英文为 Association of Southeast Asian Nations，缩写为 ASEAN，成立于1967年6月7日，发展到现在已包括菲律宾、新加坡、印度尼西亚、马来西亚、文莱、泰国、柬埔寨、越南、老挝和缅甸十个国家。东盟常设机构设在印度尼西亚首都雅加达。作为亚太地区重要的经济政治组织，东盟在地区和国际事务中发挥着日益重要的作用。

（一）菲律宾

菲律宾共和国（Republic of the Philippines），简称菲律宾，位于亚洲东南部，国土面积为29.97万平方公里，共有大小岛屿7107个，人口8400万（2001年统计），马来人占全国人口的85%以上。菲律宾约84%的居民信奉天主教，有"亚洲唯一天主教国家"之称。国语是菲律宾语，英语与菲律宾语并列为菲律宾官方语言。

1898年6月12日，菲律宾共和国宣告独立，首都马尼拉市（MetroManila）。菲律宾是总统内阁制国家，1975年6月9日，菲律宾同中国建立正式的大使级外交关系。

1. 礼仪

菲律宾人天性和蔼可亲，作风大方，并且非常善于交际。在社交活动中，菲律宾人无论男女都习惯以握手为礼。有些相熟的男子相见，还会相互拍一下对方的肩膀，以示亲切和打招呼。不过，需要提醒他人注意某事时，可千万不要拍对方的肩膀，否则就是失敬于对方。

菲律宾人晚辈见到长辈时，有的会恭恭敬敬地向对方欠身鞠躬，有的则会上前轻吻对方的手背，以示敬重之意。年轻姑娘见到长辈时，往往会上前轻吻对方的两颊为礼。

受西方文化的影响，在菲律宾的上流社会中"女士优先"十分流行。菲律宾人惯以"教授、博士、律师、医生、法官"之类的称呼来尊称有学衔或专业职称的人。

在正规一些的场所，有身份的菲律宾人都讲究穿着本国的国服。菲律宾男子所穿的国服名叫"巴隆·他加禄"；菲律宾女子所穿的国服叫"特尔诺"，也叫"蝴蝶服"，它是由菲律宾前总统阿基诺夫人身体力行推广开的，它的外形犹如一件圆领短袖的连衣裙。

许多菲律宾人习惯叉匙并用进食。他们的具体做法，是左手执叉、右手握匙。在宴会活动中，菲律宾人有一些特别的讲究。邀请菲律宾人赴宴，务必要多次进行邀请，不然就会被理解为纯属客气，从而遭到婉言谢绝。出席菲律宾人举行的宴请时，在主人第一次敬酒或为自己上菜时，同样也要谦让一下，当主人第二次这样做时，方可接受。另外，务必要记住，不要抢在主人之前落座。当主人以手示意自己该在何处就座时，才可以从命。

2. 习俗禁忌

菲律宾人最喜欢的鲜花是国花茉莉花。菲律宾还有自己的国树——纳拉树，国果是芒果，国石是珍珠。

菲律宾人很忌讳的数字是"13"和"星期五"，也忌讳左手传递东西或食物。招呼别人时，要伸直手臂，手掌向下，摆动指头。拜访菲律宾人时，最好选一些工艺品、酒类、糖果、水果等做礼品，可不必过分贵重。进门前要脱鞋。菲律宾人通常是不会当场打开礼品的外包装的。同时还要注意，不要窥视主人的卧室和厨房。去卫生间时，也要征得主人首肯。红色与茶色被菲律宾人视为不祥之色，白色则受其珍爱。

（二）新加坡的礼俗

新加坡共和国（The Republic of Singapore），简称新加坡。马来语"新加坡"的意思是"狮城"。新加坡位于马来半岛最南端，是一个集国家、首都、城市、岛屿为一体的城市型岛国，全国总面积为682.7平方公里（新加坡2002年年鉴），常住人口424万（2004年统计），是除中国以外世界上唯一以华人为主的国家。新加坡的主要宗教为伊斯兰教，还有佛教、道教、印度教和基督教。马来语被定为国语，马来语、英语、华语和泰米尔语四种语言同为官方语言，英语则为行政用语。

新加坡首都新加坡市（Singapore City）有"花园城市"之称，是世界上最大的港口之一和重要的国际金融中心。1965年8月9日新加坡共和国成立。新加坡是议会共和制国家，1990年10月3日，新加坡与中国正式建立了大使级外交关系。

1. 礼仪

在社交场合，新加坡人与他人所行的见面礼多为握手礼。在一般情况下，他们对于西式的拥抱或亲吻是不太习惯的。

由于新加坡政府注重保护各民族的传统，因此新加坡的礼仪与习俗也呈现多元化的特点。在社交活动中，华人往往习惯于拱手作揖，或者行鞠躬礼；而马来人则大多采用其本民族传统的"摸手礼"，但在与华人相见时，也有施鞠躬礼的习惯（即轻轻鞠一躬）；印度人则行合十礼，客人同时也应以双手合十还礼，以示相互尊重。跟新加坡人打交道时，最明智的做法不光是要"入国而问禁"，而且还需要牢记"遇人而问俗"。

新加坡人注重仪态，跷二郎腿、把鞋底朝向对方、用脚碰及对方，即使是无意的，也会被他们认为是不可忍受的。如在进行贸易谈判过程中出现，这笔买卖就要告吹。新加坡华人特别注重面子，与他们会谈应多说些"多多关照"等谦虚的话。

在新加坡，商人之间没有赠送礼物的习惯。但如果是应邀去新加坡人家里赴宴，可以带一束鲜花或一盒巧克力作为礼物，这会使主人很高兴。

新加坡人的国服是一种以胡姬花作为图案的服装。在国家庆典和其他一些隆重的场合新加坡人经常穿着自己的国服。

在政务活动和商务交往中，新加坡人的着装讲究郑重其事。男子一般穿白色长袖衬衫和深色西裤，并且打上领带；女子则穿套装或深色长裙。在对外交往中，新加坡人则大多按照国际惯例穿深色的西装或套裙。而正式的宴会上男子则穿西装、系领带，女士们穿晚礼服，以表示对主人家的尊重。在许多公共场所，穿着过分随便者，往往被禁止入内。

在一般情况下，新加坡人，特别是新加坡华人，大都喜欢饮茶。当客人到来时，新加坡人通常都会以茶相待。每逢春节来临之际，新加坡人经常还会在清茶中加入橄榄后饮用，并且称之为"元宝茶"。他们认为，喝这种茶可以令人"财运亨通"。平时，新加坡华人还有经常饮用加入一定配方的中药后制成的补酒的嗜好，如鹿茸酒、人参酒等，都是他们常饮的杯中之物。

新加坡人的招待方式通常是请吃午饭或晚饭。新加坡人用餐时，讲究餐具的摆放。筷子不能放在碗或装菜的盘子上，也不要交叉摆放，应放在托架、酱油碟或放骨头的盘子上。

2. 习俗禁忌

新加坡人厌恶留长发的男子。与新加坡人攀谈之时，记住多使用谦辞、敬语。他们对"恭喜发财"这句祝颂词极其反感。在商业活动中，宗教词句和如来佛的图像也被禁用。忌讳"4"与"7"，偏爱吉祥数"3"、"6"、"8"、"9"。他们喜爱"囍"、"福"、"吉"、"鱼"等吉祥字，喜爱"苹果"、"荷花"、"竹子"、"蝙蝠"等吉祥画。非常喜欢红色和白色，忌黑色、紫色。

（三）马来西亚

马来西亚（Malaysia）在马来语中，意为"黄金之国"，位于东南亚，国土被分隔成东、西两部分。西马来西亚为马来亚地区，位于马来半岛南部。东马来西亚为沙捞越地区和沙巴地区的合称，位于加里曼丹岛北部。马来西亚总面积为33万平方公里，总人口约为2558万（2004年年底统计），全国总人口的一半以上都信奉伊斯兰教，首都吉隆坡。马来语为国语。英语为官方语言，英语和华语则是通用的语言。

1957年8月31日马来亚联合邦宣布独立。1963年9月16日，马来亚联合邦同新加坡、沙捞越、沙巴合并组成马来西亚（1965年8月9日新加坡宣布退出）。马来西亚是君主立宪联邦制国家，伊斯兰教为国教。1974年5月31日，马来西亚与中国正式建立了大使级外交关系。

1. 礼仪

马来西亚是以伊斯兰教为国教的国家。

马来人同熟悉的人相见，男子之间一般要互相接触一下右手，然后各自用右手扪胸示礼；而对妇女通常采用的是稍稍弯腰或点头招呼。在社交场合同客人见面时，一般是施握手礼，然后双手触摸胸膛以示真诚；通常男士不主动与女士握手，除非女士主动握手。年轻人见到老年人时，一般行鞠躬礼：双手朝胸前作抱状，身体朝前弯腰鞠躬。

在马来西亚，马来人还有一种传统的见面礼节——"摸手礼"。它的具体做法为：与他人相见时，一方将双手首先伸向对方，另一方则伸出自己的双手，轻轻摸一下对方伸过来的双手，随后将自己的双手收回胸前，稍举一下，同时身体前弯呈鞠躬状。此外，他们还有一种奇特的施礼方式：双方见面时，要先互相朝前稍微靠拢，然后再相互伸出手掌交叉摩擦，再用手从脸部由上而下轻轻一抹，再向胸前一点，与此同时彼此互相说："愿真主保佑你！"

马来人一般没有姓，而在其名字中包括父名，称呼时应略去父名，只称其本名，再冠以"先生"、"女士"的称谓，对已婚妇女可称其夫名。

参观清真寺或到马来人家做客时，进门前要脱鞋以示尊重和清洁，不要从正在做祷告的教徒前走过，非穆斯林不能踩清真寺内做祷告用的地毯。在马来西亚，进屋后，宾主双方还要互相问候和握手，握手时双手仅仅触摸一下，然后把手放到额前，以表示诚心。马来人习惯席地而坐，男子最好盘腿，女子则要跪坐，不得伸直腿。

在各种正式交际场合，马来族的男子除穿着民族服装或西服外，可穿以蜡染的花布做成的长袖衬衣——巴迪衫，这种长袖衬衣在马来西亚被称为"国服"；女子则穿着西装或套裙。

在服饰颜色方面，马来人偏好红色、橙色和其他一些鲜艳的颜色。受伊斯兰教影响，对绿色也十分喜爱。在马来西亚，除皇室成员外，一般不着黄色衣饰。

马来人对西餐和中餐都能适应。但饮食上严守伊斯兰教规。马来人日常用餐时，一般不坐椅子，而是把食物放在席子上，围坐而食，男人盘腿而坐，女人则跪坐，身体稍向右偏，上了年纪的妇女可以像男人一样盘腿而坐。用餐时习惯用右手取食，如不得不用左手用餐或取餐具，应先向他人道歉。在各种食品和菜肴之间，常放有几碗清水，以供就餐者（其中特别是客人）在抓取食物前蘸一蘸手指头。只有在西式宴会或高级餐厅用餐时，马来人才使用刀、叉和匙。

2. 习俗禁忌

马来西亚是地地道道的伊斯兰国家，伊斯兰教视教义具有法律效力，并为人民所严格遵守。教徒禁食猪肉及含酒精的饮料；"男女授受不亲"；在待人接物时不可使用左手；赌博、奇装异服及电动玩具等均被视为不良行为因而被禁止。不能将酒类或雕像类的艺术品作为礼物送给他们，也不要送洋娃娃给他们的孩子，不要送礼物给他们的妻子。

与当地人尤其是马来人接触时，不要触摸被其视为神圣不可侵犯的头部与肩部；切勿以食指指人；对女士不可先伸出手要求握手。与马来人交谈时，不要将双手贴在臀部上，不要在其面前跷二郎腿、两脚交叉、露出脚底，或用脚去挪动物品。和穆斯林共餐时，不要劝酒，避免点猪肉做的菜肴；不要问马来人的年龄。不要当众打哈欠，万不得已要打哈欠时，务必要以手遮挡口部。不要用一手握拳去打另一只半握的手。马来人不禁止一夫多妻，所以不要随便闲谈他人的家务事。对长者不能直呼"你"，而要称"先生"、"夫人"或"女士"。

（四）泰国

泰王国（The Kingdom of Thailand），简称泰国，有"黄袍佛国"的美名。位于东南亚中南半岛的中南部。国土面积为51.3万平方公里，总人口6476万（2005年7月统计），佛教为国教，90%以上的居民信奉佛教。泰语为国语，官方语言是泰语，英语为通用语。

首都曼谷（Bangkok）位于湄南河下游，是全国政治、经济、文化、教育、交通运输的中心，也是泰国最大的城市，人口约800万。泰国是君主立宪国家，1975年7月1日与中国建立外交关系。

泰国是以佛教为国教的君主立宪制国家。佛教在泰国的政治、经济、社会生活和文化艺术等领域都有着重大影响。

1. 礼仪

泰国人在交际应酬时，最常用的见面礼节是合十礼。其法是双掌连合，放在胸额之间，稍微俯首，双掌举得越高，表示尊敬程度越深，但不可以超过额头。

在外交和一些正式场合，泰国人也按国际惯例握手致意，但男女间仍以行合十礼为宜。俗人在任何场合下都不能与僧侣握手。

泰国和柬埔寨民间有给客人敬献花环的习俗，以示对客人真诚的欢迎和祝福。在交际场合，泰国人也习惯以"小姐"、"太太"、"女士"、"先生"等国际上流行的称呼彼此相称。只是有一点较为特殊，那就是他们在称呼交往对象的姓名时，为了表示友善和亲近，不惯于称呼其姓，而是惯于称呼其名，比如称你为"光华先生"、"敏娜小姐"。对有身份地位的人，则以对方职务、职业相称，以表示尊敬，比如"市长先生"、"法官先生"、"博士小姐"等；如果对方是部长以上的官员，则应称为"部长阁下"、"大使阁下"等。

在泰国，最高僧侣首领被人们称为"僧王"，宗教仪式的主持人被称为"阿夏"，也可称之为"僧王阁下"或"僧王先生"和"阿夏先生"。

泰国商人喜欢互赠礼物。他们喜欢对方送些小礼品给他的孩子，玩具、书画都行。但不能送香烟，也不要递烟。

佩带金首饰和胸挂佛饰是泰国人的一个服饰特色。

泰国人用餐时惯于围绕低矮的圆桌跪膝而坐，用盘子盛饭，以右手抓取食物。但现在多数人用餐时爱叉、勺并用，即左手持叉，右手执勺，两者并用。城市人多数还会用筷子。在用餐之后，他们往往喜欢吃上一些水果。饭后有漱口的习惯。

除僧侣日食两餐外，其他人一般都一日三餐。因多信奉佛教，养成了"过午不食、尊重鸟兽"的习俗，不大食肉类，而普遍喜食中餐素菜。

2. 习俗禁忌

佛教是泰国道德礼教的"准则"，佛教有很高的地位，宪法都规定国王必须是佛教徒。习俗禁忌都与佛教有关。

泰国人十分注意手、头、脚等方面礼仪，绝对不能用手摸他们的头或拿着东西从他们头上通过。忌讳单用左手接递物品，比较正式的场合则要双手奉上。不准用脚指示方向，不准脚尖朝着别人，不准用脚踏门，或是踩踏门槛。

佛教、僧侣的地位在泰国是神圣不可侵犯的，不能有任何亵渎的行为。参观佛寺进门要脱鞋，摘下帽子和墨镜；严禁穿背心、超短裙、短裤进入寺庙。女性禁止触碰僧侣。受宗教的影响，泰国人忌食牛肉。

在颜色方面，泰国人喜爱红色、黄色和蓝色，但忌讳用红色的笔签字，也比较忌讳褐色。睡莲是泰国国花，桂树是国树，白象是国兽。对于这些东西，千万不要表示轻蔑，或是予以非议。泰国民间不喜欢茉莉花，狗的图案也是被禁止的，喜欢数字"9"。

二、西方国家的主要礼俗

（一）情人节

情人节又称"圣瓦伦丁节"。起源于古代罗马，于每年公历2月14日举行，现在已成为欧美各国青年喜爱的节日。关于"圣瓦伦丁节"的来源，说法不一，多数人认为是为纪念一个叫瓦伦丁的基督教殉难者。瓦伦丁因不畏强权，为相爱的年轻人进行教堂婚礼，而被捕入狱，并在公元270年2月14日被处死刑。自此以后，基督教便把2月14日定为"情人节"。

在西方，情人节不仅是表达情意的最佳时刻，也是向自己心爱的人求婚的最佳时刻。情人节里的礼物主要是玫瑰，不同颜色和数目的玫瑰有不同的花语。现在，情人节也已成为中国传统节日之外的又一个主要节日。

（二）愚人节

每年公历4月1日，是西方国家特别是美国的民间传统节日——愚人节。

愚人节起源于法国。1564年，法国首先采用新改革的纪年法——格里历（即目前通用的阳历），以1月1日为一年之始。但一些因循守旧的人反对这种改革，依然按照旧历固执地在4月1日这一天送礼品，庆祝新年。主张改革的人对这些守旧者的做法大加嘲弄。聪明滑稽的人在4月1日就给他们送假礼品，邀请他们参加假招待会，并把上当受骗的保守分子称为"四月傻瓜"或"上钩的鱼"。从此人们在4月1日便互相愚弄，成为法国流行的风俗。18世纪初，愚人节习俗传到英国，接着又被英国的早期移民带到了美国。

愚人节时，人们常常组织家庭聚会，用水仙花和雏菊把房间装饰一新。典型的传统做法是布置假环境，可以把房间布置得像过圣诞节一样，也可以布置得像过新年一样，待客人来时，则祝贺他们"圣诞快乐"或"新年快乐"，令人感到别致有趣。

（三）母亲节

1872年由美国人朱丽雅·伍德·霍夫女士（Julia Ward Howe）所提出的，她建议将这一天献给"和平"，并在美国波士顿等地举行母亲节的集会。

1907年，费城的安娜·查维斯夫人（Anna Jarvis）为了发起定立全国性的母亲节活动，她说服了她母亲所属的、位于西弗吉尼亚州的教会，在她母亲逝世两周年的忌日，即五月的第二个星期天，举办母亲节庆祝活动。隔年，费城人也开始在同一天庆祝母亲节。之后，安娜和支持者们开始写信给部长、企业家和政治家，要求定立全国性的母亲节，他们的建议成功地被接受了，因为到1911年时，几乎所有的州都已开始庆祝母亲节了。美国前总统托马斯·伍德罗·威尔逊（Thomas Woodrow Wilson）也于1914年发表官方声明,让母亲节成为全国性的节日，就是每年五月的第二个星期天。

虽然世界上许多国家是在一年中的不同时间庆祝母亲节，但是多数国家如丹麦、芬兰、意大利、土耳其和比利时等，都是在五月的第二个星期日庆祝母亲节。

（四）父亲节

华盛顿的约翰·布鲁斯·多德夫人的母亲早亡，其父独自一人承担起抚养教育孩子的重任，把他们全部培养成人。1909年，多德夫人感念父亲的养育之恩，准备为他举行庆祝活动，同时，想到所有的父亲对家庭和社会的贡献，于是她给当地一家教士协会写信，建议把6月的第三个星期日定为父亲节。该协会将建议提交会员讨论，获得了通过。

1910年6月，人们庆祝了第一个父亲节。当时，凡是父亲已故的人都佩戴一朵白玫瑰，父亲在世的人则佩戴红玫瑰。这种习俗一直流传至今。但是最初父亲节的日期各不相同，而且有的地方用蒲公英作为父亲节的象征，有的地方则用衬有一片绿叶的白丁香作为父亲节的象征。直到1934年6月，美国国会才统一规定6月的第三个星期日为父亲节。

（五）感恩节

每年公历11月的最后一个星期四是感恩节。感恩节是美国人民独创的一个古老节日，也是美国人合家欢聚的节日，因此美国人提起感恩节总是倍感亲切。

感恩节的由来要一直追溯到美国历史的开端。1620年，著名的"五月花"号船满载不堪忍受英国国内宗教迫害的清教徒102人到达美洲。1620年和1621年之交的冬天，他们遇到了难以想象的困难，处在饥寒交迫之中，冬天过去时，活下来的移民只有50来人。这时，心地善良的印第安人给移民送来了生活必需品，还特地派人教他们怎样狩猎、捕鱼和种植玉米、南瓜。在印第安人的帮助下，移民们终于获得了丰收，在欢庆丰收的日子，按照宗教传统习俗，移民规定了感谢上帝的日子，并决定为感谢印第安人的真诚帮助，邀请他们一同庆祝节日。

感恩节的食品富有传统特色。火鸡是感恩节的传统主菜，通常是把火鸡肚子里塞上各种调料和拌好的食品，然后整只烤熟，由男主人用刀切成薄片分给大家。此外，感恩节的传统食品还有甜山芋、玉蜀黍（玉米）、南瓜饼、红莓苔子果酱等。

（六）狂欢节

世界上不少国家都有狂欢节（Carnival）。这个节日起源于中世纪的欧洲，古希腊和古罗马的木神节、酒神节都可以说是其前身，有些地区还把它称之为谢肉节和忏悔节。该节日曾与复活节有密切关系。复活节前有一个为期40天的大斋期，即四旬斋。斋期里，人们禁止娱乐，禁食肉食，反省、忏悔以纪念复活节前3天遭难的耶稣，生活气氛肃穆沉闷，于是在斋期开始的前3天里，人们会专门举行宴会、舞会、游行，纵情欢乐，故有"狂欢节"之说。如今已没有多少人坚守大斋期之类的清规戒律，但传统的狂欢活动却保留了下来，成为人们抒发对幸福和自由向往的重要节日。

欧洲和南美洲地区的人们都庆祝狂欢节。但各地庆祝节日的日期并不相同，一般来说大部分国家都在2月中下旬举行庆祝活动。各国的狂欢节都颇具特色，但总的来说，都是以毫无节制的纵酒饮乐著称，其中最负盛名的要数巴西的狂欢节。

【练习与思考】

1. 中国汉族有哪些传统节日与习俗？
2. 中国的少数民族有哪些节日与习俗？
3. 佛教的节日与习俗有哪些？
4. 伊斯兰教的节日与习俗有哪些？
5. 基督教的节日与习俗有哪些？
6. 西方有哪些主要节日？

【案例分析】

2004年4月28日美国哥伦比亚广播公司（CBS）播放了一组驻伊拉克美军羞辱虐待伊拉克战俘的照片。5月1日英国《每日镜报》、5月6日美国《华盛顿邮报》分别又刊登了两组美军虐待战俘的新照片，其中有逼迫伊拉克战俘赤身裸体并对其进行羞辱的照片。

2005年5月9日的美国《新闻周刊》报道，在古巴关塔那摩海军基地，为了"惩治穆斯林囚犯"，美军把《古兰经》放进厕所，甚至将书籍一页一页撕毁后冲入便池。

事件一经披露，立即引起全球的关注和各国穆斯林的强烈愤慨。

联合国人权事务代理高级专员拉姆查兰对驻伊美军士兵虐待伊拉克战俘的行为深感厌恶，认为应尽快对所有此类事件展开调查，并将肇事者绳之以法。

法国、德国、中国、伊朗等众多国家纷纷谴责美国践踏人权的暴行，要求认真调查，严惩当事人。

就连美国的盟友英国，其议会外交事务委员会也在年度人权报告中指出：美军在伊拉克、关塔那摩和阿富汗的一些拘禁中心对待囚犯的行为严重违反人权。建议（英国）政府在公开场合和私下里向美国政府表明自己的态度，即这种对待囚犯的行径令人无法接受。

埃及外长艾哈迈德·阿布·盖特在埃及首都开罗说，埃及对古巴关塔那摩美军监狱发生的亵渎《古兰经》事件表示强烈谴责，并要求将肇事者绳之以法。

针对亵渎《古兰经》事件，中东地区的民众举行了一系列抗议游行，要求美国政府道歉。阿富汗也因此爆发了大规模的抗议游行，部分地区发生骚乱，造成数十人死亡。在马来西亚、巴基斯坦、孟加拉国、摩洛哥和埃及，愤怒的穆斯林焚烧了美国国旗。

【评析】

伊斯兰教认为，男子从肚脐到膝盖、妇女从头到脚都是羞体。在公开场合，男女穆斯林禁忌穿着露出羞体的衣服。

在美国总统就职典礼时，就职总统左手放在一本《圣经》上，拳起右手进行了庄严的宣誓，从这一细节可以清楚地看出《圣经》对于基督教徒具有的重要意义。《古兰经》作为伊斯兰教的圣典，在穆斯林心目中同样享有至高无上的地位，根据伊斯兰教教义的规定，任何亵渎《古兰经》的行为都必须受到严厉的惩罚。

美军虽明知此理，却强迫伊拉克战俘赤身裸体并对其进行羞辱，在穆斯林囚犯的面前对《古兰经》进行无礼的亵渎。这些事件反映了美国的对伊拉克策略已由肉体折磨和精神摧残上升到了对信仰的亵渎，这一变本加厉的做法再次暴露了美国在人权问题上的虚伪性和双重标准。

参 考 文 献

[1]   马义爽. 消费心理学. 北京：北京经济学院出版社，1995.
[2]   徐萍. 消费心理学. 上海：上海财经大学出版社，2005.
[3]   韦克俭. 现代礼仪教程. 北京：清华大学出版社，2006.
[4]   徐俊. 现代文明礼仪. 上海：上海中医药大学出版社，2006.
[5]   邱伟光. 公共关系实务. 东方出版社，1997.
[6]   侯平. 公共关系学. 北京：中国社会出版社，1999.
[7]   金正昆. 公关礼仪. 北京：北京大学出版社，2005.
[8]   张宝秀. 物业管理师. 北京：中央广播电视大学出版社，2003.
[9]   王青兰，齐坚. 物业管理理论与实务. 北京：高等教育出版社，1998.
[10]   尤建新，孙继德. 物业管理实务. 北京：中国建筑工业出版社，2003.
[11]   李福平. 物业管理学. 上海：复旦大学出版社，2002.
[12]   张明媚，陆炜. 物业管理服务与经营. 北京：电子工业出版社，2006.
[13]   王青兰，齐坚主. 物业管理理论与实务. 北京：高等教育出版社，1998.
[14]   彭聃龄. 普通心理学. 北京：北京师范大学出版社，2001.
[15]   朱宝荣，肖永春、马前锋. 应用心理学教程. 北京：清华大学出版社，2004.
[16]   罗子明. 消费者心理学. 北京：清华大学出版社，2002.
[17]   荣晓华. 消费者行为学. 大连：东北财经大学出版社，2002.
[18]   柯洪霞，曲振国. 消费心理学. 北京：对外经济贸易大学出版社，2006.
[19]   杨光，张力威. 实用公共关系. 大连：大连理工大学出版社，2007.
[20]   李道平. 公共关系学. 北京：经济科学出版社，2000.
[21]   张玲莉. 公共关系原理与实务. 北京：高等教育出版社，2007.
[22]   崔景茂. 新编公共关系教程. 北京：北京大学出版社，2006.
[23]   屈云波. 公关经理手册. 北京：企业管理出版社，2000.
[24]   马国柱. 公关素质训练. 北京：中国社会出版社，2003.
[25]   吴建勋，于建华，丁华. 公共关系案例与分析教程. 北京：中国物资出版社，2002.
[26]   李兴国. 公共关系实用教程. 北京：高等教育出版社，2005.
[27]   陶海洋. 公共关系基础理论与实务. 上海：华东理工大学出版社，2005.
[28]   傅琼，杨秀英、张克昌. 实用公关与礼仪. 北京：中国人民大学出版社，2004.
[29]   陈瑛. 物业管理公共关系. 重庆：重庆大学出版社，2005.
[30]   物业管理员. 上海：上海市职业技术培训教研室组编，2004.